Llwybrau Llonyddwch

Goleudy Talacre

Llwybrau Llonyddwch

Aled Lewis Evans

Cyhoeddwyd yn 2015 gan
Wasg Gomer, Llandysul, Ceredigion SA44 4JL

ISBN 978-1-84851-792-9

Dylunio: Rebecca Ingleby Davies
Mapiau a chysodi: Gary Evans
'Colli Iaith' gan Harri Webb ar d. 153 drwy ganiatâd caredig Dr Meic Stephens
'Cilmeri' gan Gerallt Lloyd Owen ar d. 157 drwy ganiatâd caredig Mirain Llwyd Owen,
o'r gyfrol *Cerddi'r Cywilydd*, cyh. Gwasg Gwynedd

Cyhoeddwyd gyda chymorth ariannol Cyngor Llyfrau Cymru.

Hoffai'r awdur hefyd gydnabod yn garedig yr ysgoloriaeth a dderbyniodd gan
Academi yn 2006 a'i galluogodd i ymweld â'r lleoliadau ac aros ynddynt.

Argraffwyd a rhwymwyd yng Nghymru gan Wasg Gomer, Llandysul, Ceredigion SA44 4JL
www.gomer.co.uk

Cyflwyniad

Ysgrifau taith mewn ardaloedd drwy Gymru a mannau o bererindod i mi sydd yn y casgliad hwn. Ceir llonyddwch a heddwch mewn mannau traddodiadol, a hefyd mewn mannau annisgwyl, efallai. Mewn oes sy'n ei chael yn anodd delio â chanfod tawelwch a llonyddwch, mae mwy o angen am lecynnau sy'n rhoi ysbaid o heddwch i ni. Mewn byd a chymdeithas sy'n rhoi cynifer o derfynau a chyfyngiadau arnom bellach, mae'n braf cael canolbwyntio yn y llyfr hwn ar fannau lle mae 'byd heb derfynau' yn goferu i mewn i'n hamserlenni prysur. Mannau ydynt ar lwybrau llonyddwch.

Casgliad o deithiau ar droed neu mewn car sydd yma, a hynny i fannau agos all wneud byd o wahaniaeth i ni. Mae 'na elfen gref o ymgolli mewn lonydd cefn a llwybrau diarffordd, yn ogystal â'r hafan dawel yng nghanol prysurdeb tref neu ddinas.

Mae'n hollbwysig cywain ac adfer egni yn y mannau bywiol hyn, a gadael i'r egni hwnnw ein mendio a'n hiacháu, rywfodd. Clywais gyn-Esgob Catholig Wrecsam, Edwin Regan, yn sôn mewn darllediad teledu mai 'mynd trwy le mae'r twrist, ond gadael i'r lle fynd drwyddo wna'r pererin'. Mae natur felly i'r mannau hyn.

Trwy gyfrwng y geiriau, a ffotograffiaeth gywrain Emyr Young, gobeithio y bydd y llyfr yn eich denu i ymweld â rhai o'r mannau hyn. Soniodd John Betjeman am apêl 'the utterendedness of the end of the line' yn ei Gernyw ef. Teimlwn innau fel tipyn o grwydryn yn ystod chwe mis yr ysgoloriaeth a gefais gan Academi Llenyddiaeth Cymru yn 2006 i ymweld â'r mannau yn y llyfr hwn, fel sail i mi ysgrifennu amdanynt. Bu llawer tro ar fyd ers hynny, ac ailymweld â'r mannau, a dyma ffrwyth y teithiau hynny. Rwy'n dechrau'r daith yn un o gartrefi fy mhlentyndod, sef y Bermo, ac yn creu cylch drwy orffen yn fy nghartref presennol yn Wrecsam.

Mannau ym mhen draw'r lôn lle medrwn fod yn 'ni ein hunain' yw'r rhain, mannau lle nad oes disgwyliadau arnom, mannau sydd yn ein gorfodi 'to stand and stare', chwedl y bardd W. H. Davies. Gobeithio y bydd y gyfrol yn cynnig ambell awgrym wrth i'r chwilio oesol am y 'cwm tu draw i'r cymoedd' fynd rhagddo ym mywydau pob un ohonom. Mannau yw rhai ohonynt lle nad oes signal ffôn symudol yn cyrraedd, gan fod tonfeddi amgenach yn cael eu derbyn yno.

Diolch i Wasg Gomer am adael i mi ddatblygu'r syniad – i Elinor Wyn Reynolds, ac i'r golygydd, Luned Whelan, am ei chymorth wrth i mi wireddu'r syniad. Diolch i Luned am ei dealltwriaeth o'r daith yr oeddwn arni, ac am sicrhau mai fy nhaith i yw hi. Diolch hefyd i Marian Beech Hughes am ei thrylwyredd a'i chywreinrwydd arferol. Gobeithio y byddwch yn mwynhau.

Aled Lewis Evans
Awst 2015

Ymwadiad

Casgliad o deithiau cerdded personol ag iddynt ogwydd ysbrydol neu fyfyrgar sydd yn y llyfr hwn. Nid ydynt wedi eu llunio i gael eu dilyn yn llythrennol. Ceir cyfoeth o deithiau ar-lein, ac mewn llyfrau a thaflenni ymwelwyr, a fydd yn cynghori darpar gerddwyr ar lwybrau swyddogol, ac yn rhoi canllawiau ymarferol ar ddiogelwch yn ogystal. Nid yw'r cyhoeddwyr yn argymell defnyddio'r gyfrol hon fel llawlyfr cerdded, ac ni fyddant yn derbyn cyfrifoldeb am unrhyw niwed a achosir wrth wneud hynny.

Cynnwys

Pier y Mwmbwls

1 Y Bermo a bro'r Goleuni

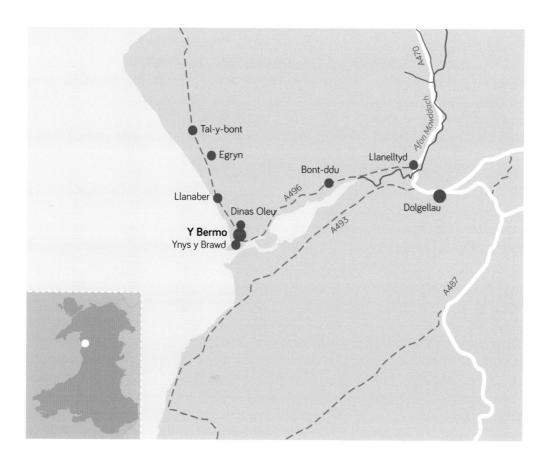

Tal-y-bont

Egryn

Llanelltyd

Bont-ddu

Llanaber

A496

Dinas Oleu

Dolgellau

Y Bermo

Ynys y Brawd

A493

A470

Afon Mawddach

A487

Y môr ger y Bermo

Mae rhai yn dal i baratoi
at ei ddyfod Ef.
Afon Mawddach
yn llifo'n ariannaidd heddychlon heibio
er bod berw yn y Bae,
argoel o gynnwrf
yn dyrnu ar y gorwel.
Bodlonwn ar Adfent heddiw
er bod cur a gwaedd yn addewid
rhyfedd y tonnau,
yn ogystal â rhwydi llawn.

('Adfent yn Eglwys Dewi Sant, y Bermo')

Tŷ ar y tywod yw tref y Bermo, ond mae'n dŷ ar y graig i mi. Dyma
fy nghartref ysbrydol, a'r lle y byddaf yn dychwelyd iddo beth bynnag
fydd troeon yr yrfa. Mae'n anodd meddwl i'r 'Aber' fod unwaith yn
Llanaber, ac mai dim ond breuddwyd rhwng craig a môr oedd y dref
bresennol. Dywedir y bu tair allanfa i'r môr o aber afon Mawddach ar
un adeg, yn hytrach na'r un. Hen eglwys y plwyf oedd eglwys Llanaber,
a saif ddwy filltir i'r gogledd o'r dref bresennol ar glogwyn uwchlaw'r
môr. Taith gerdded hamddenol o amgylch y Bermo fydd y bennod hon,
gan orffen i'r gogledd o'r dref mewn bro sy'n llawn cysylltiadau teuluol
ac ysbrydol i mi.

Dofwyd treflan y Bermo o wylltineb twyni'r aber, ac yn hynny o
beth, tai ar y tywod yw ei ffair a'i chapeli fel ei gilydd. Fe wfftiodd
ambell un o weld neuadd ddifyrrwch yn arddull Las Vegas yma yn y
1960au, ond ymhell cyn hyn fe fu dylanwadau eraill yn cyniwair yn y
tir. Dros y degawdau diwethaf, trywanwyd y dref gan fewnlifiad llanw
dinasoedd dan eu pwn, a rywsut, bu disgwyl i'r môr a'r aber a'r mynydd
leddfu'r gofalon. Ar Ynys y Brawd, yr ynys ger y cei, mae pawb yn
ddiwahân yn dod at falm y tonnau, ac mae'r Bermo'n lle difyr yn yr ystyr
bod llif di-baid o bobl yn dod i'r dref bob haf, ac yna bod gwacter gwych
yn wrthgyferbyniad llwyr bob gaeaf. I mi, mae'r dref yn drothwy i'r

byd tragwyddol, yn y gwacter yn bennaf, ond hyd yn oed yng nghanol prysurdeb llawn yr haf gellir cerdded i nifer o lecynnau heddychlon.

Wrth ddod i lawr aber y Fawddach i gyfeiriad y Bermo, wedi mynd heibio Glandŵr, mae rhywun yn llithro'n ddiarwybod, bron, i fyd arall, a'i gywair yn dal i fod gam yn ôl o'r byd mawr: byd lle mae heddwch a thangnefedd wedi chwarae eu rhan ac yn dal i dorri i mewn i ruthr bywyd cyfoes i lawer iawn o bobl. Mae'n naw milltir a hanner o Ddolgellau i'r Bermo, ac mae llwybr cerdded cadwriaethol Mawddach Parc Cenedlaethol Eryri'n dilyn hen drac y rheilffordd ar ochr arall yr aber. Byddaf wastad yn synhwyro'r pellter sy'n bodoli yn y naw milltir a hanner hynny, ac mae'r pellter hwnnw wrth fodd fy nghalon.

Tua dechrau'r bedwaredd ganrif ar bymtheg, roedd tri safle adeiladu llongau yn y Bermo a gwaith arall ym Mhwll Penmaen, lle roedd llongau o gryn faint yn cael eu hadeiladu. Roedd cychod llai yn dod â glo, coed, llechi ac ŷd i'r porthladd. Ond fe ddeuai llongau eraill o wledydd tramor hefyd. 'Goods imported were alum, alabaster, cheese, flax, bricks, butter, malt, rum, gunpowder, brandy, tobacco, glass, wool, tea, flour and lead. The chief exports were butter, cheese, timber, copper ore, manganese and grain,' medd llawlyfr Ann Rhydderch, *Abermaw*. Ceir un stori ddifyr am y Crynwyr a ymfudodd o Feirionnydd i Pennsylvania. Buont yn weithgar yno, ac yn y 1880au, pan enwyd y gorsafoedd ar hyd rheilffordd newydd Pennsylvania, fe enwyd un yn Barmouth.

Ychydig cyn i'r ffordd gulhau ar gyfer y fynedfa i'r Bermo, mae arhosfan sy'n rhoi golwg arbennig i chi dros y foryd ym mhob tywydd. Hawdd iawn yw deall sylwadau'r meddyliwr mawr John Ruskin, pan ddywedodd mai dim ond un daith gerdded sydd â golygfa sy'n rhagori ar yr un o'r Bermo i Ddolgellau, a'r olygfa o Ddolgellau i'r Bermo ydy honno! Mae'r gilfan hon yn llawn pobl sy'n syllu'n werthfawrogol ar y foryd ym mhob tymor. Daeth beirdd a meddylwyr mawr y cyfnodau i ryfeddu yma ar lan afon Mawddach, yn eu plith Percy Bysshe Shelley, William Wordsworth, Alfred Tennyson, William Ewart Gladstone, Gerard Manley Hopkins a Charles Darwin, a fu'n aros ym mhlas Caerdeon tra oedd yn cywiro'i gyfrol *On the Origin of Species* yn 1859. Wrth ddod i mewn i'r dref, ceir golygfa o hen borthladd mordwyol Aberamffra.

Cyn cyrraedd y cei, gallwch droi i fyny am lwybr y Panorama (gan ddilyn arwydd gwesty Bae Abermaw). Dyma Gwm Sylfaen, lle y lleolir

Cerrig y Cledd a chylch cerrig y Brenin Arthur, sy'n dyddio'n ôl i'r ail fileniwm cyn Crist. Cawn ddau draddodiad am y cerrig o gyfnod diweddarach. Yn gyntaf, dywedir mai yma roedd safle'r frwydr olaf rhwng y Cymry a'r Rhufeiniaid. Gan nad oedd yr un o'r ddwy ochr yn ennill, penderfynwyd rhoi'r gorau i'r ymladd. I ddangos hyn, taflodd un o'r Cymry ei gledd i'r awyr, ac wrth iddo ddod i lawr, trawodd y cledd yn erbyn craig a'i hollti, gan adael ei ôl ar y ddau hanner. Dywed y stori arall fod Cymro wedi lladd Rhufeiniwr, ond wrth iddo fynd ar ei daith, cyfarfu â nifer o Rufeiniaid. Cuddiodd ei gleddyf yn ddwfn yn y ddaear rhag iddo gael ei ddal. Pan ddychwelodd, ni allai ddod o hyd i'r cledd. Caledodd y pridd yn graig, gan hollti a gwthio'r cledd i'r wyneb. Dywedir bod tafarn o'r enw Bwlch y Goedleoedd yn bodoli ar lwybr y Panorama tua 1290, ac y bu'r prydydd a'r carwr enwog Dafydd ap Gwilym yn aros yno tua 1335. Yn ystod y dydd, roedd Dafydd wedi trefnu i gyfarfod â nifer o ferched ifanc yr ardal yr un pryd. Cafwyd helynt ofnadwy yno, a bu'n rhaid i Dafydd ffoi i'w ystafell, yn ôl yr hanes!

Dychwelwn at y briffordd wrth ddisgyn at y Bermo, a chyrraedd ardal a enwyd yn weddus iawn yn fy nhyb i – Bro Gyntun, er iddo gael ei Seisnigeiddio yn Porkington. Mae tuedd i enwau cynhenid y dref fynd ar goll. Pwll Du oedd enw gwreiddiol Water Street, a Ro Ddu yw enw darn creigiog o'r traeth, ond nid yw'n cael ei ddefnyddio mwyach. Ceir tuedd anffodus yn y blynyddoedd diwethaf hyn hefyd i enw hyfryd Ynys y Brawd droi'n Monk's Island. Adeiladwyd rhesdai Bro Gyntun tua 1870 i syllu ar bont enwog y Bermo, a agorwyd yn 1867 ym mhenllanw pensaernïol oes Fictoria. Cyn i'r trên gyrraedd ac i'r bont gael ei hagor yn swyddogol, aethpwyd â cherbyd a dynnid gan ddau geffyl dros y bont. Cynlluniwyd pont godi'n rhan o adeiladwaith y bont bren, a fu dan fygythiad gan gynrhon bychain ar un adeg, ond a atgyweiriwyd yn llwyddiannus. Mae'n weddus i ni gofio am y tŷ ar y gornel o edrych tuag at y bont wrth ddod i lawr am Fro Gyntun hefyd, sef cartref Harold Godfrey Lowe, a arbedodd fywydau nifer o bobl oddi ar long y *Titanic*, cyn iddo symud i Landrillo-yn-Rhos. Gerllaw, mae tŷ o'r enw Llamedos – neges i bobl wrth iddynt ymadael â'r dref orlawn o ymwelwyr efallai, os trinnir yr enw yn yr un modd â Llaregyb.

Mae Pen-y-cei yn safle canolog i weld yr hen dref ar y graig, a elwid gan longwyr yn Gibraltar. Yn y Bermo gwelwn nifer o adeiladau o wenithfaen llwyd Ardudwy. Disgrifiodd y teithiwr a'r naturiaethwr Thomas Pennant yr hen dref yn ogleisiol: 'The inhabitants may be seen quietly looking down their neighbours' chimney'! Dywed i Gerallt Gymro groesi'r foryd mewn cwch yn 1188, yna cawn ddisgrifiad o'r lle pan oedd y Frenhines Elizabeth I yn poeni am fôr-ladron o amgylch glannau Cymru, a chafwyd arolwg o'r arfordir yn 1565:

> Abermowe, being likewise a haven having no habitation, but only four houses, whereof there are owners Rees ap Rees, Harry ap Eden, Thomas ap Edward and Howell Goch. And there is neither ship nor vessel that belongeth to the same haven, but only two little boats that the said Rees ap Rees and Harry ap Eden do use to carry over that Passage.

Ceid dwy fferi, yn ôl y cofnod, a physgod penwaig oedd y brif gynhaliaeth. Mae cofnod o'r llong gyntaf i fod yn eiddo masnachwyr o'r dref yn 1587, a dyna i chi enw – *L'Ange de Bermo*.

Os oes gormod o ymwelwyr yn crwydro'r cei, am ychydig o ddistawrwydd a nodded, mentrwch y tu ôl i'r tai a'r caffis. Cawn ein hatgoffa'n drawiadol o'r cyfnod Tuduraidd o ymweld â Thŷ Gwyn y Bermo. Mae caffi o'r enw Davy Jones' Locker wedi bod yn rhan isaf yr adeilad ers cenedlaethau. Ar ail lawr yr adeilad, o'r fynedfa ar yr ochr, ceir arddangosfa'n adrodd hanes y tŷ a chysylltiadau morwrol yr ardal, ac mae cyfle i weld rhan o helfa llongddrylliad enwog y *Bronze Bell* yno. Adeiladwyd Tŷ Gwyn y Bermo gan Gruffydd Fychan, o stad Gors y Gedol yn Ardudwy, rhwng 1460 ac 1485. Yng nghyfnod Rhyfeloedd y Rhosynnau, roedd yn fan cyfarfod diogel i Siaspar Tudur (ewythr Harri VII) gynllunio ymosodiadau ar Loegr. Roedd Gruffydd Fychan yn gefnogwr selog i blaid y Lancastriaid. Arweiniodd y trafodaethau yma ar Ben-y-cei at frwydrau yn erbyn y Brenin Edward IV o deulu'r Iorciaid. Penllanw hyn i gyd oedd brwydr Bosworth. Yn wir, trafododd Harri'r posibilrwydd o lanio byddin Lydewig yma cyn gorymdeithio am Bosworth, ond yn y diwedd, ffafriwyd Aberdaugleddau.

Ceid ystafell fyw a oedd yn agored i'r to ar y llawr cyntaf. Yna ar y llawr isaf, lle mae'r caffi erbyn hyn, ceid cegin ac ystafell i'r gweision, a seler fechan oddi tanynt. Yn ôl cywyddwyr y cyfnod, ceid nenfwd cromennog yno:

> Teirgradd mae neuadd fy nêr
> nes i'r heulwen [yn] nho'r seler

... Tŷ grisial, caer y dalaith,
Tŵr gwyn, bendigo Duw'r gwaith.
... Tŷ â'i hanner mewn tonnau.

Roedd hynny'n dal yn wir ar lanw uchel nes yr adeiladwyd muriau'r
Pen-y-cei presennol. Mae treulio ychydig amser yma'n mynd â'r meddwl
yn ôl i gyfnod arbennig. Gerllaw'r fynedfa i'r Tŷ Gwyn fe gawn y Tŷ
Crwn hefyd. Fel mewn sawl porthladd, bu'n rhaid gorfodi heddwch a
thangnefedd ar ambell unigolyn, ac mae'r Tŷ Crwn, y carchar, yn ein
hatgoffa o hyn. Fe'i hadeiladwyd yn 1834 yn dilyn gorchymyn gan Lys
Chwarter Llanddwywe, ac mae'r waliau cerrig yn ddwy droedfedd o
drwch. Fe'i rhannwyd yn ddwy gell, ac fe'i defnyddiwyd yn bennaf ar
gyfer meddwon – dynion ar y naill ochr a'r merched ar y llall.

Erbyn 1797, deddfwyd gan y Senedd y dylid atgyweirio, dyfnhau,
ehangu a diogelu porthladd y Bermo. Allforio gwlân Meirionnydd a
sicrhaodd ffyniant y porthladd yn y ddeunawfed ganrif, a Dolgellau yn
ganolfan y diwydiant yn y sir. Âi'r llongau cyn belled â phorthladdoedd
a oedd yn gysylltiedig â chaethwasiaeth hefyd, fel Charleston a New
Orleans. Adeiladwyd 318 o longau ar lannau afon Mawddach rhwng
1750 ac 1865, ac roedd coed derw'r glannau'n addas i'r perwyl hwn.
Tyfodd y diwydiant allforio llechi hefyd, ond daeth y rheilffordd i'r fro
yn y 1860au, a phylodd gweithgaredd y porthladd yn raddol.

Cyn ffarwelio â Phen-y-cei, mae croeso i ymwelwyr i ddau le
cysegredig. Ar y cei, fe welwn hen Institiwt y Llongwyr a sefydlwyd
yn 1890 gan y Canon Edward Hughes fel 'hafan Gristnogol', i ddarllen,
ymlacio a chyfarfod ffrindiau. Mae croeso hyd heddiw i bobl daro i
mewn i weld yr arddangosfa neu i ddarllen papurau newydd y dydd.
Y perl i mi yn ardal y cei yw Eglwys Dewi Sant, a'i ffenestr liw drawiadol
o Grist ar y Groes. Fe'i hadeiladwyd yn 1830 ar safle'r hen iard adeiladu
llongau. Fe'i cynlluniwyd gan bensaer o'r Amwythig o'r enw Edward
Haycock, a cheiniogau'r werin a dalodd amdani, gan fod eglwys y plwyf
yn Llanaber eisoes. Ar furiau Eglwys Dewi Sant heddiw fe welwn gyfres
o wyth cartŵn prin gan Raphael – rhodd i'r eglwys gan deulu Glan y
Mawddach. Mae'r rhai gwreiddiol yn Amgueddfa Fictoria ac Albert yn
Llundain. Defnyddiwyd y cynlluniau maes o law gan nyddwyr Fflemaidd
i greu brithlenni ar gyfer y Capel Sistinaidd yn y Fatican.

Ar ôl i Eglwys Sant Ioan gael ei hadeiladu yn y dref yn 1889, er budd yr
ymwelwyr Seisnig yn bennaf, eglwys Gymraeg ei hiaith fu Eglwys Dewi

Sant am flynyddoedd lawer. Mae'r drysau ar agor yn ddyddiol, ac rwy'n dotio at yr heddwch sydd yma, hyd yn oed ar bentymor gwyliau haf.

Mae Pen-y-cei wedi newid ers fy mhlentyndod yma yn y 1960au. Arferid cael llefydd concrit i 'mochel rhag y glaw, a doedd dim yn fwy diddorol na chlywed lleisiau pobl yr ochr arall i'r gwydr, a cheisio clustfeinio ar eu byd. O un ohonynt, ceid golygfa o Ynys y Brawd, yr ynys gysegredig lle mae dŵr afon Mawddach yn cyfarfod â'r môr. Ar hen fapiau, gwelwn gyfeirio at rannau o'r ynys yn Gymraeg – y Bar Bach, Trwyn y Gwaith a'r Perch. Ceisiwyd adeiladu goleudai ar Ynys y Brawd yn 1839 ac 1843, ond fe'u difrodwyd gan stormydd gaeafol. Pan oeddwn i'n fach, arferai fod yn fwy o ynys nag ydyw rŵan, ond yna adeiladwyd y morglawdd yn 1972–3, a daeth Ynys y Brawd yn rhan o'r tir mawr, i bob pwrpas, a gwneud y traeth yn fwy diogel i ymdrochwyr yr un pryd. Erys peth o'r heddwch a welsai rhai o frodyr abaty Cymer wrth ddod yma ar eu hencil o'r ochr arall i'r ynys. Er bod encil yma drwy gydol y flwyddyn, mae misoedd y gaeaf yn cynnig gwell awyrgylch. Cefais sawl orig dragwyddol yma, yn swatio yn y twyni'n gwylio pelen goch y machlud yn araf suddo heibio Pen Llŷn yn hudolus, a phlant parablus tripiau ysgol yr oesau draw ar y cei yn bachu ennyd o'r haul. Cofiaf y rhuthro greddfol am yr ynys cyn noswylio, ac olion y machlud yn dal i oleuo am ryw hyd, cyn ildio i'r tywyllwch yn hen ddistawrwydd y twyni. Erbyn i mi droi'n ôl am y dref, byddai ochr y graig yn fôr o ddotiau goleuni yn gymysg ag ôl y machlud.

Bellach, dydy Ynys y Brawd ddim yn ynys go iawn. Crebachodd yn raddol, a'i thwyni'n lleihau. Dwi wedi meddwl ar fwy nag un achlysur – dyna biti oedd colli'r ynys. Ond wyddoch chi, dydy hi ddim wedi mynd mewn gwirionedd – mae hi wedi symud a gwasgaru ac ailffurfio'n batrwm newydd ar y traeth. Mae'r twyni wedi dod yn ôl mewn mannau eraill. Yn hynny o beth, mae hanes Ynys y Brawd fel symbol o'n hoes i mi. Nid cilio a wnaeth cred a'r ysbrydol, na'r angen am encil ychwaith ond, fel yr ynys, mae'r cyfan yn y broses o newid ei ffurf.

Ar ôl cerdded i Ynys y Brawd a chefnu ar Ben-y-cei, fe ddown at y dref lan môr go iawn sydd yn fan dymunol i gynifer o bobl. Mae'n anodd credu i'r Parch. J. Evans, ar ei daith drwy ogledd Cymru yn 1798, weld y Bermo fel: 'a resort of the indolent and afflicted from the Midland part of the Kingdom'. Dyma'r ddelwedd ystrydebol gyfoes o'r dref. Fe agorwyd y gwesty cyntaf – Corsygedol – yn 1795, pan oedd pobl eisoes yn tyrru i'r Bermo i ymdrochi. Byddai gwragedd yn defnyddio

Y Bermo o gyffiniau'r Friog (y tudalennau blaenorol)

peiriannau ymdrochi 'for the sake of propriety'. Cyrhaeddodd y ffordd bresennol o'r Bermo i'r Bont-ddu yn 1798, gan hwyluso'r daith i'r dref, ac erbyn 1829 roedd sylfeini'r Stryd Fawr bresennol wedi'u gosod ar y tywod. Fe welodd y cyfnod a ddilynodd dwf aruthrol yn y Bermo fel cyrchfan gwyliau.

Pan oeddwn yn ddisgybl yn ysgol gynradd y Bermo ar ddiwedd y 1960au, bydden ni'n canu'r emyn 'Eternal Father, Strong to Save' yn llawn arddeliad yn y gwasanaeth boreol. Arferid ei ganu'n ddramatig ac yn gyflym: 'For those in peril on the sea!', ac roedd yn fwy dramatig fyth oherwydd fy uchelgais ar y pryd i fod yn geidwad goleudy. Byrhoedlog iawn fu'r freuddwyd honno. Ond hyd yn oed rŵan, mae clywed yr emyn hwn yn gyrru iasau i lawr fy nghefn. O ddyddiau'r bad syml a gedwid ar Ben-y-cei tan ddyfodiad yr RNLI yn 1828, bu traddodiad anrhydeddus y bad achub yn rhan annatod o hanes y Bermo.

Byddaf yn dotio at y môr ym mhob man ar bromenâd y Bermo, a agorwyd gan David Lloyd George yn 1933. Mae Bath House, a adeiladwyd ar safle hen faddonau, yn ein hatgoffa o dwf y Bermo i fod yn gyrchfan wyliau uchel-ael yn oes Fictoria. Deuai uchelwyr yma am feddyginiaeth i'w 'crydcymalau, sciatica, lumbago' a dewis cael baddon gwymon, neu faddon mewn dŵr heli poeth neu oer. Daeth y cerbydau ymdrochi i gludo boneddigion a boneddigesau'r dydd, a dyna pryd yr adeiladwyd y rhesdai pedwar llawr ysblennydd, sy'n dal i gynnig lletty neu'n westai heddiw.

Os edrychwn i fyny ar y graig o'r promenâd, fe welwn ardal ddiddorol Dinas Oleu, eiddo cyntaf yr Ymddiriedolaeth Genedlaethol ym Mhrydain. Mae sawl llwybr mynydd yn arwain ati, ac yna gellir dychwelyd i lawr stepiau a llwybrau yr hen dref uwchlaw'r cei. Mae'r pedair acer a hanner hyn o dir mynyddig hefyd yn gysylltiedig â meddylwyr mwyaf y bedwaredd ganrif ar bymtheg. Yn 1891, ysgrifennodd y Canon Hardwicke Rawnsley yn ddramatig iawn am yr olygfa:

> Who planned upon this mountain's rock to build
> High o'er the shifting sands of Mawddach's flood,
> They knew the soul of man had need of food
> From Heaven, and that the world's Creator willed
> That far from hidden deeps, should hearts be thrilled
> With touch of ocean's wild infinitude.
> They drank the dews of morning as they stood,
> And with the sunset's latest awe were filled.

Mae cefndir sefydlu'r Ymddiriedolaeth Genedlaethol yn ddiddorol iawn. Symudodd Fanny Talbot i'r ardal yn y 1860au. Roedd hi'n weddw i George Testius Talbot, ac yn ferch i John Browne o Bridgewater yng Ngwlad yr Haf. Bu farw yn 93 oed, ac fe'i claddwyd ym mynwent Llanaber. Roedd Fanny Talbot yn byw yn Nhy'n y Ffynnon, ac mae ffynnon yn tarddu yno hyd heddiw, er i'r tŷ gwreiddiol gael ei ddinistrio mewn tân. Ar 28 Mawrth 1895 cyflwynwyd pedair erw a hanner Dinas Oleu i'r Ymddiriedolaeth Genedlaethol gan Mrs Talbot i Octavia Hill a'r Canon Rawnsley, dau o'i sefydlwyr. Cyhoeddodd Octavia Hill: 'Rydym wedi sicrhau ein heiddo cyntaf; tybed ai hwn fydd yr olaf?' Ond geiriau Fanny Talbot sy'n aros efo mi: 'Rwyf wedi bod yn awyddus i sicrhau bod y cyhoedd yn gallu mwynhau Dinas Oleu ers peth amser, a'i rhoi yng ngofal cymdeithas na wnaiff fyth ei difetha, nac amharu ar naturioldeb y lle.' Roedd Dinas Oleu yn gweddu'n union i ddelfrydau Octavia Hill ac eraill o greu 'ystafelloedd byw awyr-agored er mwyn i drigolion y dinasoedd gael lle i anadlu'. Mae hynny'n wir am y Bermo heddiw, fel erioed.

Yn 1875 cyflwynodd Mrs Talbot eiddo i John Ruskin er mwyn ei alluogi i sefydlu Urdd San Siôr, neu'r Guild of St George, sef rhes o fythynnod islaw Ty'n y Ffynnon. Fe'u hadwaenir hyd heddiw fel Bythynnod Ruskin. Rhoddodd y wraig weddw gyfoethog arian at achosion eraill hefyd, yn cynnwys £400 tuag at sefydlu llyfrgell yn y Bermo. Cafodd ei dylanwadu'n fawr gan Ruskin, yr awdur nodedig a'r diwygiwr cymdeithasol. Bwriad Urdd San Siôr oedd 'to preserve the health, wealth and long life of the British nation', diogelu'r wlad rhag chwyldro, ac yn sail i'r cyfan hyrwyddo syniadaeth Ruskin 'of the production of souls of good quality'. Yn ganolog i hynny roedd y syniad o addysgu pobl mewn ardaloedd gwledig. Esboniodd Ruskin ei fwriad o gynnal arbrawf cymdeithasol ymarferol wrth Fanny Talbot: 'My principle is to work with the minutest possible touches, but with steady end in view, and by developing as I can the energy of the people I want to help.' Credai Ruskin fod bywyd perffaith i'w gael o ddianc o'r dinasoedd, a byw bywyd o waith caled wedi ei gyfuno ag addysg i'r galon a'r meddwl. Doedd dim llawer o le i beiriannau yn ei weledigaeth, ac er nad oedd yn gymdeithasegydd nac yn economegydd, fe roddodd bobl goel ar ei syniadau, ac roedd ei ddull o'u mynegi'n apelio atynt. Fel gŵr a chanddo ddiddordeb angerddol mewn arlunio a harddwch natur, does dim syndod iddo ddod i'r Bermo i geisio gwireddu'r pethau hyn.

Erbyn y cyfnod hwn roedd wedi cael llond bol ar fateroliaeth y cyfnod Fictoriaidd, ac wedi troi ei gefn hefyd ar brif ffrwd byd celfyddyd.

Ganwyd Ruskin yn 1819 yn Llundain, yn fab i farsiandïwr gwin cefnog. Graddiodd o Rydychen yn 1842, ac yn ystod ei yrfa fe ysgrifennodd yn bennaf am gelfyddyd a phensaernïaeth. Ef oedd prif edmygydd a lladmerydd yr arlunydd J. M. W. Turner, ac ysgrifennodd gyfrol nodedig am Fenis, *Stones of Venice*. Er nad yw'r Bermo mor gain ei phensaernïaeth â'r ddinas honno, mae tebygrwydd rhynddynt yn eu cysylltiad â'r môr, ac mae effaith adlewyrchiad golau ar aber y ddau le yn sicrhau nad yw'r olygfa fyth yr un fath ddwywaith. Gwelodd Ruskin hud tebyg rhwng aber afon Mawddach a chamlesi Fenis. Llwyddodd i gyfathrebu ei syniadau a'i egwyddorion sosialaidd, ac roedd ganddo'r gallu i ddylanwadu ar chwaeth y cyhoedd. Yn rhan olaf ei yrfa, fe ddaeth y gŵr amryddawn hwn yn Athro Celfyddyd Gain yn Rhydychen. Roedd dwy ochr i gymeriad Ruskin – yr iselder a'i llethai ar adegau, ac yna'r cyfnodau egnïol o weithgaredd.

Pan etifeddodd lawer o arian, fe roddodd ran helaeth ohono i amgueddfeydd ac elusennau. Roedd yn ŵr unigolyddol iawn, ac yn ei ddeugeiniau fe droes ei ddiddordeb fwyfwy at achosion dyngarol ac at weddnewid cymdeithas. Teg dweud fod y weledigaeth hon yn tarddu o'i syniadau am estheteg. Dechreuodd ysgrifennu am y gymdeithas ddelfrydol, a sut y gellid ei gwireddu, ac roedd o blaid addysg i bawb. Bu'n allweddol yn y broses o sefydlu 'Working Men's Colleges'; trafododd bensiwn i'r henoed a gwell tai i'r gweithwyr, a hyn yn anterth y Chwyldro Diwydiannol. Daeth i'r Bermo yn 64 oed i geisio gwireddu ei freuddwyd. Yn dilyn cyfnod y Bermo, symudodd maes o law i lan Llyn Coniston yn ardal y Llynnoedd yn 1884, lle bu farw ar droad canrif newydd, ar 20 Ionawr 1900.

Fe barhaodd Urdd San Siôr i mewn i'r ganrif newydd, ac yn 1901 cofnododd yr Urdd ddarlun o'r Bermo yn y cyfnod:

> From the time when the sun lights the morning mists on the eastern mountains, and turns the estuary into a sheet of silver, until he has burned all day above the open sea and sunk, a copper disk, behind the hills of Caernarfonshire, the grey walls radiate his light and heat, the children climb and and re-climb the stony stairways, lean cats come out and bask on the tops of the walls, or creep stealthily

Pont y Bermo

between the great tufts of valerian and saponaria, strings
of coloured garments flutter in the breeze, fishing nets dry
after the night's work, and all day long, the old guttural
Welsh is heard about the hill.

Daeth tro ar fyd, ond gallwn ymdeimlo â'r meddyliwr mawr hwn wrth
ddod ac aros ennyd wrth y bythynnod ac wrth Dŷ'n y Ffynnon.

Un o denantiaid bythynnod Ruskin, sef rhif 2 Rock Gardens,
oedd Monsieur Auguste Guyard (1808–82). Roedd ei ferch yn wraig i
fab Fanny Talbot, George Quartus Talbot. Y cysylltiad teuluol ddaeth
ag o yma, ac roedd yntau'n hyrwyddo syniadaeth Ruskin am ganfod
hapusrwydd mewn ysbryd o wirionedd. Un o bwyntiau cod Urdd San
Siôr oedd: 'I trust in the nobleness of human nature, in the majesty of its
faculties, the fullness of its mercy, and the joy of its love; and I will strive
to love my neighbour as myself, and, even when I cannot, will act as if I
did.' (o'r wefan www.guildofstgeorge.org.uk)

Ceisiodd Guyard wreiddio'i weledigaeth yn Ffrainc, ond roedd
yn gwrthdaro efo'r Eglwys Gatholig yno ar y pryd. Roedd wedi
ceisio sefydlu *commune modèle* yn ei bentref genedigol, Frotey-les-
Vesoul yng nghanolbarth Ffrainc, yn seiliedig ar egwyddor sy'n
dal i fod yn boblogaidd, sef dychwelyd at natur. Bu'n weithgar yng
ngwleidyddiaeth y cyfnod yn Ffrainc, a chymerodd ran yn chwyldro
1848. Yn 1870 ffodd i'r Bermo yn ystod cyfnod gwarchae'r Prwsiaid.
Roedd yn gyfaill i'r llenorion Alexandre Dumas, Victor Hugo ac
Alphonse de Lamartine. Ond yn y Bermo y ceisiodd fyw ei syniadaeth
gan mwyaf, trwy ddysgu ei gymdogion sut i dyfu llysiau a pherlysiau,
a defnyddio planhigion at bwrpas meddyginiaethol. Cynigiodd
Ruskin gartref iddo yn un o'i fythynnod, a thyfai Guyard nifer o
lysiau a pherlysiau i helpu'r tlodion, ac i geisio gwella anhwylderau;
rhannodd ei wybodaeth am faterion garddwriaethol a byw yn gynnil
ac yn ddarbodus nes ei farw yn 1882.

Dywedir iddo ddofi hebog. Erys peth o'i ôl o hyd ar lwybrau hudolus
hen dref y Bermo, ac mae 'Bedd y Ffrancwr' i'w weld ar y mynydd-dir
ger Dinas Oleu. Fe gyfieithiwyd arysgrif Ffrangeg wreiddiol Guyard gan
W. D. Williams, cyn-brifathro Ysgol y Traeth yn y dref:

> Yma y gorwedd heuwr
> A ddaliodd drwy oes hir

I fwrw i hau'n frwdfrydig,
y da, y tlws, y gwir:
Trwy fil o ymrysonau,
Arfau ac ysgrifbin.
Nid oes yn y byd yma
I'r gwaith ond elw prin.

Mae'n braf meddwl bod pobl yn dal i dreulio munudau tawel wrth ei fedd.

Wrth fynd o'r Bermo i gyfeiriad Llanaber, fe welwn gysylltiadau mynachaidd yn enwau'r presennol yn Ffordd Gellfechan a Gell Fawr, ar lethrau'r Garn. Yna ceir stad newydd o dai – yr unig le ar wahân i gwr y lli lle y gall y Bermo 'dyfu' rhwng craig a môr – i fyny Ffordd Pentre Mynach. A phan gyrhaeddwn Lanaber, fe welwn eglwys Bodfan Sant mewn safle dramatig iawn uwchlaw'r môr. Cofnodir enw Bodfan mewn fferm gerllaw hefyd. Eglwys blwyf hynafol y Bermo yw hon, ac oddi mewn i'r gragen Fictoriaidd, ceir trysor o'r Oesoedd Canol sydd wedi aros bron yn ddigyfnewid. Fe'i hadeiladwyd ar ddechrau'r drydedd ganrif ar ddeg gan Hywel ap Gruffudd, arglwydd Ardudwy, un o gyfoeswyr Llywelyn Fawr. Fe awn i mewn drwy fwa Gothig cynnar, ac mae camu i mewn fel agor cist o ryfeddodau, a thystiolaeth o Wynedd Llywelyn Fawr yn cuddio yno, o gyfnod cestyll Dolbadarn, Dolwyddelan a Chricieth. Erys y to o'r unfed ganrif ar bymtheg, a hoffaf y cam i fyny i'r gangell, ac yna eto at yr allor. Yn gefndir i'r tawelwch a geir yma ar lanw a thrai, mae cyfeiliant cyson a chysurlon y tonnau.

Gallwn gerdded yn ein blaenau i Egryn, safle sy'n cael ei gysylltu â Sant Egryn o'r seithfed ganrif. Credir mai ysbyty ar gyfer tlodion a theithwyr a safai yma. Heddiw, gwelir ffermdy sy'n dyddio'n ôl i'r unfed ganrif ar bymtheg ar ochr dde'r ffordd, ac yma magwyd William Owen Pughe, y geiriadurwr a'r gramadegydd, yn y bedwaredd ganrif ar bymtheg. Aeth â'r enw Egryn pan symudodd i ffermdy yn ardal Nantglyn, Sir Ddinbych, ac ef a fathodd y dywediad mai 'Cymraeg yw iaith y nefoedd'. Rhaid i mi rannu un hanesyn am ardal Egryn cyn cloi. Tua'r mynydd, fe welwn Eithinfynydd, lle magwyd fy nhaid, John Evans, a byddai'n cyfeirio'n aml at yr olygfa o Egryn tua'r gorwel. Yn ei gyfrol *Pinsied o Halen*, mae ysgrif ganddo sy'n cofio diwygiad 1904/05 yn y tir, a'r teulu'n teithio'n fynych dros y caeau i gyfarfodydd yng Nghapel Egryn, a ddaeth yn enwog oherwydd ymddangosiad 'Goleuadau Egryn' yn ystod y cyfnod. Ysgoldy dan adain Capel Horeb, Dyffryn Ardudwy, oedd Egryn yn wreiddiol, ond

yn sgil ei hanes yn y diwygiad, cyfeiriwyd ato wedyn fel Capel Egryn. Wrth i mi ymchwilio i hyn, roedd yn amlwg fod digwyddiadau bro'r goleuni wedi effeithio'n uniongyrchol ar gyndeidiau fy nhad.

O agor drysau Capel Egryn y gorffennol, byddem wedi cwrdd â'r diwygiwr Mari Jones, neu Mari'r Golau, fel y câi ei hadnabod. Mae 'na bennill bach ar lafar gwlad:

> Mary had a little light,
> It always used to glow,
> And everywhere that Mary went
> The Light was sure to go.

Mae olion Capel Egryn gyferbyn â mynedfa gwersyll gwyliau Sunnysands bellach, ond fel hyn y cofiai fy nhaid amdano: 'Roeddwn i yno yn hogyn llygadrwth yn rhyfeddu – ac yn deall dim.' Mae'n disgrifio'r daith efo'i frodyr o'i gartref i'r capel gorlawn. Mae'n ddarlun o'r gymdeithas amaethyddol â'i golwg tuag at y gorwel:

> Helcyd o Eithinfynydd, heibio i Hendre Fechan a Hendre Eirian; roedd yn rhaid symud y traed i gael lle o fath yn y byd yn y capel. Siân Jones, Siop Wen, Lizzie Jane y ferch, a Rhys a Meredydd, ei phlant hithau, yn gorfod eistedd yn y pulpud! Fe godon nhw ddau neu dri ohonom ni'r hogiau i gilfach gul wrth ochor yr organ fach. Yno'n un o drindod digon aflonydd wedi'n sobri yr oeddem ni.

Fe gofiodd fy nhaid y digwyddiad hwnnw a'i debyg gydol ei oes. Cafodd y bennod ddiddorol hon yn hanes Egryn ddylanwad di-droi'n-ôl ar fy nheulu mewn mwy nag un cyfeiriad. Fe ddisgrifia ymhellach: 'Y ffenestri'n agored i'r hanner a gweision ffermydd yn un rhes ar y lintel y tu allan ac yn bwrw i'r canu "A welsoch chwi Ef? … A welsoch chwi Ef?" nes yr oedd y lle'n diasbedain.'

Roedd Mrs Jones, Egryn, neu Mari'r Golau, yn ddiwygwraig arbennig a ddaeth yn enwog yn lleol am gyfnod, ac yn rhyfeddod drwy Brydain am ychydig wythnosau. Fe fu'n braenaru'r tir cyn hydref 1904 ar gyfer adfywiad, ac fe gynhaliwyd cyfarfodydd gweddi'n ddi-fwlch yn y capel drwy fisoedd haf 1904. Gweddïai'n barhaus am gael bod yn foddion yn llaw Duw i ennill y gymdogaeth i Grist.

Enfys ger y Bermo

Maes o law, fe gymerodd Mari'r awenau er nad oedd yn arweinydd greddfol. Credai'n gryf yng ngrym tawelwch a distawrwydd er mwyn i'r Ysbryd symud pobl. O ran cefndir, gwraig fferm gyffredin o Islaw'r-ffordd oedd hi. Bu'n gweithio'n hynod galed ar y fferm hyd nes i brysurdeb y diwygiad ei gorfodi i gyflogi morwyn am y tro cyntaf. Chafodd hi ddim bywyd hawdd. Collodd fab yn ifanc iawn, a chyn y diwygiad, collodd ei chwaer hefyd. Cofnodir yng nghyfnodolion crefyddol y cyfnod un nos Sul pan oedd Mari adre yn Islaw'r-ffordd yn darllen llyfr Charles Monroe Sheldon, *In His Steps, What would Jesus do?* Pan ddychwelodd ei gŵr o'r gwasanaeth, fe sylwodd fod ei hwyneb wedi ei feddalu gan ddagrau, ac wedi ei oleuo gan wên. Fe ddywedodd Mari wrtho fod y Golau wedi dod.

Teimlai'n gryf mai cyfrwng oedd hi. Pe na bai'r Golau wedi dod ati gyntaf, ni fyddai'r cyfarfodydd wedi llwyddo cystal. Mewn un wythnos yn ystod anterth y diwygiad, bu Mari'n foddion i ychwanegu 51 o aelodau i gapel bach Egryn, un ar ddeg yn y Dyffryn, deuddeg yng nghapel y Calfiniaid, a phedwar yng nghapel y Wesleaid. Daeth ymgyrch Mari i'w benllanw gyda'r hyn y cyfeiriwyd ato fel 'Pythefnos Bendigedig' o gyfarfodydd, pan drodd fy hen daid a'm hen nain innau at Grist – y cyfnod y cofiai fy nhaid yn blentyn. Dywedai pobl fod Mari yn sôn am y 'Goleuadau' mewn ffordd hollol naturiol, fel petai'n sôn am dân ar yr aelwyd. Roedd hi'n llwyr grediniol y bydden nhw'n ymddangos. Fel hyn y cofiai fy nhaid y profiad:

> Roedd popeth a phawb yn blith-draphlith yn y cyfarfodydd yn Egryn. Cofiaf wraig luniaidd yn codi at yr allor, a'i llygaid ynghau, a rhyw swae ryfedd i'w chorff. Bûm yn meddwl wedi hynny, ac wedi darllen am weddnewidiad Iesu Grist, mai rhywbeth tebyg oedd yng ngwedd y ferch gyffredin, anghyffredin hon. Wna i fyth ei anghofio. Tomi Morris, y prentis gof, ar ei liniau yn y sêt yn llefain gweddïo – doedd dim howld arno – ac yn sydyn, gof arall, un o'r Bermo, yn torri ar ei draws. Gweiddi direol pobl yn methu dal, fel petaent yn feddw ar win melys yr Efengyl. Roeddwn i'n un o drindod o hogia bach, diwybod yn syllu ar Tomi Caemurpoeth a Robin y Go o'r Bermo, a ninnau'n ceisio dyfalu p'run ddaliai ati i weddïo hiraf. Beth wyddem ni dri o hogiau yn sêt fach yr organ, am yr Ysbryd Glân a'r 'gweithrediadau megis tân'?

Rhaid sôn am un datblygiad hynod ddiddorol yn y stori. Tua'r adeg hon, fe ddaeth newyddiadurwr, y Parch. Beriah Gwynfe Evans o Gaernarfon, i'r ardal ar drywydd stori, ac roedd ganddo ddiddordeb mawr yng ngwaith Mrs Jones. Fo daniodd y gwreichionyn a ddaeth â'r stori hon yn fflam. Fe werthodd y stori i brif bapurau newydd y dydd. Daeth yn boblogeiddiwr yr hanes i ryw raddau, er y gellir dadlau nad oedd angen poblogeiddio ar ddatguddiad dwyfol. Lapiodd y cyfan mewn ieithwedd fel hyn: 'This is the story of midnight visions, of mysterious manifestations, of signs in the heavens, and of portents upon the earth which I myself have seen, and which have been witnessed by scores of others. Mrs Jones of Egryn is becoming celebrated as the Welsh Seeress.'

Y disgrifiad mwyaf cyffredin gan yr holl lygad-dystion oedd fod seren yn rhagflaenu pelen sefydlog o dân, ac yna bod llafn, neu lafnau, hir, gwyn fel metal tawdd yn dod o'r belen i gyfeiriad y ddaear. Soniwyd am oleuadau uwchben y tai, goleuadau'n dilyn cerbyd a theithiau Mari Jones, a golau bob nos am gyfnod dros gapel bach Egryn. Mae'n siŵr fod y newyddiadurwyr yn cyrraedd yn ddigon sinigaidd eu hagwedd, ond â blys am stori dda. Heidion nhw i'r ardal ar ran *The Times*, y *Guardian*, y *Daily News*, y *Daily Mail* a'r *Daily Mirror*, ac mae tystiolaeth rhai o'r gohebwyr yn loyw iawn, yn arbennig yn ystod Chwefror 1905. Dyma eiriau gohebydd y *Mirror*:

> It was close on midnight, and we were nearing Barmouth, when suddenly, without the faintest warning, a soft shimmering radiance flooded the road at our feet. Immediately it spread around us, and every stick and stone within twenty yards was visible … it seemed as though some large body between earth and sky had suddenly opened and emitted a flood of light from within itself. Everyone saw this extraordinary light.

Hoffaf y disgrifiad tyner, annwyl hwn hefyd o'r *Cambrian News*: 'Ar ei ffordd adre drwy'r Bermo, fe dywynnodd y golau llachar gan orchuddio cerbyd Mrs Jones. Roedd fel petai'n tywynnu o belen lachar yn y nen. Mi welodd sawl un o drigolion y Bermo hyn, gan redeg tuag at y cerbyd wrth iddo ddod i mewn i'r dref.' Parhaodd y sôn am y digwyddiadau rhyfeddol hyn yn y wasg yng Nghymru am fisoedd lawer. Ond doedd Mari ddim eisiau unrhyw sylw iddi ei hun, a gwrthododd gael tynnu ei llun.

Tra oedd yr holl oleuadau yma'n ymddangos, feddyliodd fawr neb am gynnal ymchwiliad i'w natur. Ond fe gafwyd un ymchwiliad yn ystod y diwygiad, a hwnnw gan y Parch. A. T. Fryer ar ran The Society for Psychical Research. Daeth i ardal Egryn yn Rhagfyr 1905. Bu'n holi ac yn ymchwilio, a daeth i'r casgliad hwn: 'Having made all allowance for persons who mistook meteors, brightly shining planets, farm lanterns, railway signals and bodies of ignited gases for tokens of heavenly approval, there remain sufficient instances of abnormal phenomena to encourage further enquiry.'

Byddaf yn dod yn ôl o hyd at ddisgrifiad fy nhaid John Evans, a oedd yno'n dyst fel plentyn, yn *Pinsied o Halen*:

> Canu, gweddïo, ocheneidio am oriau bwygilydd. Dim ond bach oeddwn i, ond dwi'n cofio un bore ar frecwast, mam a 'nhad yn sôn am dorchau o dân yn dod o'r awyr, ac yn aros uwchben y capel bach. Dod adre yr oedden nhw, a throi ar y bronnydd i edrych tros Ysgellog, Hendre-eirian, tuag [at] Egryn. Roedd sŵn canu mawr ar y ffordd bost tros Hengwm. Y gynulleidfa yn troi am Dalybont a'r Dyffryn yn methu â pheidio canmol y wledd. Chwardded a chwarddo am ben 'Golau Egryn' a Phentecost mawr 1904/05, pan aeth 'nhad a mam yng ngherbyd yr Iachawdwriaeth fel dau ar drip. Yng ngrym y sbloet honno yr aeth y ddau tros yr Afon fawr ddiwethaf yn llawen a di-ofn ymhen blynyddoedd wedyn.

Ar ôl y diwygiad, fe ddychwelodd Mrs Jones i fferm Islaw'r-ffordd ac yna i'r Hafod gerllaw, a doedd dim mwy o benawdau yn y *Daily Mail* a'r *Daily Mirror*. Treuliodd weddill ei dyddiau yn encilgar ac mewn heddwch yn ardal Dyffryn Ardudwy. Wnaeth hi erioed ddymuno cael unrhyw sylw yn sgil ei hanes rhyfeddol efo'r 'Goleuadau', a phan gladdwyd hi ym mynwent Capel Horeb, Dyffryn Ardudwy, ni chafwyd unrhyw gyfeiriad at ddrama fawr 1904/1905 ar ei charreg fedd. Roedd Mari'n credu bod ei gwaith mawr wedi ei gwblhau. Ond roedd yn parhau ym mywydau'r bobl niferus a gyffyrddwyd gan ei thystiolaeth, a gofir hyd heddiw ar lafar gwlad gan deuluoedd a disgynyddion lleol megis teulu Sarnfaen. Gwelwyd y Golau gan bawb, nid gan ychydig, yn cynnwys rhai o'm cyndeidiau i. Ac er ei bod yn hawdd mynd heibio i olion y capel ar y ffordd fawr bellach, mae'n werth oedi yno am ennyd i gofio.

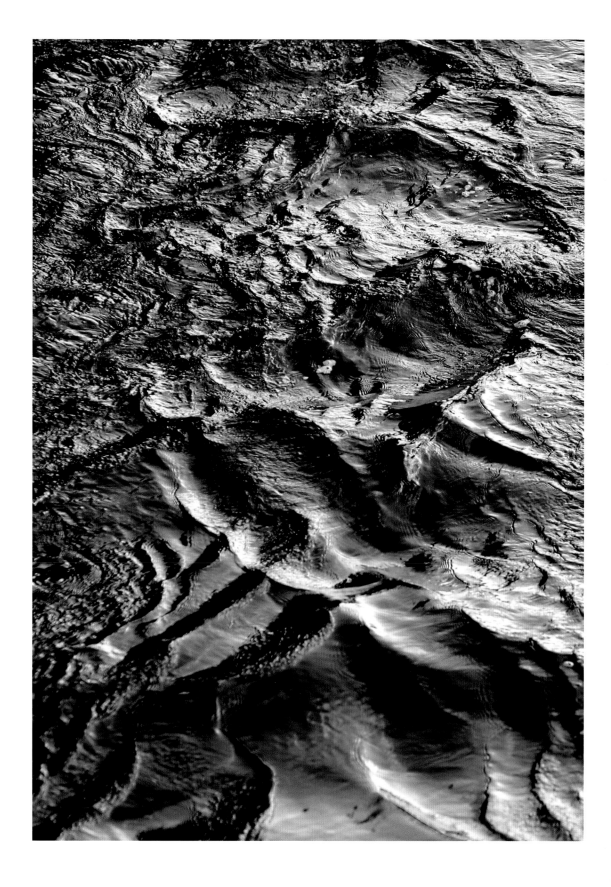

2 **Maldwyn**

✤ Pennant Melangell   ✤ Bro Ann Griffiths

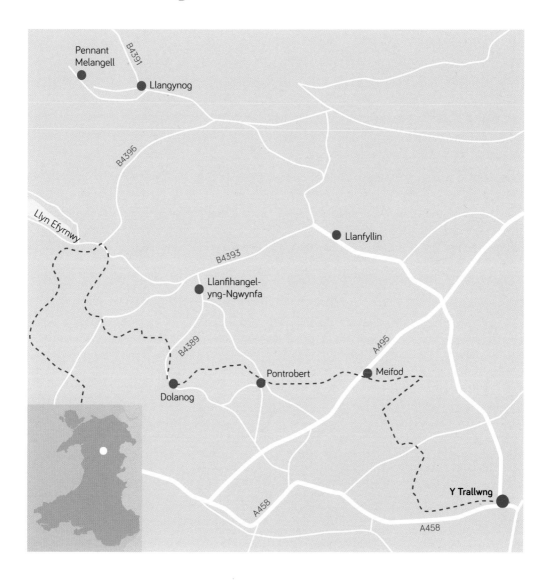

Pennant Melangell

Noson oer a'r gloch yn cymell,
canhwyllau'n goglais yr hen garolau,
yn naturioldeb y datganiadau …
Canhwyllau mewn jariau
yn goleuo'r llwybr ym Mhennant heno,
yn gwrthod diffodd.

('Y Plygain ym Mhennant Melangell')

Fe'm ganed ym Maldwyn, a dwi wastad yn gobeithio bod dogn helaeth
o'r mwynder gwirioneddol hwnnw sydd yn bodoli yn y bobl, yn ogystal
â'r dirwedd, yn rhan o 'mhersonoliaeth i. Mae Rhys Mwyn wedi sôn fod
popeth yn arafach ym Maldwyn, ac mae hynny'n apelio ataf yn fawr
iawn. Mae Mike Parker yn cyfeirio at 'this area of tough old roots, slow
tractors, hirsute cheekbones and the legendary "mwynder Maldwyn" '.

Mae dwy fro gyfareddol ym Maldwyn i mi, a dwy lodes yn
gysylltiedig â hwy, sef Melangell ac Ann.

Pennant Melangell

Byddaf yn dod i Bennant Melangell yn aml i gyfarfod Duw â dagrau
yn fy llygaid – boed yn ddagrau o orfoledd neu o dristwch. Mae hyd
yn oed meddwl am y lle yn fy nhawelu. Yn sicr, dyma fan i adael nifer o
bethau i'r tangnefedd – ofnau duon a gofidiau. Dywedodd yr offeiriad
a'r diwinydd A. M. Allchin, yn y cylchgrawn *Cristion*: 'Yr hyn y mae
angen i ni ei wneud wrth gyrraedd yw bod yn ddigon tawel i adael i'r lle
weddïo trwom. Ymddengys hyn yn annhebygol, ond eto daw pobl i weld
ei fod yn wir.' Mae'n un o'r mannau hynny lle mae'r llen yn denau rhwng
y byd hwn a'r byd tragwyddol, fel petai Duw anadliad yn unig i ffwrdd.

Fel pererindod i Israel, neu Lourdes neu Santiago de Compostela,
dyma'r lle mae ymdeimlo â hyn orau yng Nghymru, o bosibl, wrth ddod
i fyny'r cwm cul neu dros y mynydd o Gwm Rhiwarth. Yn eironig,
wrth i Bennant Melangell ddod i gael ei ystyried yn fwy sanctaidd,
fe gynyddodd y diddordeb mewn ymweld â'r lle. Ond bellach, mae'n
gyrchfan dawel eto. Rydw i'n hoff o Ddyffryn Tanat yn ei gyfanrwydd.

Rydw i'n hoff o'r daith dros y top o Groesoswallt, gan ymuno â'r briffordd wedyn i Lanrhaeadr-ym-Mochnant. Ymlaen i Ben-y-bont-fawr ac yna i gyfeiriad y Bala. Ond trowch i fyny oddi ar y briffordd yn Llangynog, a gadewch i gwm hyfryd Pennant weithio'i hud arnoch. Yn hytrach na cheir eraill ar y lôn gul rhwng gwrychoedd twt, rydych yn fwy tebygol o gyfarfod ffesantod ac ysgyfarnogod. Yn reit aml, welwch chi neb ar eich taith at y Grym ym mhen draw'r cwm, hyd yn oed ym mis Ionawr, pan fydd y teithiwr yn gallu gweld dros y gwrychoedd am y tro cyntaf, mewn mannau. Deuddeg teulu sy'n byw yno.

Bryd hynny, ewch heibio'r mur o wrychoedd sy'n sefyll yn barod am y gwanwyn, ac o'r gerwinder eir â chi yn ôl at y mwynder a'r gwyrddni ysbrydol ir ym Mhennant, i gadw'r oed hwnnw efo Duw yn y gyffesgell wen. O fod yno, fe esgyn ein golygon fry, yn uwch nag unrhyw benbleth yn y byd i lawr y ffordd. Mae'n lle i'r pedwar tymor yn wir, er bod y daith yn ddigon anodd pan fydd y cywion ffesant ym mhob cornel a chlawdd, fel yr Ysbryd yn dawnsio'n ysgafn dros y cerrig beddi.

Nid Eglwys Santes Melangell yn unig yw'r atyniad, ond cyfaredd yr holl ddyffryn tangnefeddus hwn. Ers talwm, deuai chwarel Llangynog at geg y dyffryn, gan ildio wedyn i'r llonyddwch oesol a tharddiad afon Tanat. Pen y nant roddodd yr enw Pennant. Pan na fydd mannau eraill yn gwneud y tro, fe fydd Pennant Melangell yn llenwi'r bwlch – y dyffryn bach, cysegredig hwn ar yr hen ffin rhwng Powys a Gwynedd.

Dywed yr awdur Simon Jenkins: 'There are prayer cards for those convinced of the saint's restorative powers, though they were surely confined to hares.' Ond mae'r tawelwch a'r heddwch yma yn adfywiol, ac yn bwerus iawn i'r hil ddynol hefyd. Dewch at yr Heol, lle mae maes parcio wrth yr eglwys. Bron nad ydych chi eisiau i olwynion y car droi er mwyn i chi fedru teimlo'r tawelwch yn pwyso i mewn drwy'r ffenestri agored wrth lithro rhwng y gwrychoedd uchel ar y lôn gulaf yn y byd yn yr haf. Y lôn a ddaw â ni, bererinion llesg, at y tawelwch hwn sy'n ein galw'n fud.

Rhaid ildio'r ofnau a'r meddwl yn llwyr i'r grym hwn a ddaw i'n cyfarfod bob tro ym Mhennant. Deuwn yn ddiymadferth yn nhryblith byd, ac ildiwn i dangnefedd. Deuwn at yr heddwch a fu'n disgwyl amdanom erioed, ac ildiwn ein llwyth blêr iddo. Rhaid plygu pen yma. Mae'r tawelwch yn ein tawelu, a chawn adnewyddiad yma. Rwyf wedi dysgu gadael i'r tawelwch siarad efo mi yma, yn hytrach na 'mod innau'n siarad o hyd.

Ers rhai blynyddoedd, mae dioddefwyr canser wedi bod yn dod i Ganolfan Melangell gerllaw i yfed o'r llonyddwch hwn wrth fyw efo'u hafiechyd. Eto i gyd, o ffynnon y daw'r cyflenwad dŵr yno. Yn y cwm arferid dod at Ffynnon Nant Ewyn am iachâd i anhwylderau'r croen. Ceid Ffynnon y Cythraul yn y plwyf hefyd, a byddai rhai yn cyrchu tuag ati ar gyfer anhwylderau'r llygaid, ymhlith pethau eraill. Dim ond ar un achlysur, a hynny yng nghanol glaw mawr, y cefais fy rhybuddio am beryglon llifogydd yn y cwm, a gorfod cilio'n reit fuan os oeddwn am adael y diwrnod hwnnw. Mewn cofnod o hanesion lleol, cofir am lifogydd mawr yn 1907.

Pwy yn union oedd Melangell? Mae sawl damcaniaeth wahanol am ei hanes – yn ôl un, roedd yn ferch i frenin o'r Alban neu Iwerddon. Yn ôl traddodiad arall, gallai fod yn ferch i'r brenin Cufwlch. Ond yn ôl y traddodiad cyntaf, ffodd rhag priodas a drefnwyd iddi yn Iwerddon, a dod i Gymru ar alwad ddwyfol i Bennant. Perchid galwad i fod yn lleian ac encilio yn y traddodiad Celtaidd yr adeg honno, ac mae mannau eraill, gerllaw, yn gysylltiedig â seintiau a garai'r encilion – Myllin yn Llanfyllin, a Ffraid yn Llansanffraid.

Dywedir i Melangell gael effaith drawiadol iawn ar y tywysog Brochwel Ysgithrog o Bowys. Pan oedd yn hela ysgyfarnogod ryw ddiwrnod, cuddiodd un anifail bach ym mhlethiadau sgert Melangell. Nid âi cŵn y tywysog ar gyfyl y guddfan, a phlediodd Melangell achos yr ysgyfarnog mor huawdl nes i Brochwel atal yr helfa. Rhoddodd gwm Pennant iddi, a sefydlodd hithau leiandy a seintwar i anifeiliaid gwyllt yno, ac aros yn y cwm am flynyddoedd lawer. Yn sgil y diwygiad Protestannaidd, rhoddwyd dulliau radical o ddathlu seintiau o'r neilltu, ond cofiwyd am Felangell o fewn y traddodiad Catholig. Dr John Davies (1567–1644), yr ysgolhaig a rheithgor Mallwyd, a nododd 27 Mai fel dydd gŵyl y Santes Melangell, tua mil o flynyddoedd ar ôl ei marwolaeth.

Mae Melangell yn nawddsantes popeth sy'n cael ei erlid erbyn hyn, yn cynnwys ffoaduriaid, ac mae apêl yma i bobl sydd mewn cyfyngder. Gwêl eraill hi fel nawddsantes ecoleg. Ond y weithred hyfryd o amddiffyn yr ysgyfarnog sy'n allweddol, ac fe ddywedodd A. M. Allchin: 'Wrth sancteiddrwydd, diniweidrwydd ac uniongyrchedd y forwyn, nid oedd celfyddyd ymosodol y pennaeth ieuanc megis dim.'

Lleolir Eglwys Santes Melangell mewn cylch Celtaidd o fynwent, ond credir bod claddu wedi digwydd yma ers yr Oes Efydd. Credir hefyd fod yr eglwys yn sefyll ar safle gwreiddiol lleiandy Melangell yng nghysgod Moel

Gwylfa, ac mae'r coed yn dyddio'n ôl dros 1500 o flynyddoedd. Credir i'r eglwys gael ei hailadeiladu gan Ririd Flaidd, a bu yntau farw yn 1189. Mae bedyddfaen sy'n dyddio o'r ddeuddegfed ganrif yn yr eglwys hyd heddiw, a chredir mai dyma unig olion yr eglwys wreiddiol. Yn y cyfnod yn dilyn y Diwygiad Protestannaidd, datgymalwyd y greirfa'n ofalus a'i diogelu.

Erbyn hyn, mae'r greirfa wedi ei hadfer, a dyma'r unig enghraifft o'i bath, ac eithrio creirfa Edward Gyffeswr yn Abaty San Steffan, Llundain. Dyma'r enghraifft gynharaf o greirfa Romanésg yng ngogledd Ewrop. Hefyd, gosodwyd rhannau ohoni oddi mewn i fframwaith adeilad yr eglwys mewn mannau amlwg, fel bod y plwyfolion yn medru cadw'r wybodaeth o genhedlaeth i genhedlaeth.

Yn 1988 symudwyd y greirfa i'r gangell ar ôl dod at groesffordd yn hanes yr eglwys – a ddylid symud y cyfan i Sain Ffagan ai peidio? Ond yn hytrach na hyn, daeth y gwaith adfer yno i ben yn 1992 am gost resymol iawn o £170,000. Ailosodwyd y sgrin bren sy'n dyddio o'r bymthegfed ganrif, ac ail-leolwyd y bedyddfaen y tu ôl i'r drws. Cafwyd gwaith ailadfer ac ailosod y meini gwreiddiol, ac ailadeiladwyd y gilfach gron ar y seiliau gwreiddiol o'r ddeuddegfed ganrif. Bellach, mae gweddillion Melangell yn y greirfa ei hun.

Saif Canolfan Santes Melangell gerllaw ym Maes y Llan bellach, ar gyfer cwnsela, myfyrio a gofalaeth fugeiliol. Mae'r ganolfan ar gael i'w llogi, o gysylltu i drefnu ymlaen llaw.

Mi fydda i'n hoffi gadael y cwm efo gwirionedd oesol arall, sef mai gweithred hardd yw tynnu'n ôl ambell dro – tynnu'n ôl o'r helfa, o ryfel, o hen gynnen. Ar lefel bersonol, wrth dynnu'n ôl o hen wrthdaro, gall rhywun ateb trais a drygioni'r byd efo pluen maddeuant. Arhoswn yma sbel ym mhen draw tawelwch. Ymhell o bob man, mae popeth yma, a phorth i fyd arall sy'n cysylltu â gorwelion pellach.

Wedi ein hadnewyddu, cerddwn yn ôl i lawr y cwm, yn cyndyn ymadael â'r dyfroedd o dawelwch, cyn dychwelyd at y ffordd fawr yn Llangynog yn ôl am Groesoswallt. Os ewch yn eich blaen heibio i Faes y Llan, fe ddewch at gymer afonydd Tanat ac Ewyn, ac at raeadr Blaen y Cwm.

Cwm i bob tymor, a rhywbeth annisgwyl ym mhob un, ydy cwm Pennant. Ar fin nos o haf, os yw'r eglwys wedi ei chloi, gallwch eistedd ar y sedd gerllaw a chlywed synau'r cwm yn eglur – tractor, afon, llonyddwch, mynd a dod ambell un o'r trigolion. Er bod y gwybed yn goglais eich gwallt, mae ymdeimlad o dawelwch yma, a bod rhywun yn gofalu amdanoch. Ganol mis Awst, mae'r ffordd fel tipyn o *assault course* efo'r ffesantod afradlon, yn enwedig ym mhen ucha'r cwm! Ond pam trafferthu mynd i ben draw'r cwm o gwbl fyddai cwestiwn rhai. Mae'r ateb mewn englyn hynafol. Rhwng 1788 ac 1812, Ezekeil Hamer oedd ficer yr eglwys. Cyn hynny, bu yn Llanfihangel-yng-Ngwynfa, a dod yn ymwybodol o waith Ann Griffiths. Mae cwpled o'i englyn yn crisialu'r hyn sy'n arbennig am Bennant Melangell:

> Gwm iachus; nid oes i chwi
> ond cam i Ne' o'n cwm ni.

Bro Ann Griffiths

Hyd heddiw, ceir parch aruthrol at Ann Griffiths – parch at burdeb y profiad a gafodd o Grist, ond parch hefyd at ei dewrder a'i hunigolyddiaeth. Mae rhywbeth o fwynder Maldwyn ynghlwm yn y cyfan wrth ddod i'w bro, rywsut – Dolanog a Phontrobert a phlwyf Llanfihangel-yng-Ngwynfa, man ei geni, hefyd.

Yn Nolanog, gwelwn Gapel Coffa Ann Griffiths a agorwyd yn 1904 i gofio am y 'danbaid, fendigaid Ann'. Fe'i hadeiladwyd ar safle Salem, capel cynharach y Methodistiaid. Mae penddelwau Ann a John Hughes ar y mur, a chelf *art nouveau* yn y capel, sy'n anghyffredin mewn capel anghydffurfiol. I fyny Allt Dolanog, ac yna i lawr i gyrraedd Dolwar Fach, penllanw'r bererindod i ddilynwyr Ann. Mae yna lai o fysys yn dod i'r ardal ar bererindod bellach, ond eto dydy'r diddordeb yn Ann Griffiths ddim wedi pylu, hyd yn oed yn oes y wefan a'r cyfieithu. Pan fydd grwpiau neu unigolion yn ymweld â Dolwar Fach heddiw, mae croeso'n dal i fod yno ac estynnir gwahoddiad i bawb i arwyddo'r llyfr ymwelwyr. A. M. Allchin a soniodd am gyfraniad Dolwar Fach: 'Digwyddodd rhywbeth yn y tŷ bychan hwn sy'n gwneud y lle yn gofiadwy i fwy nag un oes, a mwy nag un genedl.' Fel yn llun Kathy Gittins o Ddolwar Fach, mae dylanwad Ann yn dal i ymsymud ar hyd y tir a'r caeau fel chwa o fyd arall, mwynach. Y llun hwn o rym yn tonni'n nerthol drwy'r caeau a'm hysgogodd i grwydro bro Ann Griffiths drachefn.

Mae'r daith yn mynd mewn cylch o gwmpas tref fach gyfeillgar Llanfyllin, Dolwar Fach a Llanfihangel-yng-Ngwynfa, heb anghofio capel John Hughes ym Mhontrobert. Mae'r mannau hyn yn agos at ei gilydd, ond eto mae eu henwau'n croesi ffiniau. Mae'r cam olaf yma hefyd

– y lôn hir at fedd Ann yn eglwys Sant Mihangel. Hoffaf yr enw Saesneg – St Michael in Paradise – a dywedir mai Llanfihangel- yng-Ngwynfa yw'r enw Cymraeg anhawsaf i Saeson ei ynganu. Pan ymwelais â'r pentref gyntaf, roedd un ar bymtheg o blant yn yr ysgol eglwys gerllaw â Chymraeg ar eu gwefusau amser chwarae, ond bu cymylau ad-drefnu'n drech na'r ysgol naturiol Gymraeg, gan fygwth iaith a bro.

Ceir awel wastad ym mynwent Llanfihangel – adlais o'r awel a ysgubodd yma un tro ymhell yn ôl. Mae cofgolofn syml a diaddurn i Ann ar ochr chwith y llwybr sy'n arwain at ddrws yr eglwys, tua hanner ffordd ar hyd y llwybr. Dyma fedd Ann a'i phlentyn bychan, a gladdwyd ychydig cyn ei fam.

Mae 'na le arbennig ar lwyfan hanes weithiau i'r bobl hynny sydd yno'n arsylwi ar y cyrion. Dyna fu hanes Ruth Evans – Ruth Hughes yn ddiweddarach. Fe gafodd y fraint o fod ar gyrion profiadau mawrion a medru helpu i gofnodi eu hangerdd. Roedd hi'n chwyldro yn Ffrainc bell, ond cafwyd chwyldro ym Maldwyn hefyd – y chwyldro tragwyddol ym mywydau'r bobl ifanc yma, ymhlith ffrindiau. A'r mentor i lawer oedd y Parch. John Hughes, Pontrobert, brawd ysbrydol i Ann Griffiths. O'r Figyn ym mhlwyf Llanfihangel-yng-Ngwynfa yr hanai. Gwehydd ydoedd wrth ei alwedigaeth, ond bu yng nghanol y bwrlwm ysbrydol yn yr ardal. Cofiwn am ei emyn enwog, 'O anfon di yr Ysbryd Glân'.

Mae Ann Griffiths yn enigma yn sicr – fe'i disgrifiwyd fel *silhouette* gan Derec Llwyd Morgan. Mae syllu ar yr unig ddelwedd ohoni yn ei chapel coffa'n dwysáu'r enigma. Dywed Derec ymhellach fod 'act ei thröedigaeth wedi cynhyrfu'r cemegau neu'r serchiadau a oedd ynddi i ymateb mewn dull hollol newydd i bopeth a gysylltid â nhw'.

Ychydig iawn o ffeithiau sydd gennym am Ann. Un disgrifiad sydd yna ohoni yng nghofiant John Hughes, Pontrobert, a ysgrifennwyd ddeugain mlynedd ar ôl ei marw ifanc:

> Yr oedd Ann o gyfansoddiad tyner, o wynebpryd gwyn a gwridog, talcen lled uchel, gwallt tywyll, yn dalach o gorffolaeth na'r cyffredin o ferched, llygaid siriol ar don y croen, ac o olwg lled fawreddog, ac er hynny yn dra hawdd nesáu ati mewn cyfeillach a hoffai. Yr oedd wedi ei chynysgaeddu â chyneddfau cryfion, ond lled wyllt ac ysgafn ydoedd yn ei hieuenctid. Hoffai ddawns ac arferai ei doniau i siarad yn lled drahaus am grefydd a chrefyddwyr o ymneilltuwyr.

Merch ifanc, naturiol o'r wlad oedd Ann, felly, yn nyddiau'r anterliwt a'r ffeiriau crwydrol. Fel pobl ifanc pob oes, mynnodd ei chyfle i wrthryfela a dweud ei dweud.

John Evan Thomas oedd enw ei thad, oedd yn fardd gwlad ac yn englynwr, ac roedd ei mam, Jane Theodore, yn dod o deulu oedd yn berchen ar lawer o diroedd. Fe anwyd pump o blant – Jane, John, Elizabeth, Ann ac yna Edward – i deulu Dolwar Fach. Roedd carol a chân ac englyna'n rhan o gefndir diwylliannol y teulu, ac fe ddywedir bod Ann yn medru llunio englyn pan oedd yn ddeg oed. Aeth Ann i ysgol yr eglwys yn Nolanog, a dysgu darllen, ysgrifennu, rhifyddeg ac ychydig o Saesneg. Roedd hi'n wanllyd ei hiechyd ar adegau, ac mi gollodd ei mam cyn ei bod yn 18 oed. Yn wir, fe fu'n rhaid iddi hi gymryd at redeg y tŷ pan fu farw ei mam.

Yng ngwanwyn 1795 fe dorrodd diwygiad grymus ym Mhontrobert – roedd John, brawd Ann, yn flaenor yn seiat ac achos Penllys, a gododd ymysg Anghydffurfwyr yn yr ardal. Yn haf 1795 cafodd John Hughes, Pontrobert, dröedigaeth. Ddydd Llun y Pasg 1796 fe ddenwyd Ann o ffair a dawns gŵyl mabsant Llanfyllin (pedair milltir a hanner o'i chartref) i wrando ar y Parch. Benjamin Jones, Pwllheli, yn pregethu yng nghapel Annibynwyr Pendref.

Cafodd pregeth Benjamin Jones effaith fawr arni, ond parhaodd i fynd i'r eglwys tan ar ôl gwasanaeth y plygain y flwyddyn honno. Ar ôl hynny, fe dyfodd ei hymrwymiad i'r capel a daeth Ann yn aelod o seiat Penllys yn 1797. Roedd cyfle yn y seiat i rannu a cheisio deall y profiadau oedd yn ysgubo drwy'r tir. Roedd Ann yn ffodus o'r triongl a sefydlwyd pan briododd Ruth Evans a John Hughes. John oedd y sgolor, Ruth oedd y cerddor a'r un ymarferol â'i thraed ar y ddaear, ac Ann oedd â'r dychymyg a'r geiriau. Mi ddywedodd Nesta Wyn Jones amdani mewn erthygl ardderchog yn y *Faner Newydd*: 'Roedd hi am draethu'r anhraethadwy a chyfathrebu ynghylch y Gair sydd y tu hwnt i eiriau – ac fe lwyddodd.'

Teithiai Ann yn rheolaidd i'r Bala i dderbyn cymun o law Thomas Charles. Er mai gweddïo'n ddirgel a distaw a fyddai gan amlaf, mi fyddai hi weithiau, fel unrhyw berson ifanc arall yn ei chyfnod, mae'n siŵr, yn bloeddio'n orfoleddus 'nes y gallech ei chlywed led cae neu ddau o'r tŷ', yn ôl disgrifiad y Parch. John Hughes.

Yn y cyfnod hwn y daeth Ruth Evans yn forwyn i Ddolwar i helpu Ann. Yn 1803 fe gafwyd trwydded gan Esgob Llanelwy i gynnal oedfaon

crefyddol yn Nolwar Fach. Bu farw ei thad yn 1804, ac fe briododd Ann â Thomas Griffiths, gŵr o'r fro ac aelod o seiat Pontrobert. Ym mis Gorffennaf 1804 ganwyd merch iddynt, a bedyddiwyd hi'n Elizabeth ar ddydd ei geni. Roedd Ann mewn gwendid mawr wedi'r enedigaeth, ac roedd ganddi galon wan. Bu farw'r baban yn bythefnos oed, a phythefnos yn ddiweddarach fe fu farw Ann Griffiths yn 29 oed ar 12 Awst 1805.

Ym mynwent Llanfihangel-yng-Ngwynfa y claddwyd Ann, ac fe bery'r ardal yn grud i ddiwylliant Cymraeg. Dyma gartref Aelwyd Penllys, ac ar yr ail ddydd Sul yn y flwyddyn newydd, cynhelir y Plygain Mawr (neu'r Blygen Fawr ar lafar) yma. Santes Ann; y danbaid, fendigaid Ann? Yn bennaf, dywedwn i mai merch fferm gyffredin o Faldwyn oedd hi, a dawn gynhenid a doniau'r Ysbryd Glân yn gweithio drwyddi. Merch ifanc gyffredin, anghyffredin.

Rydyn ni'n gwybod rhai pethau am fywyd Ann, ond rydyn ni'n gwybod mwy drwy ei hemynau a'i llythyrau – wyth llythyr ac un emyn yn unig sydd yn ei llawysgrifen yn y Llyfrgell Genedlaethol yn Aberystwyth. Yng nghyfnod olaf ei bywyd, cofnododd ei phrofiadau ysbrydol mewn tua saith deg o benillion unigol. Sut mae Ann wedi dod yn ffigwr mor adnabyddus heddiw?

Mae ei gwaith wedi cael ei gyfieithu, a rywsut mae'r Gymraeg yn canu drwy'r Saesneg yng ngwaith A. M. Allchin, Rowan Williams ac eraill. Ond uwchlaw iaith, yn oes brysur heddiw, mae gwaith Ann yn pwysleisio pwysigrwydd myfyrdod. Mewn cyfnod pan fo pobl yn chwilio ym mhobman am atebion, mae Ann yn daearu'r Anfeidrol yn hytrach na dianc i fyd ffantasi. Mae pawb yn medru deall ei syniadau. Barddoniaeth oedd yn ffrwyth bywyd cyflawn oedd ei phenillion, ac os sylwch chi, maen nhw'n sefyll ar eu pennau eu hunain fel penillion unigol hefyd. Ruth Evans a gadwodd yr holl ddarnau o bapurach a guddiwyd i lawr ochrau cadeiriau Dolwar Fach. Cofnododd Ruth benillion eraill ar ei chof anllythrennog hefyd, a'u hadrodd wrth ei gŵr, John Hughes.

Mae Ann yn bwysig i'n cyfnod ni hefyd achos ei bod hi'n gyfrwng undod, a hynny drwy wefr ei hiaith. Mae hi'n llamu ag un naid dros yr athrawiaethau i adnabod a charu ei Harglwydd. Rywsut, mae hi'n cymathu'r traddodiadau i gyd, ac o bosibl, wrth ystyried dyfodol y dystiolaeth Gristnogol, dyma ei hapêl bennaf heddiw.

Mae Nia Rhosier, sy'n rhedeg Canolfan Undeb ac Adnewyddiad

Murlun ym
Mhennant
Melangell

Cristnogol i bob enwad yn yr Hen Gapel, Pontrobert, lle bu John Hughes a Ruth yn byw, ac Ann yn ymwelydd cyson, yn pwysleisio apêl fyd-eang Ann bellach:

> Mae Ann yn ymgorfforiad naturiol o'r gwir undod sydd yng Nghrist, a thrwyddo rydym wedi ein cymodi â Duw ac â'n gilydd. Fe'i magwyd yn yr eglwys sefydledig yn y traddodiad Anglicanaidd, fe'i dylanwadwyd yn fawr adeg ei thröedigaeth gan yr Annibynwyr, ac fe ganfu ei 'chartref' ysbrydol gyda'r Methodistiaid Calfinaidd. Yn ei thro, fe ddenodd sylw'r Catholigion (yn arbennig y llenor o Gymro, Saunders Lewis) a'r Eglwys Ddwyreiniol Uniongred.

Mae'r capel, a adeiladwyd yn 1800 fel man cyfarfod i'r Methodistiaid Calfinaidd, yn ganolfan wych, ac adferwyd pulpud hanesyddol John Hughes yno. Mae'r holl ddeunydd sydd yno, a'r cyrsiau a gynhelir ynddo, mor lliwgar â cheidwad y capel.

Canolbwynt y cyfan yw ysbrydoliaeth a byd Ann Griffiths. Er cof amdani, ceir llwybr cerdded i'w ddilyn o Bontllogel i Bontrobert, ar lan afon Efyrnwy. Gerllaw, mae olion castell Mathrafal, a fu unwaith yn brif gartref tywysogion Powys. Gerllaw'r pentref mae Plas Dolobran, cartref y Crynwyr enwog Charles a Thomas Lloyd. Dyma'r teulu a sefydlodd fanc Lloyds. Yn Hen Gapel John Hughes y rhoddodd Ruth a John Hughes emynau Ann Griffiths ar gof a chadw i genedlaethau'r dyfodol am y tro cyntaf. Anodd ydy troi o'r fath fro. Mae Pontrobert yn grud i'r holl deimladau a phrofiadau a gostrelir ym mywyd Ann Griffiths, rywsut, a'r enw hwnnw wedi ei osod yng nghanol cefnlen hyfryd Maldwyn.

3 Lerpwl – eu Cymru fach eu hunain

- Y porthladd a'r glannau
- Y ddinas yn ymledu
- Twf dinas
- Dwy gadeirlan

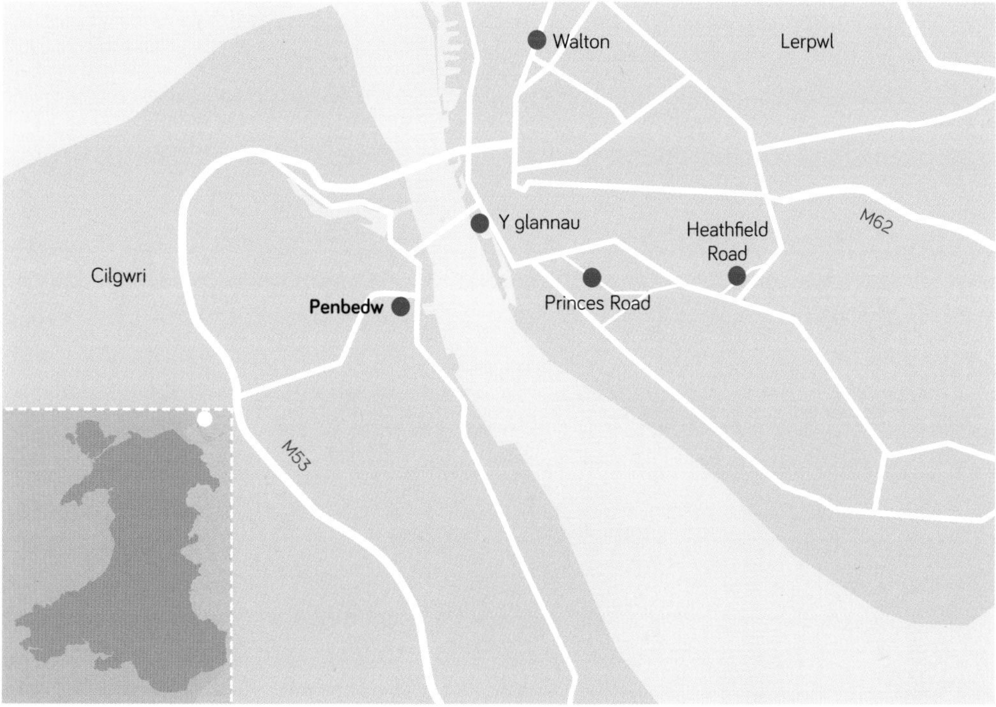

Cadeirlan Gatholig Dinas Lerpwl

Hen hanesion ac iaith
yn atsain yn y gwynt swrth,
twˆr eglwys gadeiriol draw,
Kinmel Street, Gwydir, Elwy.

('Welsh Streets')

Dinas i'ch ysbrydoli a'ch cyfareddu bob amser yw'r 'Pool of Life'. Mae'n ddinas sy'n eich synnu a'ch herio i'r byw ambell dro, ac eto yn eich darostwng a'ch synnu fel plentyn bach dro arall. Mae'n ei disgrifio'i hun yn hyderus yng ngoleuadau Nadolig y siopau fel 'dinas o ffydd', ac mae cynhesrwydd calon ei phobl gyffredin yn goresgyn popeth. O fewn y ddinas ceir llecynnau Cymraeg a Chymreig. Er bod cydnabyddiaeth i'r Cymry yn amgueddfa Lerpwl ar lan afon Merswy, gresynaf mai mewn cornel fechan ar y llawr uchaf y mae'r gydnabyddiaeth honno.

Arwyddair Lerpwl yn ystod ei blwyddyn fel Prifddinas Diwylliant Ewrop yn 2008 oedd 'y byd i gyd mewn un ddinas'. Cofiwn am Chinatown hynaf y byd, a Little Italy, a'r traddodiadau sy'n dangos perthynas glòs Lerpwl â'r môr. Ond gall cofio am gyfraniad arbennig y Cymry a'r dreftadaeth Gristnogol Gymreig ein harwain at ambell lecyn tawelach mewn dinas gythryblus ei hanes.

Yn ystod oes aur Cymreictod Lerpwl yn y bedwaredd ganrif ar bymtheg, roedd deg y cant o'r boblogaeth yn Gymry – 80,000 o bobl, fel y noda D. Ben Rees yn *Cymry Lerpwl a'r Cyffiniau*. Brawddeg agoriadol papur newydd *Y Brython*, a gyhoeddwyd yn Lerpwl o 1906 ymlaen oedd: 'Dichon mai ar lannau'r Fferswy y mae'r cwmwd lluosocaf o Gymry a geir ond odid yn unman.' Roedd yna dros 70 o gapeli Cymraeg yma, a daeth pobl i gyfeirio at Lerpwl fel prifddinas gogledd Cymru. Ymsefydlodd y Cymry yn y dyddiau cynnar yn ardaloedd Lerpwl 3 a Lerpwl 8.

Y porthladd a'r glannau
Wrth feddwl am y porthladd, mae rhywun yn meddwl am bennill o'r gân werin 'Ffarwél i Ddociau Lerpwl', neu un o ganeuon môr 'Fflat Huw Puw' gan J. Glyn Davies. Bu yntau'n Athro'r Adran Gelteg ym

Mhrifysgol Lerpwl am flynyddoedd lawer. Fedrwn ni ddim dianc rhag y môr yn ninas Lerpwl, ac mae aber afon Merswy wedi cael ei datblygu efo atyniadau arbennig yn ardal y dociau erbyn hyn.

Y man cyntaf i bobl ymweld ag o ar y cei 'slawer dydd – ac mae hi'n dal yno heddiw – oedd eglwys blwyf Lerpwl, eglwys Sant Nicholas. Bu addoli ar y safle ers 1257, ac fe bery cysylltiad Cymreig yma. Nawddsant y morwyr ydy Sant Nicholas ymhlith pethau eraill, ac fe adeiladwyd yr eglwys ar safle cynharach capel St Mary del Quay. Parhaodd yn gapel bychan hyd at 1650, gan mai poblogaeth o 500 oedd yn Lerpwl bryd hynny. Fe ystyrid Caer yn fwy o borthladd ar y pryd. Yn 1699 y sefydlwyd Lerpwl yn blwyf, ar wahân i Walton-on-the-Hill, a fodolai eisoes. Roedd yr eglwys yn arfer bod ar ochr y cei, fel y byddai Paradise Street a'r orsaf fysiau wedyn. Mae cofio am yr eglwys hon yn mynd â ni yn ôl at ddechreuadau'r ddinas.

Ceir tystiolaeth o effaith y pla yn y fynwent, a chaethwasiaeth hefyd. Gwelodd y llan lawer un yn gadael porthladd Lerpwl, ac yna'r mewnlifiad mawr yn sgil y Newyn Mawr yn Iwerddon rhwng 1845 ac 1849. Daeth mewnlifiad cyson o Wyddelod yma oherwydd tlodi a newyn, a daeth mewnlifiad mawr arall ar ôl yr Ail Ryfel Byd. Daeth y Cymry hefyd. Ymhen amser, byddai eglwysi Anglicanaidd Cymraeg eu hiaith yn Lerpwl, fel Eglwys Sant Asaff, Kirkdale; Eglwys Dewi Sant ger yr Adelphi yn wreiddiol, ac Eglwys Sant Deiniol yn Upper Parliament Street. Hyd yn oed mor gynnar â 1503, bu Cymro, sef Dafydd ap Gruffydd, yn Faer Lerpwl, ac yn ei gyfnod ef yr enwyd y ddinas a'i sillafu'n Lyrpool. Mae hyn yn swnio'n debyg iawn i'r ynganiad Cymraeg 'Lerpwl', a chredir bod yr enw'n deillio o ddisgrifiad y morwyr Cymraeg, sef 'lle'r pwll'. Gair gwneud a fathwyd gan Peter Jones – Pedr Fardd – oedd Llynlleifiad, ond ni pharhaodd ar lafar i'r un graddau â Phenbedw (Birkenhead). Daeth Goronwy Owen o Fôn (1723–96) yn gurad i Eglwys Santes Fair, Walton, yn 1753, ond ni chafodd gyfnod hapus yn Lerpwl. Ymfudodd maes o law i Williamsburg, Virginia, lle bu â gofal stad tyfu cotwm a thybaco, a hynny cyn diddymu caethwasiaeth.

Roedd cysylltiad amlwg rhwng diwydiant gogledd Cymru a phorthladd Lerpwl, a chwblhawyd Doc y Brenin erbyn 1788. Gwnaeth amryw o Gymry eu marc ar fyd llongau a môr-fasnach Lerpwl, yn enwedig Syr Alfred Lewis Jones (1847–1910). Mae cerflun ohono ar y Pier Head. Daeth yn llywydd Siambr Fasnach Lerpwl, yn gadeirydd Banc Gorllewin Affrica, ac yn sylfaenydd Ysgol Feddygaeth Drofannol

Lerpwl. Mi dystiodd Lloyd George ei hun mai 'dim ond un Syr Alfred y gallai Cymru esgor arno ym mhob cenhedlaeth'.

O fwrw trem dros yr afon ar lannau Merswy yn gyffredinol, fe welwn ôl ein cenedl, o'r 'gwales' sydd yn yr enw Wallasey – yr ynys o Gymry – i boblogrwydd y darlun *Salem*, a ddaeth yn eicon Cymreig yn sgil cwponau sebon Port Sunlight. Cofiwn am Hedd Wyn, bardd buddugol Cadair Eisteddfod Penbedw yn 1917, yn gelain yn y ffosydd a neb yn codi pan alwyd y ffugenw *Fleur de Lys*. Ac ym Mhenbedw y ganwyd Marion Eames, awdur un o nofelau enwocaf y Gymraeg, *Y Stafell Ddirgel*.

Ar y glannau yn Seacombe a Wallasey y magwyd un o Gymry enwocaf yr ugeinfed ganrif, Saunders Lewis, yn fab i weinidog, y Parch. Lodwig Lewis. Lluniodd ddramâu a beirniadaeth lenyddol nodedig. Beth fyddai'r iaith Gymraeg heb *Siwan*, *Blodeuwedd* ac *Esther*? Trodd at Gatholigiaeth, a gwnaeth gyfraniad enfawr i lenyddiaeth Cymru yn yr ugeinfed ganrif, ac yn wir, i lenyddiaeth y byd. Mae'n ddiddorol nodi bod deugain a mwy o gwmnïau drama amatur Cymraeg yn yr ardal yn ystod ei gyfnod ef ar Lannau Merswy, a'r rheini'n gysylltiedig â'r capeli niferus. Yn y byd hwn y magwyd Saunders Lewis, ac fe gofiwn ei eiriau am y 'winllan a roddwyd i'n gofal', a phwysigrwydd sicrhau bod y gwerthoedd gorau'n goroesi ar gyfer y genhedlaeth nesaf.

Gadawodd llawer un borthladd Lerpwl i chwilio am well byd, am fan gwyn man draw, am loywach nen, am Eldorado. Cofiwn i'r *Mimosa* hwylio o Lerpwl i Batagonia, a delfrydiaeth cyhoeddusrwydd Lewis Jones am y baradwys Gymreig dros y don yn tanio calonnau'r teithwyr. Cofir am y fordaith hon yn flynyddol. Symudodd Lewis Jones o Gaergybi i Lerpwl i fod yn rhan o'r fenter fawr. Gwerthwyd 'paradwys dros y môr' i'r Cymry ganddo fo a'r Capten Love Jones Parry. Ar 28 Mai 1865 hwyliodd y *Mimosa* allan o borthladd Lerpwl at y ddelfryd honno.

O'r porthladd hwn yr hwyliodd nifer o genhadon Cymru am y meysydd pell hefyd. Y cenhadwr cyntaf a hwyliodd o Lerpwl i fryniau Khasia oedd Thomas Jones (1810–49). Daeth Lerpwl, a swyddfa'r genhadaeth yn Falkner Street, yn allweddol i'r gwaith. Cofiwn am waith John Roberts, 'Minimus', a fagwyd yn Lerpwl, un o sylfaenwyr y Genhadaeth Dramor yn 1840.

Y ddinas yn ymledu

Fe fu'n rhaid i'r Gwyddelod a ymsefydlodd yn Lerpwl fynd ati i ailffurfio'u diwylliant mewn dinas newydd, ond roedd Cymry'n cyrraedd yno'n

Cadeirlan
Anglicanaidd
Dinas Lerpwl

gyson, heb deithio fawr o bellter. Yn wahanol i'r Gwyddelod, mae'r *Liverpool Review* yn nodi: 'They retain their national customs and habits, and, in the midst of this great Saxon population, have a little Wales of their own.'

Fe ddaeth y Cymry i Lerpwl yn athrawon, yn brifathrawon, yn feddygon, yn nyrsys, yn forynion ac yn weinidogion yr efengyl, i fyd y gyfraith ac fel gweithwyr warws – mae'r rhestr yn un faith. Mae'n wir dweud bod llawer o drigolion gogledd Cymru wedi troi at Lerpwl i siopa dros y blynyddoedd – yn arbennig ar ddydd Iau yn draddodiadol – ac am ofal meddygol arbenigol, adloniant a chysylltiadau masnachol.

Daeth adeiladwyr o Ynys Môn yn benodol i ysgwyddo baich helaethu'r ddinas, yn llythrennol – dros 400 o adeiladwyr Cymreig oedd yn arbenigo ar waith coed, gwaith maen a gwaith llechi. Mewn ugain stryd yn ardal Walton, mae llythrennau cyntaf enwau'r tad a'r mab Owen a William Owen Elias ar y tŷ Cymreig chwe stafell a adeiladwyd drwy'r faestref ar ddiwedd y bedwaredd ganrif ar bymtheg. Gelwid Owen Elias yn 'frenin Everton'. Doedd yr adeiladwyr Cymreig, serch hynny, ddim yn dod yn arweinwyr yn y ddinas, gan fod tuedd iddyn nhw ymddeol yn ôl i Gymru ar ddiwedd eu gyrfa. Bu'r Cymry'n allweddol i dwf ardaloedd fel Everton, Anfield, Kensington, a Wavetree, ardaloedd oedd yn Gymraeg eu hiaith ac yn Gymreig eu diwylliant bryd hynny.

Yn wahanol i'r cymunedau Celtaidd eraill yn Lerpwl, roedd y Cymry'n awyddus i addoli drwy gyfrwng eu hiaith eu hunain. Adeiladwyd llu o gapeli Cymraeg ar eu cyfer, yn y ddinas ac mewn ardaloedd eraill fel Widnes, Runcorn, Heswall, West Kirby, Waterloo a Southport. Roedd priddfeini Rhiwabon a llechi o Flaenau Ffestiniog neu Ddinorwig yno'n barod ar gyfer twf y ddinas. Un o'r capeli mwyaf adnabyddus oedd y 'Gadeirlan Gymreig' neu 'Fatican yr Hen Gorff', yng ngeiriau D. Tecwyn Lloyd – capel Princes Road – a adeiladwyd yn 1868. Roedd hyd at 2,000 o addolwyr yn mynychu pan oedd y capel ar ei anterth.

Siopau T. J. Hughes, Lewis's, Owen Owens – mae'r enwau'n siarad drostyn nhw eu hunain. Heddiw, mae pobl yn hoffi siopa mewn canolfannau megis Cheshire Oaks mewn tref arall a ddylanwadwyd yn drwm gan y Cymry – Ellesmere Port, neu Liverpool One erbyn hyn. Ond fe ddaeth enwau'r siopau Cymreig a enwyd yn nodedig drwy Swydd Gaerhirfryn, Swydd Gaer a gogledd Cymru.

Daeth Owen Owens o Fachynlleth a sefydlu'r siop adrannol enwog yn 1868. Iddew o'r enw Cohen oedd yn rhedeg siop Lewis's yn Renshaw

Street yn wreiddiol, a gwelodd ar ôl Eisteddfod Genedlaethol Lerpwl 1929 fod marchnad fras i unrhyw un a fedrai ddenu Cymry Glannau Merswy a gogledd Cymru i'w siop. Newidiodd enw'r siop i Lewis's, a gofalu bod y rhan fwyaf o'r staff yn siarad Cymraeg. Rhwng 1932 ac 1953, cynhaliwyd Eisteddfod Lewis's am benwythnos hir cyfan yn y neuadd fawr ar y pumed llawr, ac eithrio 1941, pan gafodd ei gohirio oherwydd y bomio ar Lerpwl. Cynhelid y cyngerdd agoriadol yn y Central Hall ar draws y ffordd fel arfer. Deuai corau o dde Cymru i gystadlu, yn ogystal â rhai cyfagos yng ngogledd Cymru. Yn 1948 Côr Meibion Chwarel Dinorwig a enillodd uchafbwynt cystadlu'r Sadwrn. Ymhlith enillwyr y gadair yn Eisteddfod Lewis's yr oedd Islwyn Ffowc Elis, Dilys Cadwaladr a T. Llew Jones. Gosodid testunau traethawd braidd yn unochrog, fel 'Fy marn i am Lewis's' a 'Lewis's fel canolfan siopa i ogledd Cymru'!

Hanai T. J. Hughes o Gerrigydrudion yn wreiddiol, ac agorodd ei siop ar ddiwedd y bedwaredd ganrif ar bymtheg. Ei fwriad oedd gwerthu pethau o ansawdd da am brisiau rhesymol. Adeiladodd hostel arbennig i weithwyr ei gwmni yn Everton. Ar ei anterth, roedd ganddo 44 o siopau.

Wedyn, dyna i chi'r meddygon. Daeth teulu'r meddyg esgyrn Evan Thomas, a'i fab hynaf, Hugh Owen Thomas, i'r ddinas o Ynys Môn yn wreiddiol. Bu'r Thomasiaid yn gyfrifol am ledaeniad meddygaeth orthopedig yn y ddinas er gwaethaf gwrthwynebiad y meddygon trwyddedig lleol. Bu Evan yn gweithio yn 72 Great Crosshall Street, canolfan oedd yn enwog am drin afiechydon esgyrn a chymalau. Roedd yn un o'r cyntaf i ddefnyddio dull 'slow traction' os oedd asgwrn wedi symud o'i le arferol. Daeth nai Hugh, sef Robert Jones, a anwyd yn y Rhyl, i weithio gyda'i berthnasau, a defnyddio sblintiau ar gyfer y cluniau a'r penelin, ac fe ledaenodd y defnydd hwn drwy'r byd. Yn 1920, sefydlodd Syr Robert Jones Ysbyty Orthopedig Robert Jones ac Agnes Hunt, Gobowen, ger Croesoswallt, ar safle'r ysbyty presennol. Fe'i cydnabyddir fel canolfan fyd-enwog yn y maes.

Mae enw Robert Jones wastad yn dwyn i gof ffenestri ysblennydd Neuadd Goffa Ceiriog, Glyn Ceiriog. Robert Jones Ch.M, FRCS, roddodd y ffenestr goffa yn y neuadd honno: 'Y ffenest goffa hon o'i gariad at ei wlad, Dygwyl Dewi 1911'. Ceir traddodiad anrhydeddus o feddygon o Gymru yn Lerpwl, yn ymestyn o waith y meddyg esgyrn hyd at gyfnod mwy diweddar Emyr Wyn Jones, a fu'n ymgynghorydd ac yn Gyfarwyddwr Astudiaethau'r Galon ym Mhrifysgol Lerpwl.

Cafwyd presenoldeb nifer o feddygon Cymraeg yn yr ysbytai i gyd yn ail hanner yr ugeinfed ganrif: yr Ysbyty Brenhinol, ysbyty enwog y galon – Broadgreen, ysbyty Walton, ac ysbyty plant Alder Hey.

A thyrrodd athrawon yno hefyd. Rhwng 1800 ac 1830 roedd ysgol yn Pall Mall a oedd yn dysgu drwy gyfrwng yr iaith Gymraeg. Bu Thomas Charles o'r Bala yn gefn i'r ysgol, a bu Pedr Fardd yn athro yma. Erbyn y 1970au, roedd pennaeth a staff un ysgol yn ardal Toxteth yn Gymry Cymraeg bob un. Bu Gwilym Meredydd Jones, llenor amlwg a fu'n fuddugol mewn sawl eisteddfod ar ddechrau'r 1980au, yn brifathro yn Toxteth. Bu'n sylwebydd ar ddigwyddiadau terfysgoedd yr ardal yn 1981 ar y cyfryngau Cymraeg. Roedd gan bob ysgol yn Lerpwl, bron, athrawon o Gymru ar y staff, traddodiad sy'n parhau heddiw i raddau llai.

Roedd papurau newyddion dylanwadol yn dod o Lerpwl cyn dyddiau'r *Daily Post*, ac fe wnaeth y ddinas gyfraniad enfawr at y diwydiant cyhoeddi Cymraeg. Dyna i chi *Yr Amserau*, wedi ei olygu gan William Rees (Gwilym Hiraethog) pan gafodd ei sefydlu yn 1843, a John Roberts (Ieuan Gwyllt) yr emynydd, yn is-olygydd iddo. Yn ddiweddarach, fe ddaeth *Y Brython* (1858–63), ac fe olygwyd a chyhoeddwyd y ddau yn Lerpwl, yn ogystal â llawer o lyfrau Cymraeg gan Wasg y Brython. Hugh Evans o Gwm Main, Llangwm, a sefydlodd y wasg yn 1897. Mae yntau'n cael ei gofio am y thesawrws o wybodaeth am gefn gwlad a gofnodwyd ganddo yn y gyfrol *Cwm Eithin*. Mae'n debygol iawn mai ffrwyth hiraeth am Gymru a'i alltudiaeth yn y ddinas oedd hon. Roedd ei fys ar byls pob datblygiad poblogaidd, ac ef a gyhoeddodd y cardiau Nadolig Cymraeg cyntaf erioed yn 1909.

Caiff papur bro misol *Yr Angor* ei gyhoeddi heddiw gan y gŵr mwyaf ei gyfraniad i dreftadaeth Gymraeg diweddar Lerpwl, Dr D. Ben Rees, a'i dîm. Mae llyfrau amrywiol Dr Rees am hanes y Cymry yn Lerpwl yn drysorau o lygad y ffynnon, fel petai, ac yn tystio i oes o waith ar y Glannau. Yn ystod y 1980au, roedd cyfraniad Dr Rees i eisteddfod Glannau Merswy yn allweddol i'w llwyddiant. Cofiaf innau ennill cadair yr eisteddfod hon yn 1985, ac Eirian Davies yn beirniadu. Fe'i cynhaliwyd yn undeb myfyrwyr Prifysgol Lerpwl ger y gadeirlan Gatholig. Ar y pryd, yng nghwmni fy rhieni, ychydig a ddeallwn fy mod yn rhan o draddodiad eisteddfodol cyfoethog iawn. Fe gynhaliwyd yr Eisteddfod Genedlaethol yn Lerpwl yn 1884, pan gafwyd gŵyl chwe diwrnod am y tro cyntaf, a Gwilym Hiraethog enillodd y Gadair. Dychwelodd yr Eisteddfod Genedlaethol i Lerpwl yn 1900 ac 1929, ac fe drafodir y posibilrwydd o'i chynnal yno eto yn achlysurol heddiw, yn yr unfed ganrif ar hugain.

Daeth llawer o ferched i Lerpwl a'i maestrefi yn ystod Oes Fictoria i weini yn nhai'r dosbarth canol a'r 'byddigions'. Ar un adeg, roedd asiantaeth yn Hope Place i drefnu gwaith i'r morynion o Gymru, a'u lleoli. Mae swyddi o'r fath wedi diflannu bellach, ond cofiwn am eu cyfraniad i'r ddinas. Eu presenoldeb hwy, yn anad neb arall, a roddodd fod i gapeli Cymraeg Waterloo, Southport a West Kirby.

Twf dinas

I ni'r Cymry, mae'r 1960au yn llawn teimladau chwithig, cymysg a chymhleth am rym y ddinas fawr. Fe gofiwn am foddi Cwm Celyn er mwyn 'cael dŵr i'r ddinas'. Fe wyddom ar ôl rhyddhau dogfennau swyddogol na chyrhaeddodd y dŵr hwn gegau anghenus pobl Lerpwl, ond yn hytrach, cafodd ei werthu am elw i siroedd eraill Lloegr. Mae pris i'w dalu, ac mae syrthio ar fai hefyd. Daeth ymddiheuriad ffurfiol yn 2006.

Mi fydda i'n canfod rhyw dawelwch wrth fynd o amgylch y rhannau o'r ddinas sydd â chysylltiad â'r Cymry. Ond trist yw gweld rhai o'r ardaloedd Cymreig hyn bellach – cragen yw pensaernïaeth wych capel Princes Road erbyn hyn, ac mae gwacter 'Welsh streets' y 1880au ger Princes Park yn dangos elfen o ddinas sydd eisiau anghofio'i gorffennol. Ganwyd Richard Starkey, neu Ringo Starr, yn rhif 9 Madryn Street, ac mae'r frwydr yn parhau yn enw twristiaeth a threftadaeth i ddiogelu'r ardal ac enwau Cymreig y strydoedd. Yn sicr, ddaw'r bysiau twristaidd sgleiniog ddim heibio i'r gornel hon o Toxteth. Dafliad carreg i ffwrdd mae'r ddwy gadeirlan enwog, a daw'r byd i weld y rhain.

Ydy, mae porthladd Lerpwl yn un o'r rhai amlycaf yn y byd, ac mae'r atyniadau a geir yno'n wych. Ond bu cysylltiadau cryf rhwng y ddinas a chaethwasiaeth a chaethfasnach, ac mae llawr cyfan o Amgueddfa Forwrol yr Albert Dock wedi ei neilltuo i'r pwnc erbyn hyn. Ymdrinnir â'r pwnc mewn ffordd onest, agored, ac mae'n arddangosfa sefydlog y dylai pawb ei gweld.

Diddymwyd caethwasiaeth yn 1807, ond cyn hynny fe elwid Lerpwl yn 'brifddinas caethwasiaeth y byd'. Nid gwerthu caethweision oedd yn digwydd yma, ond yn hytrach dyma gonglfaen y fasnach drionglog dros Fôr Iwerydd rhwng Lerpwl, Affrica ac America. Yn ddiamau, roedd nifer o Gymry'n gysylltiedig â'r gaethfasnach, ac fe gwynodd John Elias

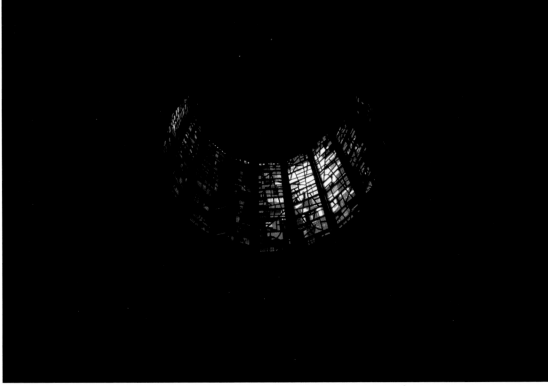

y pregethwr am hyn pan ymwelodd â'r ddinas yn 1806: 'Cawsom fod rhai o'r brodyr yn gweithio ar y llongau sydd yn y *trade* melltigedig hwn, ie, un ohonynt yn gweithio cadwynau i'w rhoddi am y caethion truain; anogasom ef i roddi'r gorchwyl i fyny yn ddi-oed.' Un arall a siaradodd yn gryf yn erbyn caethfasnach oedd Gwilym Hiraethog.

Yn ystod ugain mlynedd olaf y gaethfasnach, roedd llong yn gadael Lerpwl bob tri diwrnod ar gyfartaledd. Roedd 25 o'r rhai a fu'n Arglwydd Faer y ddinas rhwng 1700 ac 1820 yn ymelwa'n uniongyrchol o'r gaethfasnach. Ar 23 Awst bob blwyddyn, fe geir diwrnod arbennig er cof am y gaethfasnach a'i diddymiad.

Er hynny, mae trigolion Lerpwl wedi llwyddo i gynnal eu hunanhyder yn rhyfeddol yn wyneb trallodion mawr yn y ddinas. Hoffaf werthusiad Phil Redmond, y dramodydd:

> Despite their problems, Liverpool kids remained full of exuberance and vitality; all having elements of the entertainer in them; all liking to show off ... brash and warm ... thinking with their hearts ... Sentimentality comes easy on the back of nostalgia, while Celtic romanticism is never far away and everything is, well, 'worth a try'. Extremes become the norm. Whether Hillsborough or Istanbul, whether the tragedies of teenage death or the triumphs of teenage celebrity, whether employment law or local politics, everything is heightened by the reflective glow of the Mersey.

Dwy gadeirlan

Cyn gadael holl dreftadaeth Lerpwl, rhaid ymweld â dwy fangre arbennig. Ger mynwent St James ac ar Mount Pleasant fe saif dwy gadeirlan urddasol a thrawiadol. Yn 1901 y gwnaed penderfyniad i adeiladu cadeirlan Anglicanaidd ar gyfer esgobaeth newydd Lerpwl ger St James. Giles Gilbert Scott, 22 oed ar y pryd, a enillodd y gystadleuaeth i fod yn bensaer. Cwblhawyd y gadeirlan yn 1978, a chyfeiriodd John Betjeman ati fel 'un o brif adeiladau'r byd'. Erbyn hyn, mae gerddi enwog St James y tu ôl i'r eglwys gadeiriol fel petaent wedi eu naddu o'r graig. Cymry oedd mwyafrif y chwarelwyr a weithiodd y chwarel hon, a ddaeth yn fynwent yn ddiweddarach.

Er bod y gadeirlan Anglicanaidd bellach wedi ei chwblhau, mae'n newid ac yn datblygu'n gyson. Mae cynifer o lecynnau i'w mwynhau ynddi – yr ystafell weddi lle y medrwch ymddatod rhag gofalon byd, y cabidyldy (*chapter-house*) a'i lun iasol o Galfaria, capel y plant, y Crist bychan croesawus, capel y Forwyn â'r adnod wedi ei hysgythru o'i amgylch: 'Felly y carodd Duw'r byd', y paentiadau a'r ffenestri. Rydw i'n arbennig o hoff o'r gadeirlan hon yn ystod tymor yr Adfent, pan fydd cyfle i ymweld drachefn â stabl lom yr ych.

Ar ben arall Hope Street gwelwn y gadeirlan Gatholig, a lysenwir yn 'Paddy's wigwam'. Fe'i hadeiladwyd, yn dilyn cryn drafodaeth, ar safle hen wyrcws mwyaf y byd ar ben Mount Pleasant a Brownlow Hill. Ni chafwyd yr un lefel o gefnogaeth gan noddwyr i'r prosiect hwn ag a gafwyd i'r gadeirlan Anglicanaidd o bell ffordd, pan ddechreuodd y gwaith yn 1933. Dywedodd un sylwebydd fod yr adeilad uchelgeisiol yn ymgais i gofleidio Rhufain, Byzantium, y Romanésg a'r Dadeni mewn cydblethiad buddugoliaethus.

O 1978 ymlaen, cafwyd cyfnod difyr iawn. Bu'r Esgob David Sheppard yn cydweithio'n glòs â'i gyd-Gristion Catholig, yr Archesgob Derek Worlock, er mwyn datblygu cyfeillgarwch dyfnach rhwng y ddwy gadeirlan, a dod â gwir obaith i Hope Street, sy'n eu cysylltu. Un bwriad oedd rhoi terfyn ar unrhyw wahaniaethau hiliol yn Lerpwl, a bu'r ddau'n cydweithio ar gynlluniau arbennig ynglŷn â'u cenhadaeth ymarferol.

Apêl a rhyfeddod Lerpwl i mi ydy'r ddwy gadeirlan encilgar hyn, a'r cyfle i ymgolli yn yr hanes Cymreig a Cheltaidd, sydd angen ei gofio a'i ddathlu. Ychydig o sylw a gaiff yn y Liverpool Museum – rhyw gornel fach, neu frawddeg yma ac acw. Fel gwacter y 'Welsh streets' a chragen capel Princes Road, fe adawyd yr hanes hwnnw ar y cyrion. Serch hynny, mae'r dystiolaeth Gristnogol Gymreig yn parhau mewn rhai canolfannau, yn bennaf yng nghapel Bethel a Chanolfan y Cymry, Heathfield Road, ar gyrion Penny Lane, lle daw'r Cymry sydd yn y ddinas i oedfa a chymdeithas gynnes. Melys yw ymgolli yn yr hanes ac yn y gymdeithas Gymraeg honno, a rhaid diolch hefyd ei fod yn parhau i fod yn ddiwylliant byw.

4 Perlau arfordir de-orllewin Cymru

✤ Llangrannog
✤ Dinbych-y-pysgod

✤ Ynys Bŷr
✤ Eglwys Sant Gofan, Bosherston

Dinbych-y-pysgod

Y don yn torri ger Carreg Bica
fel petai hi'n dragywydd,
a ninnau'n neidio ar ffilm wedi'i arafu
rhag y llanw'n estyn ei dafod hyd y traeth.

Ninnau'n bypedau
gerbron cysondeb y tonnau
rhwng Carreg Bica a'r Tir Mawr.

(' Rhwng Carreg Bica a'r Tir Mawr')

Llangrannog

Yn llygad fy meddwl mae Llangrannog wastad yn yr heulwen. Dyma'r math o le y gallwch fynd iddo unwaith yn unig, a theimlo eich bod yn ei adnabod erioed. Does dim derbyniad ffôn symudol yng nghilfachau Llangrannog a Charreg Bica, nac ar lan afon Hawen, lle mae nant Eisteddfa'n llithro i'r môr. Ond does dim ots – mae yma gyfle i ymddatod am ychydig oriau oddi wrth yr holl bethau sy'n eich poeni. Clywais ddisgrifiad o Langrannog unwaith fel: 'A place where everything is on hold by the sea.' Pentref o dai haf ydyw i raddau helaeth heddiw, er y clywir y Gymraeg yno o hyd. Ewch i lawr y lonydd gwledig at yr atalnod llawn hwn wrth y môr – taith ar hyd lonydd culion wrth droi i lawr o'r ffordd fawr ym Mhentregât, y perthi'n gwenu a mis Mai'n dadwisgo'i haul, yr eithin a'r tresi aur ar eu melyn miniocaf.

Bellach, diflannodd y ffeiriau a'r Dydd Iau Mawr o hoe rhwng cynaeafau, ond fe ddeil pobl i dyrru yma i ymlacio wrth y môr. Ar ddiwrnod o haf, mae'n anodd meddwl am donnau'r gaeaf yn gorchuddio Carreg Bica, a chaeadau ar ffenestri'r bythynnod, neu rew yn hongian yng nghegau'r ogofâu.

Yn 1900 roedd holl drigolion pentref Llangrannog yn ymwneud â'r môr. Dois innau dan ei swyn gyntaf wrth ddod i wersylla'n ddisgybl, ac yna'n swyddog, yng ngwersyll yr Urdd. Er 1932, ar dir fferm Cefn Cwrt, gwelwyd y gwersyll yn datblygu o ysgeintiad o gabanau pren i'r ganolfan soffistigedig sydd yno heddiw. Un o uchafbwyntiau cael aros yno oedd cerdded i lawr i'r pentref a mynd i'r môr ger Carreg Bica. Cofiaf yr heddwch a brofwn wrth gerdded y ffordd hon yn gynnar yn y bore pan oeddwn i'n swyddog.

Enwyd y pentref ar ôl Sant Carannog, abad a chyffeswr o'r chweched ganrif. Crwydrai arfordir Cymru efo seintiau megis Sant Columba. Roedd yn ewythr i Dewi Sant ac yn gyfaill i Sant Padrig, ac fe gysylltir ei enw â Llydaw, Cernyw a Gwlad yr Haf yn ogystal â Llangrannog. Roedd cysylltiad annatod yn bodoli rhwng yr arfordir hwn ac Iwerddon hefyd. Dyma fro Cantre'r Gwaelod, a naturiol yw'r sarnau yn y bae, ac ar lanw isel y gwanwyn dim ond ychydig droedfeddi o ddŵr sy'n eu cuddio. Darganfuwyd caer Geltaidd ar dir uchel Pen Dinas Lochdyn, ac yng nghyfnod y seintiau Celtaidd dywedir bod Carannog yn cael ei arwain bob amser gan golomen, ac efallai mai dyma darddiad yr enw lleol Rhyd-y-colomennod.

Sefydlodd Sant Carannog gymuned grefyddol yma yn y chweched ganrif. Tra oedd yr eglwys wreiddiol, neu'r gell, yn cael ei hadeiladu, bu Carannog yn byw mewn ogof, ac yn ôl traddodiad gwlad, mae twnnel yn yr ogof sy'n arwain i Gwmtudu. Dyddia'r gangell o 1574, y gloch o 1658 ac ychwanegiadau'r eglwys bresennol o 1884.

Yn y gorffennol, roedd Llangrannog yn ddwy ran, sef y pentref o amgylch yr eglwys, a'r traeth, a ddatblygodd yn ddiweddarach. Tua 1860 unwyd y ddwy ran. Yn wreiddiol, roedd yr adeiladau o amgylch yr eglwys yn ei chuddio a'i chysgodi rhag ymosodiadau o'r môr. Roedd yn anodd uno'r rhan ger y môr a'r rhan fewndirol oherwydd culni'r cwm.

O ganol y ddeunawfed ganrif ymlaen, fe welwyd y fasnach longau'n tyfu, ac roedd Llangrannog yn fan glanio i gychod cymharol fychan. Magwyd cenedlaethau o forwyr yma, a phobl oedd yn ddibynnol ar y môr am eu bywoliaeth oedd trigolion pentrefi arfordir Ceredigion am gyfnod maith. Daeth Hywel Harris, Trefeca, yma i bregethu yn erbyn arferion drwg oedd yn gysylltiedig â masnach a'r môr, a bu'n llawdrwm ar draddodiad yr ardal o smyglo a môr-ladrata. Does dim dwywaith nad oedd smyglo nwyddau'n digwydd yma – gwinoedd, gwirodydd, tybaco a the yn bennaf. Ond y peth pwysicaf oedd halen o Iwerddon. Roedd galw mawr am halen i gadw bwyd, a gellid ei gael o Iwerddon am hanner y pris arferol. Oherwydd mai trefniant 'answyddogol' oedd hwn, byddai'r halen yn cael ei guddio yn yr ogof ar y traeth, Ogof Halen.

Mewnforion swyddogol Llangrannog oedd calch o Ynys Bŷr, Bro Gŵyr a Phorth-gain, ger Tyddewi. Roedd 'cwlwm', sef llwch glo caled

a ddefnyddid fel tanwydd, yn bwysig iawn hefyd. O ardal Abertawe y deuai'r cwlwm gorau. Gwelwyd mewnforio llechi o Sir Gaernarfon, a deuai llong y *Marged Ann* yma o lannau Dyfrdwy efo celfi ar ei bwrdd. Allforid nwyddau oddi yma – grawn, menyn hallt, pennog neu sgadan wedi'u halltu, a phriddfeini o Geredigion. Roedd melin wlân yn Llangrannog tan 1922 hefyd.

Cafwyd cyfnod llewyrchus o adeiladu llongau yma – y mwyafrif at ddibenion hunangynhaliol yr arfordir – ond adeiladwyd un, sef yr *Ann Catherine*, er mwyn hwylio'r cefnfor. Roedd enwau lliwgar ar y llongau hyn, megis yr *Ocean*, yr *Albatross*, yr *Harparees* a'r *Ann Dafis*.

Cyrhaeddais yn blygeiniol i dreulio amser yn Llangrannog unwaith eto, gan i mi gael fy siomi un haf – doedd dim un lle gwag i barcio ar ôl y daith i lawr i'r pentref. Eisteddais fel plentyn eto ar fin y lli. Pentre'r ymlacio ydyw yn sicr. Roedd gwydrau neithiwr yn dal ar fyrddau'r Pentre Arms, fel petaent wedi eu rhewi mewn amser, ac olion dyddiau glan y môr yn sychu ac yn hongian o fythynnod a thai'r presennol. Gadewir beiciau ar ganol y ffordd ac esgidiau ar waliau, ac mae'r drysau'n fythol agored yn y Pentre Arms. Argymhellaf fynd yno yn gynnar a threulio oriau'n gwylio'r pentref yn deffro.

Roedd hi'n braf siarad efo Beryl Jones ar feranda Angorfa, drws nesa i'r Ship – a'r feranda'n llwyfan i ddrama *Dan y Wenallt* y fro, bron. Difyr oedd gwrando arni'n olrhain ei chysylltiad â theulu enwog ffermdy'r Cilie. Soniodd hefyd am ei chyndeidiau'n mynd â Chranogwen o amgylch y wlad. Sarah Jane Rees oedd enw bedydd Cranogwen, a bu'n dysgu mordwyaeth yn yr ardal. Enillodd y Gadair yn Eisteddfod Genedlaethol Aberystwyth 1865 yng nghyfnod beirdd disglair fel Ceiriog ac Islwyn. Bu'n darlithio ac yn pregethu'n helaeth, gan ganoli ei gwaith yn achos newydd y Methodistiaid ym Mancyfelin. Teithiodd hefyd i America i bregethu a darlithio. Fe'i hystyrir bellach yn un o ragflaenwyr y mudiad ffeministaidd, ac mae ei bedd ym mynwent eglwys Llangrannog ar ôl ei holl waith a'i chrwydro.

Soniodd Beryl Jones ar feranda'r presennol yn un llif am ragoriaethau'r fro – roedd fel petai'r allwedd i'r ardal ganddi yn ei meddiant. Cyfeiriodd at Fanc Siôn Cwilt a byd y smyglwr, a diddorol oedd ei hanesyn am y cyfansoddwr Edward Elgar yn cael ei ysbrydoli gan y canu yng Nghapel Moreia, a chlywed Côr Rhydlewis yn canu. Hiraethai Beryl am gyfarfodydd y beirdd yn y Pentre Arms, a holodd tybed a wyddwn fod trydydd bae wrth fynd heibio Carreg Bica pan oedd y teid mas, sef Cilborth.

Llangrannog, a Charreg Bica yn y cefndir (y tudalennau blaenorol)

Gallwch fynd i Langrannog heb glywed fawr ddim Cymraeg, ond ar y diwrnod penodol hwn, dim ond Cymraeg a siaradais – efo pobl Caffi'r Patio, perchennog y Ship, a'r sgwrs ddifyr ar y feranda. Prynais y llun arbennig o Beryl Jones, Angorfa, yn sgwrsio, sydd ar werth yn y siop ar draws y ffordd. Y diwrnod hwnnw hefyd roedd criw o blant yno o Ysgol Gyfun Gŵyr yn canu 'Oes gafr eto?', gan wneud y prynhawn yn un hudol a swreal yr un pryd. Mae cyfle i chi syllu i lygad y môr ewynnog ar y creigiau, heb ddymuno bod yn unman arall yn y byd am y munudau hynny.

Tonnau'n llenwi'r dydd a'r nos. A Beryl, cyn i mi ei gadael ar feranda Angorfa, yn cofio am ogof o'r traeth hyd at gefn mynwent yr eglwys, 'ond chwedl yw honna, medden nhw!' Daw cymeriadau gwahanol yno gyda'r hwyr – syrffwyr ifanc, a phobl â lludded gwaith yn eu llygaid. Mae balm i bawb yn Llangrannog.

Yng nghanol anwadalwch llanw'n dyddiau a'n cyfnod, saif Carreg Bica yn ddiysgog. I mi, mae'n symbol o ddal eich tir, dilyn eich breuddwyd, bod yn driw i'r hyn sy'n wir yn eich calon, ac mae 'na urddas yn perthyn i'r hen graig. Mae'n annibynnol, yn ddisymud ac yn ddi-ildio, er mor beryglus fyddai cael eich dal yn y llanw o'i chwmpas. Daw ymdeimlad o gryfder ac adnewyddiad i mi o'i gweld bob tro. Hoffaf fedru cerdded o'r traeth drwy'r bwlch, a'r llanw allan yn ddigon pell i adael y llwybr i Draeth Bach yn agored. Dyma *Dan y Wenallt* arall sydd ar fin diflannu, wedi ei dal yn llun geiriau'r dydd. Gadawaf y cymeriadau yno, gan obeithio na ddaw gormod o newid fyth i ran Llangrannog.

Dinbych-y-pysgod

Wrth gyrchu tuag at Ynys Bŷr yn Sir Benfro, mae'n anodd anwybyddu'r dref lle cawn gip ar yr ynys. Mae'n werth dod yn gynnar i'r dref gaerog hon, sy'n fy atgoffa o 'mhlentyndod yn hafau'r Bermo, a gweld y basgedi blodau yn diferu yn anterth haul bore newydd, cyn i'r cardiau post 'Tenby' grino yn yr heulwen. Ceir yma westai o Oes Fictoria, ac fel y Bermo, cyrchfan i'r bobl gyfoethog oedd hon yn wreiddiol. Casgliad o strydoedd bach cul ar ochr y graig ydy hi, ac mae'n dref boblogaidd gydag ymwelwyr ers degawdau bellach, ac yn denu nosweithiau i'r dynion a nosweithiau plu hefyd. Bu'n borthladd ar un adeg, ac yn agored i ddylanwadau ym mhob oes.

Gwledd i'r llygaid yw'r bensaernïaeth sydd eto'n ddrych o sawl cyfnod, a'r tai â'u lliwiau pastel. Dotiais at enw un tŷ yn arbennig –

Pendramwnwgl – ac mae'n ddisgrifiad gwych o'r dref sy'n hongian oddi ar y graig ger y cei. Er mai ar Ynys Bŷr yr oedd fy mryd, mae'n amhosib osgoi gwe strydoedd atyniadol Dinbych-y-pysgod ei hun.

Gerllaw'r dref, yn ôl y traddodiad, y ganwyd Teilo Sant. Yn hanes tymhestlog y dref, llwyddodd y Cymry i'w chipio sawl gwaith, a hynny dan arweiniad Llywelyn ein Llyw Olaf ac Owain Glyndŵr, ond bu'r Normaniaid yn hollbresennol yma, ac Oliver Cromwell wedi hynny. Un gŵr a anwyd yma, ond a aeth i weithio yn Lloegr, oedd Robert Recorde (1512–88), a ddyfeisiodd yr arwydd 'hafal'. Mae strydoedd culion y canol wedi eu cwmpasu oddi mewn i furiau trwchus a thyrau canoloesol.

Bu Gerallt Gymro, a anwyd ym Maenor-bŷr, yn rheithor yn Ninbych-y-pysgod yn 1210. Cwynodd nad oedd yn cael ei gyfran haeddiannol o'r degwm yn gyflog. Cafwyd cyfnod cythryblus wedi hyn, a chwalwyd y dref gan Llywelyn ap Gruffudd. Cawn gip ar dipyn o hanes y dref yn nhŷ masnachwr o'r cyfnod Tuduraidd, sydd dan ofal yr Ymddiriedolaeth Genedlaethol bellach. Codwyd amddiffynfeydd rhag y Sbaenwyr yma yn 1588.

Yn yr ail ganrif ar bymtheg, ehangodd Dinbych-y-pysgod fel porthladd masnachu, ac fe welir adlewyrchiad o hyn yn yr ychwanegiadau i'r eglwys, a ddyblodd mewn maint.

Am hoe o ruthr y stryd fawr, mae eglwys y plwyf presennol, eglwys y Santes Fair, yn estyn croeso cartrefol iawn. Hon yw'r eglwys fwyaf yn Sir Benfro ac eithrio cadeirlan Tyddewi. Er nad yw mor fawr â'r gadeirlan, mae ei maint yn tystio i ddatblygiad y porthladd, yn enwedig rhwng Rhyfel y Rhosynnau a theyrnasiad y Tuduriaid.

Dotiais at gyfeiriad addas iawn i'n cyfnod ni ynglŷn â gweddi ar arwydd yn eglwys y Santes Fair: 'We pray for the faithful, and those whose faith is known only to God'. Gwelir bwâu a dylanwadau eglwysi Dyfnaint a Gwlad yr Haf yma, megis y tŵr uchel a fyddai'n arwydd i forwyr. Roedd cysylltiad annatod ers talwm rhwng porthladdoedd Dinbych-y-pysgod a Bryste. Diddorol i mi oedd enw gwreiddiol Capel Sant Nicholas o fewn yr eglwys: 'The aisle of the road to Grace'. Mae bedd Thomas White yn yr eglwys – ef oedd amddiffynnydd Harri Tudur cyn ei alltudiaeth i Lydaw i osgoi'r Iorciaid yn 1471.

Ganwyd yr artistiaid Augustus a Gwen John yn y dref, ac fe ddylanwadodd yr ardal a'i phobl yn fawr arnyn nhw. Diddorol yw clywed i Augustus daro'i ben yn Gibraltar, a datblygu'n fwy o athrylith yn sgil

Robert Recorde;
gwaith celf yn
eglwys y Santes Fair,
Dinbych-y-pysgod

hynny. Gwisgai het weddill ei fywyd i guddio'r graith. Roedd Gwen yn feistres i'r cerflunydd Auguste Rodin, ac mae mwy o ddiddordeb yn ei gwaith celf hithau bellach, sydd wedi cael ei arddangos yn Amgueddfa'r Tate yn Llundain.

Gerllaw'r cei ei hun ceir eglwys fechan Sant Julian, eglwys y pysgotwyr, a hoffaf arysgrif a welir yno: 'The sea washes away the ills of men.' Byddaf yn teimlo gwefr bob amser wrth ddychwelyd a gweld Ynys Bŷr yn y bae.

Ynys Bŷr

Bûm yn dyheu am fynd i Ynys Bŷr am sbel, yn enwedig ar ôl i mi fethu mynd yno ar un achlysur adeg y Pasg. Milltir, ac ugain munud yn unig, o'r tir mawr ydy hi, ond mae'n rhy bell mewn tywydd garw. Milltir a hanner o hyd yw'r ynys, a thri chwarter milltir ar ei thraws. Y Pasg hwnnw fe ailgyneuwyd fy niddordeb yn y lle gan gyfrol fechan o farddoniaeth David Hodges, *Songs of Solitude*, a addaswyd i'r Gymraeg o dan y teitl *Caniadau Unigedd*. Mae eu naws yn cadw'r ynys ar y gorwel draw mewn niwl Celtaidd ar un llaw, ac eto'n gyfoes iawn hefyd, â disgrifiadau o fywyd bob dydd yr abaty yno, a'r ynys, ar wahanol adegau a thymhorau.

Pan fo'r môr mewn terfysg, mae'r tir mawr yn ymddangos yn bell iawn i ffwrdd. Dywedodd yr Abad Dom Robert O'Brien yn 1986: 'Mae'r dyddiau'n ymestyn yn wythnosau, misoedd a blynyddoedd, ond mae Duw yn byw mewn tragwyddoldeb. I ryw raddau, mae hwnnw eisoes wedi dechrau i'r brodyr Sistersaidd: prin fod y daith olaf yn un anodd yng nghwmni teulu sydd yn gwirioneddol falio amdanoch.' Mae tua phymtheg o fynachod yn yr abaty ar yr ynys heddiw, yn rhan o draddodiad sy'n dyddio'n ôl i ddiwedd y bumed ganrif yn ei hanfod. Mae gwasanaeth cyntaf y dydd am chwarter wedi tri yn y bore bach. Gorffennwyd adeiladu'r fynachlog bresennol gan gymuned o Anglicaniaid Benedictaidd yn 1913. Ni lwyddodd yr achos hwn, a bellach mae'r fynachlog yn nwylo cymuned Sistersaidd.

Ffermio, persawr a thwristiaeth sy'n rhoi bywoliaeth i fynachod Ynys Bŷr heddiw, a nwyddau fel hufen iâ, iogwrt a siocled. Er bod rhan o'r ynys yn dal i gael ei ffermio, mae croesawu'r ymwelwyr yn bwysig i'w llwyddiant economaidd hefyd. Mae'r mynachod yn ennill eu bywoliaeth er mwyn bod yn rhydd i fyfyrio. Mae'r gymuned yn gwerthfawrogi agosrwydd creadigaeth Duw, a'r aelodau'n llacio'u gafael ar densiynau'r byd modern. Rhaid ymbaratoi am ddwy flynedd i gael bod yn fynach yma, rhag ofn mai awydd i 'ddianc' sydd yna yn unig.

Wrth gamu oddi ar y cwch ar Ynys Bŷr, mae 'na deimlad o fod mewn byd arall. Mae'r rhan fwyaf o'r ymwelwyr â'r ynys yn uniaethu â'r tawelwch, yn ogystal â'r preswylwyr eu hunain. Sŵn anadlu cyd-bererin yn unig a glywir yn y Tŵr Gwylio. Ger y caffi roedd criw rhadlon o Swydd Gaerhirfryn yn llawn ysgafnder. I mi, roeddent hefyd yn dangos pam y dylid ymweld â'r mannau hyn gydag enaid hoff, cytûn, neu ar eich pen eich hun. Dydy pererindod grŵp ddim yn tycio efo pawb os ydych am weld ochr arall yr ynys.

Wedi i chi gyrraedd, mae modd cerdded i ran dawel o'r ynys a elwir Calfaria – ond mae amryw yn colli Calfaria yn eu brys i fynd i ganol y pentref a'r siopau cofroddion. Fe gyrhaeddais innau yng nghanol criw o Gymry o San Clêr, a chlywed rhybudd a roddwyd i un o'r plant: 'Os gwmpi di mewn i fan 'na, mi fyddi di yn yr Afan Lido.' Cerddais at y rhan a elwir Calfaria, a difyr oedd yr arysgrif ar y Groes, geiriau o'r Tyrol yn wreiddiol: 'Wanderer, stay still and think on me here a little while / How I hung on the Cross, so that thou shouldst come to me.'

Wedyn, mae'n braf cerdded at yr hen briordy ar hyd y llwybr drwy'r goedwig, drwy hen furddun a heibio i hen felin. Unwaith eto, mae'n lle y medrwch ymgolli ynddo, ac mae sawl llwybr sy'n arwain at un man yn arbennig.

Yn y chweched ganrif y daeth yr Abad Pŷr (a gysylltir â Maenor-bŷr hefyd) i godi ei gell fach ar yr ynys. Ceir ymdeimlad arbennig o olyniaeth y seintiau yma. Dywedir i Ynys Bŷr yn ei thro lochesu Dewi Sant, Sant Illtud a Sant Dyfrig. Tybir i Sant Dyfrig gael ei eni ym Matle (Madley, ger Henffordd). Sefydlodd goleg yn Hennlann (Hentland on Wye), ac abaty yng Nghwm Gwy. Ef oedd esgob cyntaf Eglwys Gadeiriol Llandaf. Ymddeolodd i Ynys Bŷr gyda'i ddilynwyr, a bu farw yno tua 612 OC.

Dywedir mai ar yr ynys y cafwyd y gwningen gyntaf yng Nghymru – roedd yn fwyd i'r mynachod. Rhwng y bumed a'r seithfed ganrif mae olion o fewnforio nwyddau o Gâl ac o Fôr y Canoldir yn awgrymu cysylltiad â'r byd mawr y tu allan hefyd.

Gŵr â thraed o glai oedd Sant Pŷr. Yn ôl yr hanes, mi feddwodd a syrthio i lawr y ffynnon i'w dranc. Mae'r enw 'Caldey' ar yr ynys yn tarddu o air Llychlynnaidd *kald ey*, ynys oer. Ceir olion o'r Gymraeg hefyd yn yr enw 'Ogof yr Ychen'. Yn y dyddiau cynnar, bu cysylltiad rhwng Abaty Tirion, ger Aberteifi, ac Ynys Bŷr, a bu cymuned o leianod yn byw ar ynys fechan gysylltiol Sant Margaret yn y chweched ganrif. Bu Sant Samson o Lanilltud Fawr yn fynach ar Ynys Bŷr tua 550 yn dilyn Pyro, yr abad Celtaidd cyntaf. Aeth Samson wedyn i sefydlu mynachdy yn Dol, Llydaw.

Eglwys Dewi Sant yw un o'r eglwysi ar yr ynys, ac oddi mewn iddi ceir maen ag arysgrif Ladin arno, yn tystio i gyfnod y mynachod Benedictaidd ar yr ynys, o'r deuddegfed ganrif (1127) nes iddyn nhw ymadael am Gaerloyw. Adeiladwyd yr eglwys ar seiliau'r fynachlog wreiddiol. Rhoddodd y Norman Robert Fitzmartin, yr ynys i'r Urdd Fenedictaidd o abaty Tiron yn Ffrainc yn y cyfnod hwn, ond ni ffynnodd y Normaniaid yma. Diflannon nhw o'r ynys gyda diddymu'r mynachlogydd, a dim ond un mynach oedd ar ôl erbyn y diwedd. Apêl yr ynys oedd y teimlad o fod gam i ffwrdd o'r byd. Heddiw, gwelir beddau pren syml y mynachod yn y fynwent.

Yn y bedwaredd ganrif ar bymtheg fe brynwyd Ynys Bŷr gan William Bushell fel preswylfa haf. Ef a ddechreuodd y gwaith o adfer eglwysi'r priordy a'r pentref a welir heddiw. Dyma ddechrau cyfnod diweddar yr ynys. Gwerthwyd hi wedyn yn 1906 i'r Pabydd o Sais, Benjamin Carlyle, a sefydlwyd cymuned Fenedictaidd yma. Dychwelodd y Benedictiaid i adeiladu'r fynachlog bresennol yn 1929.

Gosodwyd seiliau eglwys Illtud Sant ar yr ynys yn y chweched ganrif hefyd, ond mae'r adeilad a'r porth i'r abaty yn dyddio'n ôl i'r Oesoedd Canol. Yng ngwydrau lliw'r eglwys o'r 1920au, fe gofir am Illtud, sefydlydd Llanilltud Fawr ym Mro Morgannwg. Ceir hen garreg Geltaidd yn yr eglwys ac arni arysgrif ogam – un o greiriau hynaf Cymru. Oherwydd y cyfeiriad at Illtud, cred rhai fod y garreg yn dyddio'n ôl i'r chweched ganrif, pan oedd Sant Samson yn abad Ynys Bŷr. Gwelir arysgrif Ladin o'r nawfed ganrif yma hefyd, yn gofyn i ymwelwyr weddïo dros enaid y tywysog Cadwgan ap Bleddyn o Bowys. Roedd ogofâu'r ynys yn effeithiol iawn ar gyfer encilio ar adeg y Grawys.

Yn 1929 trosglwyddwyd yr abaty i'r Sistersiaid Diwygiedig, oedd â'u gwreiddiau yn abaty Chimay yng Ngwlad Belg. Hwy a brynodd yr ynys maes o law. Yn 1959 y cysegrwyd yr abaty yn y cyfnod diweddar, ac yn 1965 y daeth trydan i'r ynys mewn cebl o dan y môr. O hynny ymlaen, cynhyrchwyd persawr enwog Ynys Bŷr, er nad yw merched yn cael mynd ar gyfyl yr adeiladau mynachaidd. Mae'n ynys â chilfachau bach cudd, ac eto o fewn golwg i'r byd mawr ar ffurf y dref brysur ar draws y bae. Credaf y gall mynachod presennol Ynys Bŷr ddelio efo prysurdeb a thawelwch yn yr un modd – yn naturiol iawn. Gwelwn bwyslais ar symlrwydd bywyd ar yr ynys: addoli a ffermio. Mae'r mynachod yn dilyn rheolau Sant Bened, ac yn addoli yn syml saith gwaith y dydd. Pan oeddwn yno, cefais y fraint o glywed tipyn o'u haddoliad ganol dydd, a chyn hynny treuliais ychydig amser tawel yng Nghapel y Forwyn Heddwch, a leolir yn y Tŵr Gwylio, yn edrych yn ôl draw at Ddinbych-y-pysgod. Nid oes hawl gan y cyhoedd i fynd i mewn i'r mynachdy ei hun, ond mae modd aros mewn llety ar yr ynys os ydy rhywun eisiau gwasanaeth cwnsela gan y mynachod.

Maent yn ddiwyd yn gofalu am wartheg, yn coginio bisgedi ac yn cynhyrchu siocled hefyd, heb anghofio'r persawr enwog ac arogl yr eithin a'r lafant arno. Roedd y blodau gwyllt yma, sy'n tyfu'n lluosog ar yr ynys, yn eu cynnig eu hunain i'r perwyl hwn. Mae'r galw am y persawr bellach yn llawer mwy nag y gall yr ynys ei gyflenwi.

Eglwys y fynachlog yw'r agosaf y gellir mynd at y fynachlog ei hun, ond ceir cyfle i ymdawelu yno ar ôl hanner dydd, gyda gwasanaeth byr o lafarganu salmau. Roedd ambell fynach ar ei ffordd allan o'r gwasanaeth yn edrych at yr oriel gyhoeddus – eu hunig gysylltiad â'r byd mawr a ddaw yma i geisio cip ar eu byd mwy hwy. Er mor hyfryd yw gweld trip ysgol o blant bach yn mwynhau eu hymweliad, teimlais i'r gwasanaeth fy rhoi mewn gwir gywair â'r ynys a byd y fynachlog i lawr y coridor gwaharddedig.

Fe ddychwelaf yn ôl at y cwch ar hyd y llwybr poblog, wedi bod ar hyd y llwybr amgen am ychydig oriau. Rydw i wedi fy adfywio, yn sicr. Mae ochr arall i'r ynys fel sydd i bob un ohonom ni fel unigolion. Mae gwedd gyhoeddus i ni i gyd hefyd – ein siop ffenest, ein stondinau cofroddion rhad, ein DVD a'n pecynnau rhodd. Ond hefyd, mae gennym ein meinciau tawel mewn cilfachau di-nod, ein llwybrau rhag y lliaws drwy'r goedwig, ein munudau yng nghysgod y goeden o lygad yr haul. Ac fel ymweliad undydd ag Ynys Bŷr, dydy diwrnod ddim yn ddigon hir i adnabod – dim ond i amgyffred bod mwy i'r stori.

Eglwys Sant Gofan, Bosherston

Pum milltir i'r de o dref Penfro mae cam olaf ein taith, ar arfordir Parc Cenedlaethol Sir Benfro, sef eglwys fwyaf diaddurn Cymru. Ar ôl pentref Bosherston, mae arwydd oddi ar y B4319 o Gastellmartin i Stackpole sy'n mynd â chi wedyn drwy faes tanio'r Weinyddiaeth Amddiffyn. Ceir caffi bach dymunol iawn i'ch croesawu i'r fro, yng nghanol rhes o dai. Difyr yw bod yno ddiwedd pnawn – y gwynt yn codi o amgylch

eglwys Sant Mihangel, a'r caffi'n cynnig te prynhawn hyd fin nos. Bu'n rhaid i mi ildio i dderbyn cynhaliaeth bwyd yn Ye Olde Worlde Cafe, Bosherston, cyn ildio i gynhaliaeth ysbrydol y prynhawn hwnnw. Yn y caffi daw'r adar bach i rannu eich jam efo chi, ac i fygwth eich sgon, ond roedd y baned i'w chroesawu cyn y bererindod. Roedd teulu'r caffi wedi adfer rhes o fythynnod gwylwyr y glannau gynt yn chwaethus, er mai y tu allan y dewisais eistedd.

Mae'n daith bell i Stackpole a'i gwrychoedd uchel, gwledig. 'I get confused and I've lived here all my life,' meddai gwraig leol y bu'n rhaid i mi ofyn y ffordd iddi. Roedd hi wedi clywed am St Govan's Inn, ond nid am yr hen gapel Celtaidd ar y clogwyn. Fel gyda llawer o drysorau Cymru, roedd ei fodolaeth yn gyfrinach. Fedrwch chi ddim peidio â chael eich taro gan un o baradocsau mawr bywyd wrth nesáu at Sant Gofan – mae'n rhaid mynd drwy faes tanio Castellmartin i gyrraedd safle o heddwch. Gallwn uniaethu â phenbleth Waldo Williams, â Threcŵn yn chwalu heddwch bro'r Preseli iddo.

Ond ar ôl cyrraedd pen y daith, fedrwch chi ond rhyfeddu sut yr oedd y seintiau Celtaidd yn gwybod ymhle yn union i sefydlu eu cysegrleoedd. Er nad oes ffeithiau pendant am Sant Gofan, mae gwledd o chwedlau a llên gwerin amdano. Dywedir, er enghraifft, nad oes modd i unrhyw fod dynol gyfri nifer y grisiau i lawr at yr eglwys. Er bod tua 74 ohonynt, ymddengys fod y rhif yn wahanol os cyfrwch nhw wrth ddod yn ôl i fyny wedyn.

Mae tipyn o ddirgelwch yn perthyn i Gofan ei hun. Mae rhai cysylltiadau chwedlonol yn honni mai Gwalchmai, nai i'r Brenin Arthur, ydoedd, a laddwyd gan Syr Lawnslot, ac a gladdwyd yn y fangre. Dywed traddodiad i Walchmai ildio'i gleddyf a dod yn fynach ar ôl yr ymchwil am y Greal Sanctaidd. Ceir stori arall mai lleidr oedd Gofan, ond y bu iddo edifarhau, a throi'n feudwy yma am weddill ei oes. Ond yr esboniad mwyaf tebygol yw mai Gobham ydoedd, abad Gwyddelig o fynachlog Dairinis, Swydd Wexford, a oedd yn byw yn y bumed a'r chweched ganrif, ac yn gyfoeswr i Ddewi Sant. Dywedir iddo ddod i'r lan yn y man hwn ar ôl cael ei erlid gan fôr-ladron a fynnodd iawndal amdano gan fynachlog gyfoethog, a dyma lle'r arhosodd am weddill ei fywyd, tan tua 586 OC. Bu'n dysgu ac yn pregethu ymhlith pobl de Sir Benfro, ond roedd eisoes yn ŵr oedrannus pan ddaeth yno. Ceir traddodiad i hollt agor yn y graig galchfaen ger eglwys Sant Gofan er mwyn i Gofan fedru cuddio yno. Gall y teneuaf o blith yr ymwelwyr

Eglwys Sant Gofan, Sir Benfro

weld yr agen yn ei gogoniant heddiw. Dethlir Gŵyl Sant Gofan ar 26 Mawrth. Dywed traddodiad arall iddo ddod i Sir Benfro oherwydd mai Sant Alb o Solfach oedd ei athro mynachaidd yn Wexford. Credir bod Gofan wedi ei gladdu o dan allor y capel bach.

Mae safle'r capel bychan yn dyddio o'r chweched ganrif, ond fe welwn waith adeiladu o'r drydedd ganrif ar ddeg yn amlwg. Diaddurn iawn yw'r muriau, ond ceir allor a mannau eistedd carreg arnynt. Ceir tair ffenestr, a gwelwn ffynnon fechan sy'n dal i lifo gerllaw'r fynedfa. Dywedir bod gan y dyfroedd rhinweddol hyn allu i iacháu, yn arbennig anhwylderau'r llygad. Yn yr Oesoedd Canol, cafodd y safle ei gysylltu â gwella cloffni, a gadawyd baglau yno'n dyst o rym iachusol y dyfroedd. Dywedir yn ogystal fod meddyginiaeth i wella anhwylderau'r croen yng nghlai coch y clogwyni cyfagos. Gwelir olion ffynnon arall a briodolir i Sant Gofan hefyd, er i hon sychu'n gymharol ddiweddar.

Mae'n werth dod bob cam i lawr at yr eglwys i ganfod y tawelwch, yn ogystal â gwrando ar sŵn y môr. Mae'n fan lle y medrwch ymdeimlo â thangnefedd, hyd yn oed yng nghanol prysurdeb yr haf, gan mai ychydig bobl sydd yma ar y tro. Tra oeddwn yno, roedd criw o bobl ifanc o Wlad Belg ar daith wib drwy Brydain wedi llwyddo i ddod o hyd i'r eglwys. Bob hyn a hyn, i dorri ar y tawelwch, clywir taranfollt y tonnau mewn ogof islaw, sy'n ysgwyd y cyfan. Os crwydrwch islaw'r capel, byddwch yn ofalus ar y llwybr. Efallai na fedr pererinion yr oes hon, nac unrhyw oes arall, gyfri nifer y grisiau i gyrraedd yr eglwys yn iawn, ond mae un peth sicr yma – dyma lwybr i dŷ ar y graig.

Arfordir
Sir Benfro

5 Llannau difyr y Maelor Saesneg

✣ Gresffordd ✣ Bangor Is-coed
✣ Hanmer

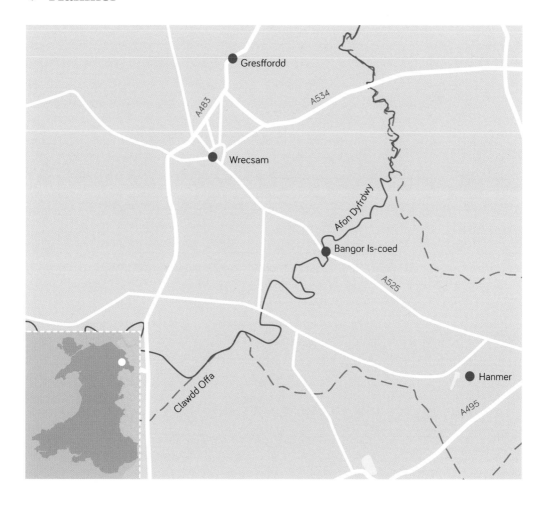

Bangor Is-coed

Daw dagrau i lygaid bro
– fel ymateb plant bach –
am i'r dau gant chwe deg a chwech
yn yr orielau syber
am ennyd droi'n lliwiau llachar, cynnes
â bywyd yn goferu ohonynt.
Y lliwiau colledig, ifanc,
fel petai'r cyrff a gladdwyd
bob hyn a hyn
yn gorfod dod yn ôl i'r wyneb,
cyn pylu drachefn yn ddu,
yna'n wyn.

(Oriel Gresffordd)

Ynys o'r hen Sir Fflint oedd yr ardal a adwaenid fel y Maelor Saesneg – darn gwledig i'r de-ddwyrain o Wrecsam sydd bellach yn rhan o Fwrdeistref Sirol Wrecsam. Ardal y ffin sy'n gyforiog o hanes Cymru. Mae'r Maelor Saesneg gwledig yn cynnwys nifer o bentrefi del â'u hanes o dan yr wyneb – haenau ohono, yn wir. Hyfryd yw ymgolli yng ngwe lonydd gwledig yr ardal hon, fel yng ngwe camlesi Fenis. Mae'r mannau hyn ar y ffin, yn llythrennol, rhwng yr Eglwys Wen a Wrecsam.

Gresffordd

Man cychwyn da i daith i'r Maelor Saesneg yw pentref Gresffordd. Yn wir, mae cadwyn o eglwysi agored yma, a llwybr i'w ddilyn os ydych am ymweld â hwy.

Yn ôl hen rigwm, mae wyth cloch eglwys Gresffordd yn un o saith rhyfeddod Cymru:

> Pistyll Rhaeadr and Wrexham steeple,
> Snowdon's mountain without its people,
> Overton yew trees, St Winefride's well,
> Llangollen bridge and Gresford bells.

Darlun o orffennol diwydiannol Gresffordd

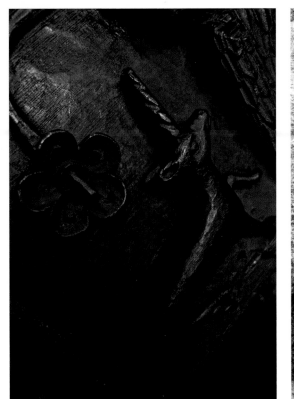

Ac er mai coed yw Owrtyn sy'n nodedig yn ôl y rhigwm, mae rhai Gresffordd hefyd yn drawiadol. Yn y cyffiniau lleolid hen gapel Normanaidd St Leonard de Glyn, a chredir mai'r capel hwn a roddodd ei enw i Lôn Pont y Capel rhwng Gresffordd a Llai ar lan afon Alun. Yn ystod haf 2014 gwnaed darganfyddiad pwysig yma pan ddaethpwyd o hyd i gapel tanddaearol a allai gystadlu efo Llandrillo-yn-Rhos o ran bod y lleiaf yn y byd. Mae'r capel ar dir Wilderness Millhouse ar lôn Pont y Capel, a chred perchennog y tir y gallai ddyddio yn ôl i'r wythfed neu'r nawfed ganrif. Tystiai traddodiad lleol fod yr hen gapel Normanaidd ar lan gorllewinol afon Alun, ac yno, i gyfeiriad Llai, y mae'r capel hwn. Ganrif neu ddwy yn ddiweddarach, cyfeirir at gapel St Leonard de Glyn fel 'capel rhydd', ond yn y dechrau, roedd cysylltiad rhwng capel St Leonard a pherl y fro, eglwys Gresffordd.

Deillia enw Gresffordd o'r Saesneg 'grass' a 'ford', er bod rhai yn dadlau mai hen ffurf ar 'Croesffordd' ydyw. Credir bod yr enw Rossett yn deillio'n wreiddiol o'r geiriau 'yr orsedd'. Mae olion croes i'w gweld ger goleuadau traffig canol y pentref presennol, a deuai pererinion at y groes arbennig hon. Ceir cofnod o Eglwys yr Holl Saint yn y pentref yn llyfr Domesday yn yr unfed ganrif ar ddeg, ond gan fod olion allor Rufeinig yn seiliau'r wal ddwyreiniol, mae'n amlwg ei fod yn safle o bwys mawr hyd yn oed yng nghyfnod y Cristnogion cynnar. Ar yr allor Rufeinig y tu mewn i'r eglwys ceir ffigwr Anthropos, a chredir ei fod yn dyddio o'r flwyddyn 350 OC. Dinistriwyd yr eglwys wreiddiol bron yn gyfan gwbl, ac eithrio rhannau isel o'r tŵr a'r wal orllewinol, ac mae'r adeilad presennol yn dyddio o'r bymthegfed ganrif. Cwblhawyd gwaith yma yn 1498, ac roedd yn eglwys hynod fawr i bentref bychan, oherwydd deuai pererinion yma i addoli o bob cwr o'r wlad.

Mae lle i 600 o addolwyr yn yr eglwys hon heddiw, sy'n debyg o ran maint a siâp i eglwysi cyfagos Holt, Malpas a'r Wyddgrug. Gelwir hi'n eglwys Stanley gan rai pobl, oherwydd i'r milwr Syr William Stanley o Holt fod yn gysylltiedig â'i hadeiladu, a chafwyd nawdd hefyd gan Margaret Beaufort, mam Harri Tudur. Gwelwn ei dylanwad hi ar eglwysi eraill ar ein taith.

Rhodd gan deulu Trefor, oedd â'i wreiddiau yn Nyffryn Clwyd, oedd y tir yn wreiddiol. Gwelir olion yr adeilad carreg gwreiddiol o'r drydedd ganrif ar ddeg, ond mae prif gorff yr eglwys bresennol yn dyddio o'r bymthegfed ganrif. Un o'r nodweddion amlycaf yw'r seddau *miserere* cerfiedig. Dechreuwyd adeiladu'r tŵr yn y bedwaredd ganrif ar ddeg dan arweiniad yr uchelwr o Gymro, Dafydd ap Griffri ap Iorwerth, un o ddisgynyddion Sanddef Hardd o ardal Brymbo. O dan y gangell mae claddgell, neu grypt, lle cedwid trysorau'r eglwys ers llawer dydd.

Roedd eglwys Gresffordd yn gyrchfan i bererinion yn y bedwaredd ganrif ar ddeg a'r bymthegfed ganrif, a deuai'r pererinion hynny ag amryw roddion gyda hwy wrth ddod i weld delw ryfeddol o'r Forwyn Fair. Diddorol yw olion bedd Griffri ap Cadwgan yng nghapel y teulu Trefor – fe ganfuwyd y garreg o dan sylfeini hen ysgubor ym Mhant yr Ochain, Wrecsam. Mae teulu Trefor Trefalun gynt yn amlwg yn yr eglwys, ac fe welir cerflun trawiadol o Siôn Trefor (1589), y gŵr a gododd Blas Trefalun, ar ei orwedd. Er y cynhelir gwasanaethau Cymraeg yma yn achlysurol heddiw, yn 1764, am ryw reswm, fe roddwyd y gorau i gynnal gwasanaethau Cymraeg. Symudwyd y Beibl Cymraeg o'r ddarllenfa a'i ddodi yng nghist yr eglwys.

Yn ogystal, ceir ffenestri lliw o'r ddeunawfed ganrif a bedyddfaen o ardal Pont y Capel gerllaw. Yn wir, mae nifer o nodweddion difyr yn yr eglwys, fel Capel y Forwyn, capel lliwgar, hynod yn portreadu bywyd y Forwyn Fair, ac mae'n syndod o'r mwyaf i hwn oroesi. Hefyd, gwelir sgrin sy'n dyddio o'r bymthegfed ganrif ac a wnaed yn Llwydlo. Nodwedd hynod arall yw seddau pren y gangell a'r côr, sydd wedi eu haddurno ag angylion a chasgliad o anifeiliaid mytholegol a rhai go iawn. Ceir ffenestr yn dangos Santes Apollonia, nawddsantes y ddannodd, a gefel yn barod i dynnu dant.

Yng nghapel y teulu Trefor, trawiadol iawn hefyd yw'r arysgrif Gymraeg i gofio am John Trefor, a fu farw yn 1589. Yn y gornel arbennig hon, mae cyfle i gofio'r 266 o ddynion a gollodd eu bywydau yn nhanchwa fawr 22 Medi 1934 ym mhwll glo pentref Gresffordd. Mae lamp glöwr arbennig ynghyn i gofio amdanynt.

Hanmer

Yn ôl y traddodiad, mae eglwys Sant Chad yn Hanmer wedi ei chysylltu â'r mynachdy a sefydlwyd ym Mangor Is-coed yn y seithfed ganrif. Yn ei gyfrol *Curious Clwyd*, mae Gordon Emery yn cofnodi enw Cymraeg yn yr ardal, sef Ystrogul (Striga Lane heddiw), ac enwir llyn gerllaw'r llan yn Llyn Bedydd (Maes y Beda yn wreiddiol, nid 'bedydd', a Bettisfield yn Saesneg). Roedd Sant Chad, esgob Lichfield, yn bedyddio aelodau newydd y ffydd yma o 670 OC ymlaen. Ceir ffynnon Chad hefyd i'r gogledd-orllewin o'r eglwys.

Ar ôl 1202 daeth y Maelor Saesneg i feddiant Abaty Glyn-y-groes. Ar ochr arall Llyn Bedydd heddiw saif Parc Gredington ar dir Neuadd Gredington, safle hen gartref teulu'r arglwyddi Kenyon. Credir bod Gredington yn dod o enw Eingl-Sacsonaidd o'r ardal ar ddiwedd yr ail ganrif ar bymtheg. Ym mynwent eglwys Hanmer, mae croes sy'n dyddio o'r bedwaredd ganrif ar ddeg.

Mae plasty'r Owredd yn yr ardal hefyd, prif aelwyd teulu'r Hanmeriaid. Codwyd y plasty gan Rhisiart Hanmer, un o ddisgynyddion Margaret, gwraig Owain Glyndŵr. Bu rhai o feirdd enwocaf cyfnod Beirdd yr Uchelwyr yn derbyn nawdd gan y teulu, ac yn aros yno'n gyson. Un aelod o'r teulu oedd Dafydd ap Edmwnd (c. 1450–97), a etifeddodd diroedd yr Owredd, ac fe'i claddwyd ef ym mynwent Hanmer. Dafydd ab Edmwnd a roddodd drefn ar y pedwar mesur ar hugain tua 1451, mewn ymgais i ddiogelu'r gerdd dafod. Enillodd Gadair Arian Eisteddfod Caerfyrddin yn y flwyddyn honno. Cydnabyddir yr eisteddfod honno yng Nghaerfyrddin fel y garreg filltir i roi trefn ar y mesurau caeth. Dilynwyd honno gan eisteddfodau enwog Caerwys yn 1523 ac 1567.

Disgybl iddo oedd Gutun Owain o blwy Dudlust, oedd yn berchen ar diroedd hefyd yn Llanfarthin (St Martin's heddiw). Disgybl arall oedd Tudur Aled. Canodd Dafydd ab Edmwnd i brydferthwch natur ac i harddwch merch. Roedd yn enwog am ei ddychan, ac yn fardd serch fel Dafydd ap Gwilym. Gan ei fod o deulu bonheddig, nid oedd yn rhaid iddo ganu caneuon mawl a marwnad i uchelwyr. Cofir yn arbennig ei farwnad i'w fab, Siôn Eos, ac mae llawer o'i waith wedi ei gadw mewn llawysgrifau. Fe'i disgrifiwyd gan Gutun Owain fel 'pencerdd a feddai'r holl gelfyddyd'. Fe noddodd y teulu Guto'r Glyn (tua 1435-93) hefyd, y mwyaf o bosibl o Feirdd yr Uchelwyr. Nid oes sôn am Ryfel y Rhosynnau yn eu gwaith, ond mae beirdd Maelor yn wladgarol iawn yn y cyfnod hwn.

Plasty Emral gerllaw, yn y Gwyrddymp (Worthenbury), oedd cartref teulu'r Pulestoniaid. Aelod o'r teulu hael eu nawdd i'r Gymraeg oedd y pregethwr dall, nodedig John Puleston Jones (1862–1925). Eglwys Sant Deiniol yw eglwys y Gwyrddymp. Bu R. S. Thomas yn gurad yn eglwys Hanmer ac yn Eglwys Sant Mary Magdalen, Talwrn Green (rhan o blwyf Hanmer, clywais hefyd Talwrn Is-coed yn enw arno), rhwng 1940 ac 1942, yn ystod yr Ail Ryfel Byd. Credir mai yn Nhalwrn Green y dechreuodd Thomas ar ei gyfres o gerddi am y gwladwr Iago Prydderch.

Difethwyd eglwys Hanmer yn llwyr, bron, yn ystod Rhyfel y

Rhosynnau yn 1463, a meddiannwyd Neuadd Hanmer gan y Seneddwyr. Ymosododd Pengryniaid Nantwich ar y pentref a rhoi stablau dros dro i'w ceffylau yn y fan lle mae organ yr eglwys heddiw. Llwyddwyd i osod seiliau'r eglwys bresennol erbyn 1490 gyda cherrig o chwarel Ty'n y Coed, Threapwood. Margaret Beaufort a ysgwyddodd y baich ariannol o adfer yr eglwys am gost o wyth mil o bunnau, a gwelir motiff y rhosyn Tuduraidd drwy'r eglwys, yn dyddio o'r cyfnod hwn. Y Brodyr Dafis, Groesfoel, a gynhyrchodd y giatiau i'r fynwent, a safai'r cyffion o flaen yr eglwys tan 1868 fel cosb i bentrefwyr.

Ond dychwelwn at wir arwr Hanmer, sef Owain Glyndŵr, a gofir yn drist o eironig yn enw tai'r pensiynwyr, Glendower Place. Er 2004, mae arysgrif yn yr eglwys hefyd. Yn 1403 cyhoeddwyd gan y brenin Harri IV na ddylai unrhyw Sais briodi merch Gymraeg oedd â chysylltiad â'r bradwr Owain Glyndŵr, nac ychwaith unrhyw ferch o dras Gymreig. Ni fyddai unrhyw un a fyddai'n priodi Cymraes yn derbyn unrhyw swyddogaeth na swydd yng Nghymru, nac ar hyd ei ffiniau.

Yn eglwys Sant Chad y priododd Owain Glyndŵr â merch Syr David Hanmer, Margaret Hanmer, yn 1383. Roedd y teulu Hanmer yn byw ym Mharc Bettisfield, Hanmer. Astudiodd Owain Glyndŵr y gyfraith yn Ysbytai'r Frawdlys (Inns of Court) yn Llundain, a gwelodd Margaret yno efo'i thad, a oedd yn gyfreithiwr nodedig. Rhaid bod y briodas yn dipyn o achlysur. Gwyddom o gywydd Iolo Goch am ei chroeso diarhebol hithau yn Sycharth, Llansilin, maes o law. Ganwyd iddynt 11 o blant, a bu'r meibion Gruffudd, Madog, Maredudd, Tomos, Siôn a Dewi yn gapteiniaid ym myddin Owain.

Er i Owain fod yn filwr blaenllaw ym myddin Lloegr mewn rhai cyrchoedd, ymhen tipyn, fe gafwyd gwrthryfel yn erbyn y Saeson, ac fe ddirwywyd mab Syr David Hanmer, John, am ochri efo Owain. Yn 1409, aed â Margaret a'r teulu i Gastell Harlech, ac oddi yno i gaethiwed yn Nhŵr Llundain. Credir i Margaret, ei brawd John a'i mab Maredudd dderbyn pardwn, a dychwelsant wedyn i Hanmer. Pan gafwyd pasiant o hanes Hanmer yn 2000, chwaraewyd rhannau Syr David, Owain a Margaret gan ddisgynyddion uniongyrchol i David Hanmer sy'n dal i fyw yn y pentref.

Cafwyd tân difaol arall yn eglwys Hanmer yn 1889, pryd y difethwyd y to derw trawiadol, ond roedd yr eglwys wedi ei hadfer erbyn 1892. Cofnodwyd bywyd yn y ficerdy lleol ar ddiwedd y 1940au a dechrau'r 1950au gan Lorna Sage yn y gyfrol *Bad Blood*. Roedd ei

thaid ecsentrig, y Parchedig Morris, yn ficer yma yn yr un cyfnod ag R. S. Thomas. Gerllaw'r ficerdy ceir un o'r ysgolion hynaf sydd yn dal i gael ei defnyddio, Ysgol Sant Chad yr Eglwys yng Nghymru, sy'n dyddio o 1676.

Bangor Is-coed

Ym Mangor Is-coed (fel yn y Fangor Fawr yn Arfon), fe welwn ystyr yr enw, sef tir wedi ei amgáu o gwmpas eglwys. Bangor Monachorum oedd yr enw Lladin; o'i gyfieithu, Bangor y Mynachod. Yn wreiddiol, clawdd o wiail wedi eu plethu oedd 'bangor'. Wrth ddod drwy Farchwiail i'r de-ddwyrain o Wrecsam a dynesu at wastadedd Bangor Is-coed, rhaid croesi pont bum bwa nodedig. Dywedir i'r bont gael ei difrodi yn ystod y Rhyfel Cartref yn 1643, ac mae'n debygol ei bod yn dyddio'n ôl i'r bymthegfed ganrif. Yn wir, fe drawyd yr awdur Daniel Defoe gan harddwch y bont pan ddaeth i'r ardal. Bwriad y darnau o'r bont sy'n ymestyn o'r ffordd oedd sicrhau na fyddai gwartheg neu geffylau'n gwasgu'r cerddwr i'r llawr wrth groesi afon Dyfrdwy!

Canolbwynt y pentref yw eglwys Sant Dunawd gerllaw'r afon. Cysegrwyd yr eglwys i Sant Dunawd, oedd yn abad uchel ei barch, pan ddaeth Bangor Is-coed yn rheithorfa yn 1300. (Dinood yw'r ynganiad lleol Saesneg.) Yn yr eglwys ceir arddangosfa barhaol o hanes y pentref a 'mynach' yn adrodd peth o'r hanes yn Gymraeg a Saesneg. Pentref heddychlon yw hwn, a gerllaw'r eglwys mae dwy dafarn sy'n cynnig croeso i'r teithiwr. Ceir cymdeithas arbennig o gyfeillgar yno, a bwyd rhesymol ac amrywiol yn nhafarnau'r pentref.

Pan ddaeth Daniel Defoe yma ar ei daith rhwng 1724 ac 1726, nododd mai Cymraeg oedd iaith Bangor Is-coed: 'As for the town or monastery, scarcely any of the remains were to be seen, and as all the people spoke Welch, we could find no body that could give us any intelligence.'

O graffu ar fap o'r ardal, gwelir Bangor Is-coed (gelwir Bangor Is-y-coed arno'n lleol) a'i enwau Cymraeg – yno mae'r cof am y fynachlog bellach. Yn benodol, gwelwn Lwybr y Mynachod, a Maes y Groes. Hefyd, Porth Hogan i gyfeiriad Cross Lanes (amrywiadau: Porth y Gân, Porthwgan) a Phorth Clais (amrywiadau: Cloy neu Clays) i gyfeiriad Cloy.

I mi, mae hanes yn yr enwau hyn, ond mae rhai'n amheus o'r stori y mae'n rhaid ei hadrodd. Ym Mangor Is-coed y merthyrwyd y mynachod yn yr hyn a elwir yn Frwydr Caer, oherwydd bod esgobion Celtaidd Cymru wedi gwrthod cydymffurfio yn dilyn dyfodiad Awstin Sant i

Gaergaint yn 597 OC. Nid yn unig y daeth Awstin i Gaergaint, ond credir iddo ddod i Fangor Is-coed i geisio darbwyllo'r Cristnogion Celtaidd i dderbyn dysgeidiaeth Rhufain. Ceir panel yn eglwys Sant Dunawd yn dehongli'r cyfarfod rhwng Awstin a saith o esgobion Ynys Prydain, a'i fethiant i ddwyn perswâd arnynt i bregethu i'r Saeson yn y flwyddyn 603 OC, cyn y frwydr a ddilynodd.

Roedd mynachlog Bangor Is-coed yn ganolfan grefydd a dysg bwysig iawn yn hanes cynnar Cymru a'r Brydain Geltaidd. Credir bod Bangor yn dyddio'n ôl i 180 OC, ac fe'i sefydlwyd fel canolfan ddysg. Milwr a ddychwelodd i ymddeol i'r fynachlog a sefydlwyd yn y chweched ganrif gan ei fab, Deiniol Sant, oedd Dunawd (a gofir yn enw'r eglwys). Roedd Dunawd a'i feibion, Deiniol Wyn (nawddsant Bangor), Cynwyl a Gwarthan wedi ffoi o'r Hen Ogledd, o Reged. Ceid Ffynnon Ddeiniol yn y plwyf, a cheir eglwysi wedi eu cysegru i'r sant crwydrol Celtaidd hwn cyn belled i ffwrdd â Llydaw. Roedd cysylltiad amlwg rhwng Bangor Is-coed a Llanilltud Fawr, â mynachod yn dod o Lanilltud i Fangor, ac yna i rannau eraill o ogledd Cymru.

Mewn cofnod gan y mynach Beda Ddoeth yn 731 OC yn ei waith *Historia ecclesiastica gentis Anglorum*, dywed am y fynachlog: 'roedd yr adeiladau mor eang nes y rhannwyd nhw yn saith rhan, ac roedd pennaeth ar bob un, ac roedd pob un cynnwys dim llai na 300 o ddynion'. Mae'n debygol y byddai'r fynachlog yn ymestyn ar ddwy ochr yr afon ac i gyfeiriad y cae rasio ceffylau presennol. Wrth newid cwrs, gall afon gref fel afon Dyfrdwy olchi olion hanesyddol ymaith gyda'i llif, ond i mi, fe erys y dystiolaeth bwysicaf o fodolaeth y cynfyd Celtaidd yn enwau lleoedd yr ardal hon. Mae rhai'n tybio bod prif safle'r fynachlog i'r dwyrain o'r pentref presennol, lle mae codiad tir coediog, a ffynnon o hyd. Credir mai o dan Dderwen y Mynach ym Maes y Groes y cafwyd y cyfarfod hanesyddol hwnnw rhwng Awstin a'r abadau Cymreig yn 602 OC.

Mae naws arbennig yn dal i fod ym Mangor Is-coed petaech am ddianc am awr dawel neu ddwy, neu am ddefnyddio'r lle fel man cychwyn i deithiau cerdded. Er nad oes llawer o Gymraeg yn y pentref heddiw, erys yr iaith o grafu o dan yr wyneb. Ceir enwau fel Argoed, Carreg y Tranc, Pandy, Gerwyn Fechan, Dorlan Goch, Plasfron, y Ddôl a'r Wern yn lleol.

Bangor Is-coed yw calon Maelor Saesneg, ac mae'r rhwydwaith o lonydd gwlad i gyd yn arwain yn ôl at y fan hon – y gwythiennau i gyd yn clymu wrth goron y gwastadedd, ac yn tystio i hen dreftadaeth.

6 **Bro Gŵyr**

✢ Y Mwmbwls   ✢ Pennard a Southgate

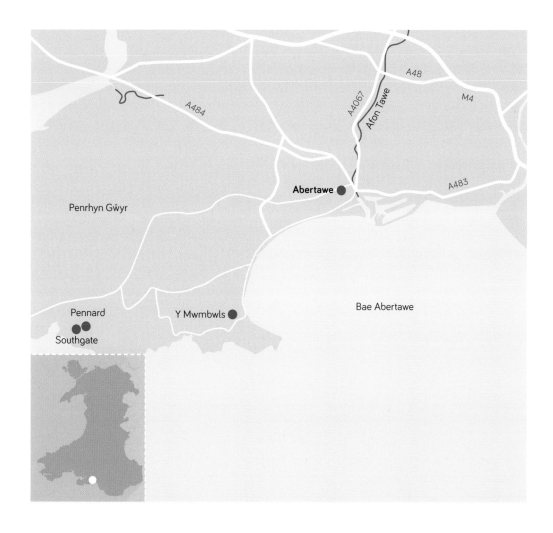

Pier y Mwmbwls

Y talent disglair, clir,
nid y niwl gludiog ym Mhennard heddiw.
Yr awen frau a ddisgleiriodd unwaith ar benrhyn pell,
gan holi pwy hoffech chi'i gael yn gwmni
ar draethau ei ddydd;
yr awen a chwythodd ei egni ar gynfas yr un cyfle
hwnnw
yn Llaregyb.

Disgleirdeb di-droi'n-ôl yn y Bae.

('Pennard ym Mehefin')

Mae'r car yn ei yrru ei hun yn ôl i Bennard a'r Mwmbwls, bron, unwaith y bydda i ar ffordd yr arfordir yn ninas Abertawe. Rhywbeth greddfol sy'n fy ngyrru innau i ddychwelyd yno hefyd, i ymlacio ac encilio. Yn ystod dyddiau coleg, rwy'n cofio ymweld â pherthnasau i Mr Morgan, oedd yn byw drws nesa i ni ym Machynlleth. Fe ddaethon nhw i fy nôl i o'r Eisteddfod Ryngolegol ym Mhrifysgol Abertawe, a'm cipio i ffwrdd i fyd arall yn Langland am awr neu ddwy. Roedd hyn ymhell cyn i mi ddeall mai ardal Seisnig iawn oedd de Penrhyn Gŵyr yn draddodiadol, ac eithrio ambell un ymhlith yr uchelwyr, megis Hopcyn ap Tomas (1337– tua 1408), noddwr beirdd a chasglwr llawysgrifau, yn eu mysg *Llyfr Coch Hergest*.

Mewnfudodd y Normaniaid i'r ardaloedd ir hyn 30 mlynedd ar ôl y goncwest wreiddiol. Gwthiwyd y Cymry cynhenid i ardal lai ffrwythlon a enwyd yn Gower Walicana. Ychydig o enwau Cymraeg, megis Pwll Du, sydd yma, ac fe ychwanegwyd at y pair diwylliannol gan fwy o fewnfudo hefyd, o Fflandrys a Gwlad yr Haf. Clywir tafodiaith neilltuol o'r iaith Saesneg mewn mannau fel y Mwmbwls, er enghraifft, y gair 'pill' am nant. Ond erys enwau Cymraeg hardd ar rai o lannau Bro Gŵyr: Llanddewi, Llangennydd, Llanmadoc a fy hoff enw, Llanrhidian. Penrhyn Gŵyr oedd yr ardal gyntaf i gael ei neilltuo'n Ardal o Harddwch Naturiol Eithriadol, a'i 30 milltir o arfordir a 70 o draethau. Ond dyma ganolbwyntio ar ddwy ardal sydd fel porth i Fro Gŵyr i mi.

Y Mwmbwls

Mae 'na rywbeth diogel a thraddodiadol iawn am y Mwmbwls, fel trip ysgol Sul neu eisteddfod leol sy'n para am oriau ac oriau. Yma, dydych ddim yn edrych yn lletchwith yn llyfu ag afiaith un o gonau hufen iâ byd-enwog Joe's efo Flake. Er 1922, fe fu'r rysáit arbennig hon yn gyfrinach.

Gallai Dylan Thomas, 'tywysog y trefi afalau', weld trwyn y Mwmbwls o ffenestr ei ystafell wely yn 5, Cwmdonkin Drive yn ardal yr Uplands. O'r fan hon y syllai ar yr 'ugly, lovely town'. Yn ei ddarl\lediad radio, *Return Journey*, dywed: 'The tankers and the tugs and the banana boats come out of the docks', ac am hen dram y Mwmbwls, 'a tram that shook like an iron jelly'. Daeth i adnabod ardal y Mwmbwls yn dda yn ystod ei ddyddiau actio yn *Hay Fever*, a'r diota yn y Mermaid, yr Antelope a'r Marine. Ym Mharc Cwmdoncyn bellach ceir o bosib fy hoff linellau o'i waith am ei blentyndod ar gofeb iddo:

> Oh as I was young and easy in the mercy of his means,
> Time held me green and dying
> Though I sang in my chains like the sea.
>
> ('Fern Hill', Dylan Thomas)

Yn y parc hwn y canfu Dylan hefyd ei ddelwedd ganolog fythgofiadwy o'r crwca yn y parc – yr artist creadigol ym mhob oes.

Y cof cyntaf sydd gen i o'r Mwmbwls yw teithio ar y bws siaradus o ganol Abertawe a brysurai ar hyd y bae, y bobl gyfeillgar, agored yn sgwrsio, a rhai ohonynt heb weld ei gilydd ers blynyddoedd. Dau ffrind yn trafod 50 uchaf eu hoff ffilmiau, yn eu hactio, bron, yn cofio'r uchafbwyntiau i gyd o fewn terfynau'r seliwloid, heb fentro ar ddim o hyn mewn bywyd go iawn. Yna, rhywun arall yn trafod y newid a ddaeth i'r fro: 'When we moved to live here from Usk, you'd hear the occasional car on the Mumbles Road; now it's endless!' Mae rhesi o geir yr haf yn sgleinio ar hyd arfordir y Mwmbwls, a'r bobl leol yn parcio mewn cilfachau cuddiedig.

Does dim llawer o lyfrau ar hanes y Mwmbwls, fel petai haneswyr yn awyddus i gadw cyfrinach ei swyn. Mae digon o bobl wedi clywed am uchelgais cenedlaethau o fyfyrwyr i gyflawni 'Milltir y Mwmbwls', sef yfed peint ym mhob un o'r tafarnau niferus ar hyd y brif stryd. Nid yw tarddiad enw'r pentref yn glir. Cred rhai ei fod yn deillio o'r cyfnod Normanaidd a'r gair Lladin *mamillae* (bronnau), yn cyfeirio at y ddwy ynys ym Mae Bracelet, ar ben gorllewinol Bae Abertawe. Mae eraill yn gweld tarddiad hŷn, Cymreig, 'man moel', wedi ei gywasgu i Mammoel – man anghysbell, diarffordd. Nodweddir yr ardal gan glogwyni calchfaen.

Yn 1801, 715 o drigolion oedd yn byw yma, ond erbyn 1891 roedd y nifer wedi cynyddu i 4,132 yn sgil twf y diwydiant wystrys a lein reilffordd y Mwmbwls. Yn 1804 y dechreuwyd datblygu'r rheilffordd i gysylltu'r Mwmbwls ag Abertawe, ac agorodd i'r cyhoedd yn 1807. Tynnid y cerbydau cyntaf gan geffylau, ac yna gan dramiau. Cludo calchfaen o'r ardal i Abertawe oedd bwriad gwreiddiol y gwasanaeth, ond ymhen fawr o dro daeth y gwasanaeth cludo pobl yn llawer iawn mwy poblogaidd. Hwn oedd y gwasanaeth rheilffordd cyntaf yn y byd i gario teithwyr am dâl. Daeth y trên stêm yn 1877, a'r tramiau trydan yn 1929. Caewyd y rheilffordd yn 1960, a daeth bysys yn lle'r trenau. Bellach, mae'r promenâd ar safle'r hen gledrau, ac mae'n llwybr cerdded a beicio dihafal. Pan fydda i'n ymweld â'r ardal, mi fydda i bob amser yn teimlo 'mod i'n mynd yn ôl ar hyd yr hen gledrau, at gyfnod sydd wedi hen gilio o'r tir – dyddiau'r gwyliau syml, pan oedd diwrnod ar y traeth cystal ag unrhyw beth y gallai arian ei brynu.

Cyfnod penllanw'r diwydiant wystrys oedd 1860–73. Dechreuai'r tymor ar 1 Medi, a bu'n arferiad dathlu trwy gynnal Gŵyl Wystrys. Adferwyd y traddodiad yn ddiweddar, a bu'n llwyddiannus iawn. Ymestynnai gwelyau wystrys yr ardal o Borthcawl i gyrion Dinbych-y-pysgod. Roedd y gweithwyr yn byw yn ardaloedd Dickslade, Village Lane, Clifton Terrace, Park Street a Hill Street. Roedd yn waith caled, a byddai un o'r gweithwyr yn boddi ambell dro. Arferai bwytai'r pentref weini wystrys efo te a bara menyn. Mae enw Saesneg gwreiddiol y plwyf sy'n cynnwys y Mwmbwls – Oystermouth, Ystumllwynarth yn Gymraeg – yn adlewyrchu pwysigrwydd diwydiant y môr, a barhaodd tan tua 1930, i'r ardal. Yn anffodus, bu gor-bysgota, ac fe edwinodd y diwydiant.

Yng nghyfrifiad 1871 cyfeirir at Horsepool House, a safai uwchben harbwr diogel Horsepool, lle byddai cychod yn cael eu cadw yn ystod tywydd garw. Erbyn heddiw, cyrtiau tennis a llain fowlio sydd yma. Oddi yma byddai calchfaen clogwyni'r ardal yn cael ei allforio yn nyddiau cynnar y rheilffordd.

Heddiw, yn y pamffledi twristaidd, disgrifir y Mwmbwls fel 'the village with attitude', ac ni ellir gwadu hyn gan mor lluosog yw'r gweithgareddau a'r croeso a geir yma. Acenion hyfryd y de a glywir yn bennaf, a'u siaradwyr wedi dod yma i ymlacio. Mae amryw o lefydd bwyta difyr a chwaethus yn y pentref hefyd. Er bod teuluoedd lu yn heidio i'r ardal, mae lle heddychlon yma hefyd i unigolion sydd am encilio, a phawb yn uno'n ddisylw a chytûn. Daw Catherine Zeta-Jones o Hollywood bell i ddianc yn ôl i strydoedd cefn ei chynefin, a chael crwydro i'r siopau heb neb yn cymryd fawr o sylw ohoni.

Mae un capel yn y pentref wedi ymateb i'r her o newid a moderneiddio – capel y Methodistiaid, sy'n dyddio o 1878. Yma, ceir man addoli hardd ac ymlaciol i fyny'r grisiau, ac i lawr grisiau, er newidiadau 2004, mae caffi prysur a chanolfan grefftau lleol. Pa well defnydd i gapel? Mae'n sicrhau fod yr eglwys ar waith drwy'r wythnos. Credaf ei fod yn batrwm i gapeli canol tref neu bentref eraill. Mae cyfle i ddod yn 'e-aelod' o'r eglwys ar y we hefyd. Mewn gwasanaethau cyn y Nadolig, llenwir y capel â bwrlwm teuluol, cyfeillgar. Arferai'r capel fod ar lan y môr, ond cafodd ei symud yn dilyn datblygu'r rheilffordd a glan y môr yn y 1890au. Cofnodir datblygiad y rheilffordd mewn tair ffenest liw yn eglwys Ystumllwynarth.

Ceir hafan arbennig ar y pier, a ddisgrifiwyd yn 1908 fel 'the prettiest Pier in the Bristol Channel'. Adeiladwyd y pier yn 1898 fel terminws rheilffordd y Mwmbwls yn wreiddiol, a byddai pobl y cyfnod yn dilyn y ffasiwn o fwynhau awyr iach glan y môr wrth gerdded arno. Dirywiodd ei gyflwr dros y blynyddoedd, a bu cryn waith adnewyddu arno'n ddiweddar. Ailagorodd yn 2014, a gall pobl gerdded ar ei hyd ac edmygu canolfan y bad achub yn y pen pellaf. Ymhell cyn dyddiau Marconi, bu John Dillwyn Llewelyn yn arbrofi â gyrru tonfeddi radio yn yr ardal hon. Nid pobl yn unig sy'n mwynhau'r pier, ond hefyd amrywiaeth o adar sy'n clwydo odano ar wahanol adegau o'r flwyddyn.

Mae bad achub enwog y Mwmbwls wedi defnyddio'r lanfa ar y pier er 1922. Cafwyd sawl trasiedi yn ystod ei hanes. Bu farw wyth aelod o'r criw ar 23 Ebrill 1947 wrth ddelio efo llongddrylliad yr SS *Samtampa* ar draeth y Sger, ger Porthcawl. Collodd 39 o griw'r llong eu bywydau hefyd. Ceir cofeb leol mewn gwydr lliw i griw'r bad achub hwnnw yn Eglwys yr Holl Saint yn y pentref. Ydy, mae brath y bae yn gallu bod yn oer ac yn greulon ambell dro.

Yn y Mwmbwls mae unig oleudy Bro Gŵyr bellach hefyd. Adeiladwyd ef yn 1794, a bu ceidwad yn gofalu amdano nes iddo fynd yn un awtomatig yn 1934. Mae'n atynfa boblogaidd i ymwelwyr, fel y mae olion y castell, sy'n dyddio o gyfnod y Normaniaid. Bu'r castell yn nwylo'r Normaniaid a'r Cymry, ac ar un adeg bu'n gadarnle i arglwyddi Bro Gŵyr. Mae'r tŵr, sy'n dyddio o'r bedwaredd ganrif ar ddeg, yn nodwedd drawiadol. Yn dilyn gwrthryfel Glyndŵr, tawel fu hanes y castell.

Fin nos, mae'r Mwmbwls yn wirioneddol hudolus, wrth i'r goleuadau ddechrau wincio dros Fae Abertawe: addewid yfory yn y cochni cefndirol a chryman o loer yn cwblhau'r llun. Mae'r plant sydd yma'n taflu cerrig at y rhaeadrau o oleuni yn nüwch y bae, a dyddiau'r heulwen ar y traeth yn eu gwedd. Bellach, mae'r simneiau diwydiannol yn bell ar y gorwel hufen iâ, y gwylanod yn rhes ar y pier, a'r môr ar eich noson olaf fel petai'n chwarae cuddio yn ei dawelwch.

Pennard a Southgate

Dilynwch arwyddion i Fro Gŵyr ger y Mwmbwls, ac fe ewch dros gomin Clun a Llanilltud Gŵyr, a thrwy Kittle. Peidiwch â throi efo'r mwyafrif am brif atyniadau de Bro Gŵyr y tro hwn, ond ewch drwy Bennard, a dilyn y lôn i'r pen, i Southgate. O ddilyn y lôn hon, fe ddowch at un o gilfachau tawelaf Bro Gŵyr. Pan fydda i'n troi yma, mae bywyd yn syml ac yn fwyn am ychydig. O gyrraedd pen y daith, cewch le i wylio'r cymylau'n mynd heibio uwchlaw'r clogwyni calchfaen enwog, ac amser i glirio'r meddwl.

Teimlaf mai pobl fwyn sy'n dod yma i ymyl y dibyn, fel petai – pobl sydd eisiau gwên a thipyn o wres yr haul i adfywio, ac addfwynder yn eu trem. Pobl felly a ddaw yma i gerdded, ac i fyw hefyd. Mae mynd am dro yn y fan hon yn wefreiddiol ar unrhyw adeg o'r flwyddyn – pan fo'r gwynt yn fain neu pan fydd carped o flodau menyn ar ochrau'r lonydd, neu yn y clydwch cyn y Nadolig. Hyd yn oed yng nghanol yr haf dydy hi ddim yn or-brysur yma, a dyma'r man lle mae comin a chlogwyni'n ildio i dywod Bro Gŵyr, a Bae'r Tri Chlogwyn a'i debyg. Mae Pennard a Southgate fel trysorau tangnefeddus, hyfryd yng nghanol rhuthr yr haf, ac yn berlau heb eu difwyno. Mae cyfaredd ym Mhennard, yn sicr, a rywsut, dydyn ni ddim yn disgwyl i fywyd cignoeth gyffwrdd a tharfu ar bobl y pentref bach diddan hwn ger y comin a'r clogwyni ym mhen draw'r pen draw. Bellach, mae cartref i'r henoed yn syllu'n unionsyth i lygad y machlud olaf. Daw pobl yma i gerdded, wrth gwrs, ond hefyd i syllu ar y môr, i ddarllen ac i fynd i gaffi'r Tri Chlogwyn, y siop bentref orau a welais erioed, yn llawn nwyddau Cymreig lleol ac iachusol. Mae arwydd yn croesawu esgidiau mwdlyd y gaeaf a sandalau tywodlyd yr haf yn y caffi

Naws freuddwydiol
Bae'r Tri Chlogwyn

hwn â'i ddyfyniadau dwyieithog difyr, a bwrlwm a gweledigaeth y rhai sy'n ei redeg yn amlwg. Mae Jamie, y perchennog, yn dweud helô wrthyf bob blwyddyn, ac yn sôn am ei gynnydd wrth iddo ddysgu Cymraeg. Yn wir, caf fy nhrin fel un o'r selogion, fel yr holl bobl o gyffelyb fryd a ddaw yma i grwydro. Clywaf atsain lleisiau o draethau'r haf, ac weithiau daw'r gwartheg i orwedd yn y maes parcio ac i feddiannu'r pentref.

Mae pob ymweliad yn gyfle i syllu'n hir ac anadlu'n ddwfn. Mae'r cyfan yma yn disgwyl amdanom. Rywsut, dydy'r byd ddim yn dod at giât y lôn nac at drothwy'r drws yn nhangnefedd Pennard a Southgate.

O faes parcio'r Ymddiriedolaeth Genedlaethol yn Southgate gellir syllu allan ar wyneb môr Hafren. Bu clogwyni Pennard ym meddiant yr Ymddiriedolaeth er 1953, ond mae hen hawliau tir comin yma hefyd. Erbyn hyn, mae'n fan cerdded poblogaidd, ag awel adfywiol o'r môr a chyfle i glywed y don honno sy'n torri bob hyn a hyn, unwaith yn y man. Pilipalod a hadau dant y llew sydd bellach ar lwyfannau'r clogwyni. Dyma lle y deuai Dylan Thomas, 'taking my devils for an airing'.

Yn y gorffennol bu pobloedd amrywiol yn byw yma, a chyfnodau heb ddim trigolion o gwbl oherwydd ymyrraeth y tywod a chwipiwyd gan y gwyntoedd. Daethpwyd o hyd i greiriau o'r Oes Efydd yma. Yn ôl tystiolaeth amgylcheddol, cafwyd symudiadau a newidiadau yn y tywod rhwng y drydedd ganrif ar ddeg a'r bymthegfed ganrif. Yn 1535 apeliodd Harry Hopkin, ficer Pennard, ar i gomisiynwyr y brenin yn Abertawe wneud rhywbeth i leddfu sefyllfa'r tywod oedd yn chwythu ac yn gorchuddio'r tir.

Ym Mhennard heddiw gellir cael blas ar Fro Gŵyr. Yn wir, mae ei nodweddion yn ficrocosm o weddill y penrhyn. Fe'i nodweddir gan dywydd mwynach na gweddill Cymru, sy'n golygu bod blodau gwylltion yn blodeuo'n gynnar yma. Ceir tystiolaeth hefyd fod y fro wedi bod yn encil i leianod cyn belled yn ôl ag 1540 yn Minchin Hole, ac ymhlith olion eraill cafwyd hyd i esgyrn eliffant a rhinoseros hefyd.

Mae'r enw Pennard yn deillio o'r geiriau Cymraeg 'pen' ac 'ardd', sef tir uchel. Yn y gaer bentir ym Mhennard Uchaf daethpwyd o hyd i grochenwaith yn dyddio o'r ganrif gyntaf neu'r ail ganrif OC, sy'n awgrymu fod pobl yn preswylio yma yn ystod cyfnod y Rhufeiniaid ym Mhrydain. Cymysgedd o dir comin, tir amaethu a choedwig a geid yma. Mae i unrhyw ardal forwrol o'r fath ei thraddodiad o smyglwyr hefyd, ac roedd Pwll Du, ym mhen eithaf clogwyn y dwyrain, yn fan cuddiedig, cysgodol ac addas iawn ar gyfer derbyn nwyddau anghyfreithlon. Credir

Ffenestr liw yn
eglwys Pennard

mai cyfeirio at liw dŵr y bae y mae'r enw Pwll Du, a cheir mannau o'r un enw yng Nghernyw ac yn Llydaw. Yn anterth gweithgarwch Pwll Du a chwm Llandeilo Ferwallt, bu 30 o longau'n allforio calchfaen i ogledd Dyfnaint, ac oherwydd y gwaith calch, roedd poblogaeth o oddeutu 200 a phum tafarn yn yr ardal! Parhaodd y gwaith yno tan ddechrau'r ugeinfed ganrif. Bellach, mae'n un o feddiannau mwyaf diarffordd yr Ymddiriedolaeth Genedlaethol ym Mro Gŵyr. Mae un ogof yn yr ardal â'r enw difyr Bacon Hole, oherwydd bod streipiau ocsid coch ar wal yr ogof yn debyg i gig moch.

Mae eglwys bren y Santes Fair yn dyddio o'r drydedd ganrif ar ddeg, ac mae olion eglwys a ffynnon arall wedi eu cysegru i Fair ger castell Pennard – unig olion y pentref gwreiddiol. Mewn llên gwerin leol, ceir traddodiad am wrach y castell – gwrach y rhibyn – a fyddai'n ymddangos petai rhywun yn aros ar y safle dros nos.

Yn yr Oesoedd Canol, bu cysylltiad rhwng y plwyf a mynachdy Sant Taurin o Évreux, Normandi. Yn 1414 daeth o dan oruchwyliaeth y Goron fel 'alien priory'. Yn yr eglwys mae ffenestr liw wedi ei chyflwyno i'r bardd Vernon Watkins (1906–67), bardd o Fro Gŵyr a chyfaill i Dylan Thomas. Roedd o'n byw yn un o'r tai ar glogwyn Pennard i gyfeiriad bae'r Tri Chlogwyn. Bu farw Watkins yn Seattle tra oedd yn chwarae tennis, yn ystod y cyfnod yr oedd yn ddarlithydd gwadd ym Mhrifysgol Washington. Mae'r bardd Harri Webb wedi'i gladdu yn y fynwent hefyd – awdur nifer fawr o gerddi Saesneg am Gymru, a geiriau eiconig 'Colli Iaith', a genir yn iasol gan Heather Jones. Mynwent Pennard yw man gorffwys y bardd Nigel Jenkins yn ogystal.

Canfuwyd olion castell cynnar iawn ym Mhennard, castell a godwyd gan Henry de Beaumont, arglwydd Bro Gŵyr, ym mlynyddoedd cynnar y drydedd ganrif ar ddeg. Lai na chanrif yn ddiweddarach, ailadeiladwyd y castell o galchfaen lleol a thywodfaen coch gan y teulu Braose – Brewys yn nrama Saunders Lewis, *Siwan*. Daeth i feddiant y teulu de Mowbray yn 1321. Tywod oedd gelyn pennaf y castell a'r gymuned a dyfodd am ryw hyd o'i amgylch. Mae chwedl am ddial ar y castell gan y Tylwyth Teg, a gododd gorwyntoedd o dywod oherwydd creulondeb yr arglwydd Normanaidd.

Yn 1931, ger Castell Pennard yr ynganodd Dylan Thomas y geiriau hynny sy'n hwb ac yn ysbrydoliaeth i unrhyw ysgrifennwr: 'They are rejecting me now, but the day will come when the name Dylan Thomas will be echoed from shore to shore. Only I won't be alive to hear it.'

Bellach, gellir prynu'r dyfyniad ar fygiau yng Nghanolfan Dylan Thomas yn Abertawe. Deuai Dylan i'r ardal hon yng nghwmni Vernon Watkins, ac i aros yn y tŷ a gafodd ei enw o'r bae islaw, Heatherslade.

Mae'r traethau'n amrywiol, ac yn ymestyn o'r Tri Chlogwyn a moryd Pennard i Pill yn y gorllewin, ac i Ben Pwll Du yn y dwyrain. Diddorol yw nodi mai 'three Cleaves' oedd yr enw gwreiddiol, yn cyfeirio at dair hollt yn y graig, ac mae hyn yn gwneud llawer mwy o synnwyr na'r tri chlogwyn. Mae ffurfiant y creigiau'n creu cerhyntau peryglus pan fydd y llanw ar droi, a dydy'r bae ddim yn cael ei gymeradwyo i nofwyr.

Ym Mhennard a Southgate, teimlaf yn ddi-ffael fy mod yn cyrraedd man lle nad oes ots am ddim ond môr ac awel a ffresni. Pennard, lle down yn ysgafndroed drachefn. Petawn i'n medru potelu dedwyddwch ymweliad â'r lle hwn, a'i gludo i ganol y byd, buaswn yn ŵr cyfoethog iawn.

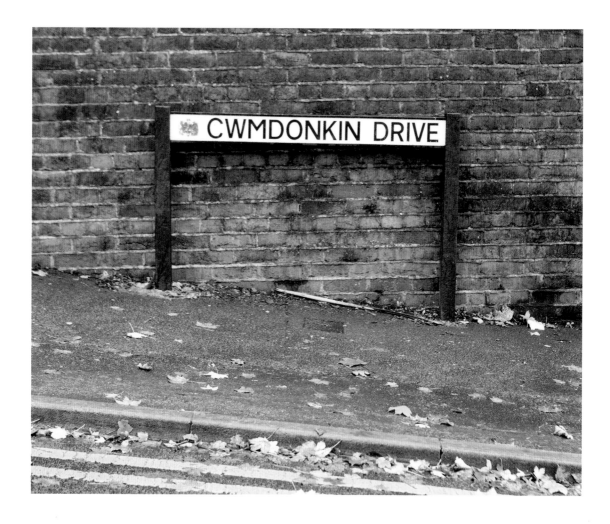

7 Sir y Fflint a Chilgwri

- ✤ Ffynnon Gwenfrewi
- ✤ Abaty Dinas Basing
- ✤ Maen Achwyfan
- ✤ Talacre
- ✤ Ynys Hilbre

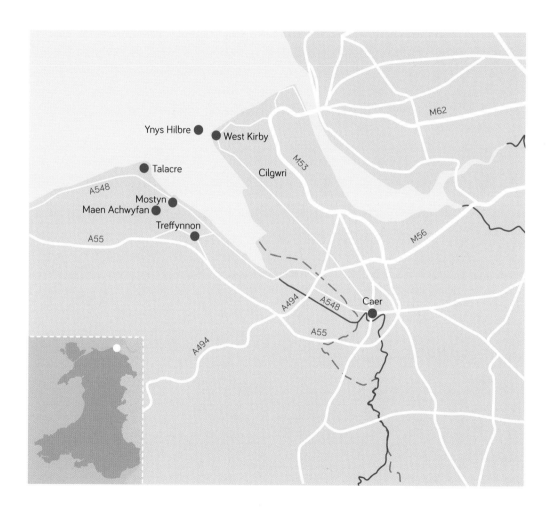

Talacre

Yn dy barhad,
yn dy gadernid
ynghanol anghsondebau ein cyfnod,
Abaty Dinas Basing.

Yn dy adnewyddu,
a'th atgyfnerthu
ynghanol rhagrith ein rhawd,
Abaty Dinas Basing.

Canys yno caf gwrdd â Duw.

('Abaty Dinas Basing')

Ffynnon Gwenfrewi

Dywedodd un sylwebydd yn ffraeth fod ffynhonnau cysegredig
Cymru'n 'well-kept secrets' – un arall o saith rhyfeddod Cymru'r hen
bennill adnabyddus:

Pistyll Rhaeadr and Wrexham steeple,
Snowdon's mountain without its people,
Overton yew trees, St Winefride's Well,
Llangollen bridge and Gresford bells.

Mae'n sylw addas iawn, yn fy marn i, yng nghyswllt Treffynnon yn y
gogledd-ddwyrain. Ar yr arwyddion ffordd i Dreffynnon, gelwir yr
ardal yn 'Lourdes Cymru', a hynny oherwydd Ffynnon Gwenfrewi. Yma
mae'r enwocaf o ffynhonnau iachusol Cymru, a roddodd ei henw i'r dref.
O'r ffynnon y tarddodd yr enw Gwenffrwd hefyd, enw ysgol gynradd
Gymraeg y dref heddiw. Mae'r ffynnon ar y ffordd i lawr o ganol y dref
drwy ddyffryn Maes-glas, i gyfeiriad hen ffordd yr arfordir.

Bellach, medrwch aros yn y St Winifride's Guest House gerllaw'r
ffynnon, sy'n atyniad hynod boblogaidd hyd heddiw. Gall tua 32,000
o ymwelwyr ddod at ei dyfroedd mewn blwyddyn, ac mae'n nodedig

fel ffynnon sy'n mendio ac yn iacháu, yn enwedig afiechydon gwragedd ac anhwylderau'r croen. Hon yw'r gyrchfan bererindod ddi-dor hynaf yng ngwledydd Prydain, a bu pobl yn dod yma ers y seithfed ganrif OC. Er bod ffynnon Lourdes yn enwocach, chododd hi ddim yn ogof Massabielle tan 1858.

Er gwaethaf prysurdeb ffordd Maes-glas, rhaid ildio i'r llonyddwch wrth ei hochr. Mae modd i chi ymdrochi yn ffynnon y dŵr bywiol, a difyr iawn yw gweld dyddiadau o 1794 yn gymysg â graffiti heddiw, yn tystio i iachâd. Wrth i chi nesáu at y ffynnon fe welwch ei bod wedi ei diogelu a'i bod yn dal i fyrlymu. Ceir gweddi yno hefyd, wedi ei chuddio, bron:

> Let the peace of this place surround you, as you sit or
> kneel quietly.
> Let the hurry and worry of your life fall away from you.
> You are God's child. He loves you and cares for you.
> He is here with you now – and always
> Speak to Him slowly and thoughtfully –
> Give yourself time for Him to bring things to mind.

A thrwy ein myfyrdodau oll, mae'r ffynnon yn dal i fyrlymu, diolch byth.

Beth yw sail yr hanes i gyd? Ceir arddangosfa helaeth iawn yn y ganolfan groeso ar y safle. Ni chofnodwyd hanes Gwenfrewi am bum can mlynedd, ac fe'i cadwyd yn fyw gan y traddodiad llafar tan hynny. Ymddengys mai cofnod gan drigolion sefydliad y Santes Werberg yng Nghaer oedd yr un cynharaf. Ganed Gwenfrewi yn Nhreffynnon, Tegeingl, ar ddechrau'r seithfed ganrif, ac roedd ei mam, Gwenlo, yn chwaer i'r enwog Beuno Sant, sylfaenydd mynachlog Clynnog Fawr yn Arfon. Roedd y teulu'n berchen ar dir yn ardal Tegeingl. Addysgwyd Gwenfrewi gan Feuno, a gwelir ôl Beuno ar y gogledd-ddwyrain hefyd, yn cynnwys coleg eglwysig Sant Beuno yn Nhremeirchion.

Yn ôl yr hanes, tra oedd rhieni Gwenfrewi yn dathlu'r Offeren, fe ddaeth Caradog, tywysog Penarlâg, at eu merch, a datgan ei gariad tuag ati. Gwrthododd Gwenfrewi ef, a rhedeg ymaith, ond fe dynnodd Caradog ei gleddyf a'i tharo ar draws ei gwddf. Yn ôl y traddodiad, torrwyd ei phen i ffwrdd. Daeth Beuno i'r adwy o'r gwasanaeth cyfagos, ac fe gyflawnwyd gwyrth o dan ei arweiniad yn yr eglwys. Rhoddodd ben Gwenfrewi yn ôl ar ei chorff, gan adael craith wen o amgylch ei gwddf. Yn ôl cyfrol Peter Finch, *Real Wales*: 'Winefride, with no recollection of the event other than a fine line like a necklace below her chin, became a nun, and lived on for fifteen years more.' Melltithiwyd Caradog, a bu farw.

O'r fan y disgynnodd pen Gwenfrewi y tarddodd ffynnon gref o ddŵr, a hyd heddiw, i'r fan hon y daw pobl i wella clefydau. Roedd llif y dŵr yn ddigon pwerus i weithio 19 o felinau a pheiriannau ffatri yn nyffryn Maes-glas yn anterth y Chwyldro Diwydiannol. Rhaid cofio fod hanes am dorri pen fel hyn yn nodweddiadol o straeon Celtaidd. Sefydlodd Gwenfrewi leiandy yn Nhreffynnon, ond symudodd oddi yno i Wytherin ymhen amser, ac yno y'i claddwyd. Yn ddiweddarach, daeth yr Abad Robert o'r Amwythig i hawlio'i hesgyrn yn 1138, ac fe'u cludwyd i Abaty Amwythig gan fod y galw gan bererinion mor daer. Yn ôl yr hanes, bu ymrafael rhwng yr abad a'r bobl leol, ond llwyddwyd i gadw un crair, sef un o fysedd Gwenfrewi, yn Nhreffynnon. Gweddillion asgwrn y bys hwn sy'n cael eu cusanu yn ystod iachâd yn nŵr y ffynnon hyd heddiw. Roedd cymaint o barch ati nes yr enwyd ffynnon Gwenfrewi yn Maesbury, ger Croesoswallt, hefyd. Yn ôl y traddodiad, gorffwysodd y mynaich oedd yn cludo'i chorff i Amwythig yn Maesbury, ac fe gododd ffynnon yno, fel yn Nhreffynnon. Defnyddiodd Ellis Peters y chwedl hon yn un o storïau'r Brawd Cadfael.

Yn 1240 rhoddodd y Tywysog Dafydd ap Llywelyn y greirfa ac eglwys Treffynnon dan ofal mynachod Dinas Basing. O'r Oesoedd Canol ymlaen, fe fu'r cysylltiad ag Abaty Dinas Basing yng nghantref Tegeingl yn annatod, a'r abaty oedd yn berchen ar yr adeiladau tan 1536. Roedd brenhinoedd Lloegr yn pererindota yma, yn cynnwys Gwilym Goncwerwr ac Edward I. Yn ôl y traddodiad, daeth Harri V yma i ddiolch am ei fuddugoliaeth yn Agincourt. Erbyn 1398, roedd Caergaint wedi cydnabod Dydd Gŵyl Gwenfrewi.

Mae olion gwaith adeiladu dan nawdd Margaret Beaufort yn 1483 yn dal i gysgodi'r ffynnon heddiw, ac o ddiddordeb pensaernïol. Mae'n enghraifft wych o'r arddull berpendicwlar na chafodd ei difrodi yn ystod y rhyfeloedd nac o ganlyniad i newid yn y rhai oedd mewn grym. Noddodd Margaret lawer o eglwysi ysblennydd Sir y Fflint hefyd – yr Wyddgrug a Llaneurgain yn eu plith. Yn ystod cyfnod Elizabeth I daeth Ffynnon Gwenfrewi yn ganolfan Gatholig o bwys yn y gwaith o geisio gwrthsefyll newidiadau crefyddol, ac oherwydd y cysylltiadau teuluol llwyddwyd i'w diogelu rhag cael ei difrodi yn ystod newidiadau pellgyrhaeddol Harri VIII.

Parhaodd pobl i ddod at y ffynnon dros y canrifoedd – yn wir, cafwyd rhai cyfnodau pan fu'r safle'n rhy boblogaidd. Cafwyd cyrchoedd ar dafarndai cyfagos y Cross Keys a'r Star, er ei bod yn anodd credu hyn yn nhawelwch cysegredig heddiw. Gwrthododd y Catholigion godi tŷ mawr i letya pererinion, er i gapeli bychain gael eu darparu yn y tafarndai. Ers y cyfnodau Sioraidd a Fictoriaidd, bu yma gasgliad o faglau pren a adawyd yn dystiolaeth o'r adferiad iechyd a gafwyd. Sychodd dŵr y ffynnon yn 1917 yn dilyn tyllu diwydiannol ym Maes-glas, a bu'n rhaid dargyfeirio dŵr o ffynhonnell arall ar Fynydd Helygain am gyfnod, cyn i'r ffrwd wreiddiol gael ei hadfer. Deil y ffynnon i fyrlymu i'r wyneb ger y ganolfan groeso, ac mae yno lawnt braf lle gellir eistedd a myfyrio ar y llwybr at y ffynnon.

Gellir mynd â photelaid o'r dŵr bywiol oddi yma, a mynd â'r fendith adref gyda chi. Ceir cofnod o stori o 1923 yn yr arddangosfa yn y ganolfan groeso. Daethpwyd â merch flwydd oed o Lerpwl, a fu'n ddall o'i genedigaeth, i gael ei throchi yn y dyfroedd. Pan ddaeth allan, roedd yn dangos diddordeb mawr ym mlows melyn un o'r menywod oedd yn ei gwylio. Canfuwyd wedyn ei bod hi'n gallu gweld ei thad, Mr Williams o Heriot Street, Lerpwl. Mae cymysgedd o ffeithiau a chwedloniaeth, felly, yn amlwg iawn yn hanes y safle – gwelir olion coch mwsogl ar rai o feini'r ffynnon, ac ar lafar gwlad gwaed Gwenfrewi yw'r rhain. Er bod dŵr y ffynnon yn hynod oer, ni fydd byth yn rhewi. Mae llawer yn dod i ymdrochi yn y dyfroedd heddiw, ac yn dal i ganfod cysur yn yr hen safle pererindod hwn, sydd bellach dan ofal Esgobaeth Gatholig Wrecsam. Ceir Sul arbennig o brysur o bererindod ffurfiol bob blwyddyn ar Sul olaf mis Mehefin. Mae'n syniad da i gyrraedd yn blygeiniol, cyn y prysurdeb.

Abaty Dinas Basing

Ger Abaty Dinas Basing mae Clawdd Wat yn dechrau ar ei daith ddeugain milltir i lawr at Swydd Amwythig. I mi, dyma un o'r mannau mwyaf heddychlon i ymweld â nhw. Ar waelod dyffryn Maes-glas mae'r olygfa'n ymagor dros foryd afon Dyfrdwy. Gwnaeth y safle argraff arnaf flynyddoedd yn ôl pan gefais gyfle i gyf-weld pobl am hanes dyffryn Maes-glas. Mae olion yr abaty mewn cornel dawel ac yn em heb ei darganfod gan lawer. Er y datblygwyd rhai cyfleusterau ers fy ymweliad cyntaf, mae'r ymdeimlad o heddwch a llonyddwch yn parhau yma. Gan fod y safle mewn parc cyhoeddus, ar gyfnodau prysur, nid yw wedi ei ddiogelu'n ddigonol, efallai, a byddaf yn dal i feddwl am yr olion arbennig yma fel yr 'abaty anghofiedig'. Mwy o reswm dros fentro yno, ac unwaith yr ewch i gae'r abaty, fe lithrwch i fyd arall.

Olion abaty

Dinas Basing

Fe'i sefydlwyd yma tua 1157, yn dilyn anheddiad cynharach a fu yn yr ardal ers 1132, ac fe bery'n adfail hynod, er i'r mynachod gilio yn 1536 yng nghyfnod diddymu'r abatai ar orchymyn Harri VIII. Ranulf de Gernon oedd Iarll Caer rhwng 1129 ac 1153, ac roedd yn awyddus i adeiladu capel a thŷ ar dir y gororau, oedd wedi gweld sawl brwydr. Cysylltodd â mynachod Savigniac, a oedd hefyd â chysylltiad â mynachlog Castell-nedd, ond fe lyncwyd Dinas Basing yn ddiweddarach gan fudiad y Sistersiaid o Citeaux – y mynachod gwynion. Cysegrwyd yr abaty gwreiddiol gerllaw'r ffrwd fyrlymus o Faes-glas i Fair Forwyn, a'r mynachod oedd y cyntaf i droi potensial diwydiannol y dyfroedd i'w melin eu hunain. Roedd yr abaty'n nodedig am ei groeso a'i letygarwch. Bu'n sefydliad crefyddol, diwylliannol ac economaidd, a chafodd nifer o feirdd nodded yma o dan ofal urdd y Sistersiaid, fel Abaty Tyndyrn. Bu Gutun Owain yn byw, yn gweithio ac yn ysgrifennu yma yn y bymthegfed ganrif, ac ef oedd yn gyfrifol am roi *Llyfr Du Dinas Basing* at ei gilydd. Ymhlith atyniadau'r mynachdy, yn ychwanegol at y rhai crefyddol, roedd yr ystafell gynhesu a'r clafdy. Cafwyd drws arbennig fel y gallai lleygwyr fod yn rhan o ddigwyddiadau'r eglwys. Ychydig iawn o ymgomio a ganiateid gan yr urdd hon, ac efallai fod hyn yn ychwanegu at dangnefedd gogoneddus y safle, am fod canolbwyntio ar Dduw wedi digwydd yma cyhyd.

Roedd gan yr abaty fuddsoddiadau, ond roedd ganddo hefyd incwm sefydlog oherwydd cysondeb nifer yr ymwelwyr â Ffynnon Gwenfrewi. Un o'r enwocaf oedd Gerallt Gymro yn 1188. Ar ei anterth, roedd to plwm a ffenestri lliw addurnedig yn yr abaty. Un o'r rhain oedd y ffenestr Jesse enwog sydd bellach yn Llanrhaeadr, Dyffryn Clwyd. Roedd y mynaich yn hunangynhaliol ac yn llym eu buchedd, yn debycach eu ffyrdd i'r eglwysi Cymreig cynnar nag i'r Normaniaid. I'r drydedd ganrif ar ddeg y mae'r rhan fwyaf o'r adeiladau presennol yn perthyn, yn dilyn goresgyniad cantref y Berfeddwlad.

Doedd yr abaty hwn ddim mewn lle mor ddiarffordd bryd hynny, er ei fod mewn lleoliad heddychlon, braf. Roedd llawer o abatai wedi eu hadeiladu ar ffurf croes, ac roedd patrwm tebyg i nifer ohonynt i hwyluso newid abad. Cafwyd teyrngarwch i Loegr yma oherwydd ei agosrwydd at Gastell y Fflint, ond rhaid nodi fod yma ddiwylliant Cymreig hefyd. Fel yn achos Glyn-y-groes, Llangollen, cafwyd traddodiad o ganu cywyddau i'r abad, megis cywydd Gutun Owain i'r abad Cymreig cyntaf ar ol 1282, Tomos ap Dafydd Pennant. Roedd Thomas Pennant (1726–98), y naturiaethwr a'r teithiwr o Chwitffordd, yn ddisgynnydd iddo. Thomas ap Dafydd Thomas oedd yr abad olaf ond un cyn i abaty Dinas Basing gael ei ddiddymu.

Bu coron Lloegr yn bresenoldeb yma hefyd – roedd un o'r mynachod yn gaplan Castell y Fflint yng nghyfnod Edward I. Yn 1246, ar orchymyn Harri III, aeth yr abad Simon ag Isabella, gweddw'r Tywysog Dafydd, o Gastell Dyserth i leiandy yn Godstow, Swydd Rhydychen. Dywedir i Edward I dalu iawndal i'r abaty oherwydd y difrod a wnaed iddo yn ystod y rhyfeloedd. Ymgyfoethogodd yr abaty yn sgil ei felinau, ei byllau a'i stadau. Elwodd o diroedd oedd yn gysylltiedig â thywysogion Cymru a choron Lloegr, megis Llyn Tegid ym Mhenllyn, a thir yn Glossop ac yn ardal West Kirby ar Gilgwri, neu'r Wirral. Gwerthid gwlân defaid mynachod Dinas Basing ym marchnadoedd Fflandrys a Fflorens. Pan ddatgorfforwyd y fynachlog yn 1537, aeth plwm o'r to i eglwys Holt, ger Wrecsam, a gwydr cain i Lanasa, Dyserth a Gallt Melyd. Yr abad olaf oedd trydydd mab Thomas Pennant, sef Nicolas.

Wedi diddymu mynachlog Dinas Basing, yn ffodus, fe ddaeth yr abaty, er iddo gael ei ysbeilio, i feddiant teulu o Dalacre gerllaw, sef y teulu Mostyn. Serch hynny, fe aeth to pren y côr i eglwys St Mary's on the Hill yng Nghaer. Atgyweiriwyd rhan o'r abaty, a bu'r teulu Mostyn yn byw ynddo tan ddiwedd yr ail ganrif ar bymtheg. Mae bellach dan reolaeth Cadw. Yn ystod y Chwyldro Diwydiannol, ysbeiliwyd y safle am gerrig a deunyddiau eraill.

Erys olion y cabidyldy a'r glwysty heddiw. Gwelir hefyd le tân anferth, a adeiladwyd yng nghyfnod croesawgar Thomas ap Dafydd Pennant. Byddai'n rhaid cael dau eisteddiad ar gyfer prydau bwyd pan oedd y lle yn ei anterth, ac fe rennid gwinoedd o Aragon, Sbaen a Llydaw ymhlith y gwesteion. Yn ystod eich taith, os hoffech rywbeth i'w fwyta a'i yfed, mae lluniaeth o ansawdd safonol yn The Green Pea Cafe gerllaw'r abaty. Gellir dweud bod harddwch gwaelod dyffryn Maes-glas wedi ei adennill yn ôl o hagrwch diwydiant yn ein dyddiau ni, ac mae'n fan o dawelwch cuddiedig heddiw, heb ormod o ymwelwyr ar unrhyw adeg.

Maen Achwyfan

Daw pum ffordd at ei gilydd ym Mhen-yr-allt, ger Maen Achwyfan, uwchlaw moryd afon Dyfrdwy. Troi i fyny o hen ffordd yr arfordir ym mhentref Llannerch-y-môr yw'r ffordd fwyaf cyfleus o gyrraedd yno. Dewch at y gyffordd ymhen tipyn, ac yn y cae gerllaw y lleolir y maen.

Teimlir egni arbennig wrth hen Faen Achwyfan, a hoffaf y syniad o bererinion yr oesoedd yn dod yma efo'u doluriau i gael iachâd, os derbyniwn ystyr yr enw fel 'Stone of Lamentation'. Ni ellir bod yn gwbl sicr o hyn, er gwaethaf taerineb Thomas Pennant fod y maen yn rhan o 'benyd' yn gysylltiedig ag Abaty Dinas Basing. Yn aml, byddai penyd yn cael ei gyflawni o flaen pileri sanctaidd fel hyn. Serch hynny, roedd y maen yno cyn yr abaty. Cred rhai ei fod yn dynodi brwydr arbennig, a dywed eraill fod olion llawer o esgyrn gerllaw, a fyddai hefyd yn awgrymu brwydr.

Mae rhai yn ei ddyddio tua'r flwyddyn 1000 OC, a chredir i'r bobl a'i lluniodd gael eu dylanwadu gan y traddodiad Llychlynnaidd. Efallai i'r crefftwr gael ei hyfforddi yn yr Hen Ogledd. Byddai hynny hefyd yn cadarnhau'r teimladau cryf mai croes Geltaidd sydd yma. Dyma'r groes-olwyn dalaf ym Mhrydain gyfan, ac mae'n hyfryd o addurnedig. Ceir delweddau Cristnogol a phaganaidd ar y groes – dyn, ci, asyn a sarff – ac yna'r plethwaith nodweddiadol Geltaidd ar ffurf rhubanau. Hefyd, gwelir cwlwm tragwyddoldeb yn amlwg ar y gwaith, sydd wedi ei gadw'n rhyfeddol o dda er gwaethaf tywydd y canrifoedd.

Mae tystiolaeth o'r bedwaredd ganrif ar ddeg yn ei gysylltu â Sant Cwyfan, efallai, a sillafiad Maen y Cwyvan a Maen Chwyfan. Dyna sant eglwys y plwyf ym mhentref Dyserth, tua chwe milltir i ffwrdd. Pan feddyliaf am Cwyfan, mae'r ddelwedd o'r eglwys ger y môr ym Môn yn dod i'r meddwl yn glir.

Mae'r maen mewn lleoliad arbennig; mae'n dangos un ochr yng ngolau'r bore a'r ochr arall yn derbyn gwynt y gorllewin yn y nos. Mae'n ddeuddeg troedfedd o uchder, ac mae'r patrymwaith Celtaidd hynod arno mewn pedair adran – y sarff, y patrymwaith, y clymau a'r cadwynau, a'r groes ar y pen. Teimlaf mai dyma'r gofeb garreg hynotaf yng ngogledd Cymru, ond prin fod unrhyw un yn gwybod amdani. Fe'i disgrifiwyd gan Dr V. E. Nash-Williams fel 'monolithic slab-cross'. Yn ddiddorol iawn, erbyn y ddeuddegfed ganrif roedd mynachod Abaty Dinas Basing wedi adeiladu capel i'r de o'r safle, sydd bellach wedi ei droi'n ddau dŷ. Ceir awgrym cryf o gysylltiad rhwng y capel hwn a'r maen, felly.

Talacre

Perl o draeth cuddiedig yw twyni Gronant a Thalacre, er eu bod o fewn tafliad carreg i Brestatyn i'r gorllewin a moryd afon Dyfrdwy i'r

Maen Achwyfan
(y tudalennau
blaenorol)

dwyrain. Mae gweld ffigurau'r hwyr yn cerdded ar draeth Talacre fel bod yn dyst i gameo o ffigurau drama'r Geni yn erbyn machlud gaeaf.

Mae ardal y foryd yn warchodfa natur bwysig, a daw nifer fawr o adar o Begwn y Gogledd yma i lochesu dros y gaeaf. Mae'r Gymdeithas Frenhinol er Gwarchod Adar yn rhestru moryd afon Dyfrdwy ymysg y o safleoedd safle pwysicaf yng ngwledydd Prydain i rywogaethau adar dŵr. Ar un adeg, arferai'r twyni tywod glymu moryd Dyfrdwy a moryd afon Clwyd yn y Rhyl. Mae'r twyni yn un o'r ychydig fannau lle gellir gweld y bilidowcar ymhlith bywyd gwyllt y trychfilod a'r planhigion.

Daeth diwydiant pwll glo'r Parlwr Du i'r ardal yn 1865 a pharhau hyd 1996, a deuai 75 o ferlod â'r glo i'r wyneb ar un adeg. Roedd bywoliaeth llawer yn Sir y Fflint ynghlwm â'r pwll. O'r cyd-destun hwn y naddwyd cynnyrch llenyddol y Prifardd Einion Evans, a'i atgofion am gymdeithas glòs, Gymreig y fro. Hwn oedd y pwll olaf i gau yn y gogledd-ddwyrain, ond mae ynni yn dal yn ffactor yn yr ardal, a nwy o wely'r môr yn cael ei gasglu a'i buro yma, ac er 2003 gwelir fferm wynt yn y môr.

Bu Talacre a phentref Mostyn yn gartref i'r teulu Mostyn. Dywediad a darddodd o'r ardal yw'r wireb, 'Mae meistr ar mistar Mostyn'. Roedd dwy gangen i'r teulu yn olrhain eu hachau i Thomas a Piers Mostyn. Fel Catholigion triw, bu teulu Mostyn Talacre yn flaenllaw yn y gwaith o gadw Ffynnon Gwenfrewi fel man o bererindod. Agorwyd ysgol Gatholig gan y teulu ar stad Talacre yn 1859, ond fe gaeodd ar ôl yr Ail Ryfel Byd. Bu Emlyn Williams, y dramodydd, yn ddisgybl yno.

Daeth y cysylltiad â'r teulu Mostyn i ben yn 1917, ac fe werthwyd y tir, yn cynnwys safle glofa'r Parlwr Du. Symudodd 25 o leianod Benedictaidd i hen Neuadd Talacre, a dyna pryd y newidiodd ei henw i Abaty Talacre.

Mae cysylltiad agos rhwng trigolion Lerpwl a Thalacre, a hwythau'n treulio gwyliau'r haf yno'n aml erstalwm. Rydw i wedi clywed sawl hanesyn difyr am droeon trwstan hafau plentyndod pobl y ddinas. Roedd pobl Lerpwl yn falch iawn o nodded yma mewn cytiau pren faciwîs adeg yr Ail Ryfel Byd hefyd. Felly, pan ymwelais â'r traeth ar foryd afon Dyfrdwy, cefais fy syfrdanu, gan nad ydy o'n ddim byd tebyg i'r hyn roeddwn yn ei ddisgwyl. Delwedd ddiwydiannol sydd gan yr ardal, ond mae'r traeth hwn yn em gudd. Saif Ffynnongroyw ar y llethrau'r tu ôl iddo, a hen ffordd yr arfordir, sy'n ddiarffordd ac yn brysur yr un pryd erbyn hyn. Bellach ceir Llwybr y Pererinion ar hyd y glannau hefyd.

Disgrifiwyd pentref Talacre gan Dewi Roberts yn ei lyfr *The Old*

Villages of Denbighshire and Flintshire fel 'a highly commercialised, Spanish-style holiday centre, of rather fragile-looking bungalows, caravans, cafés and bars'. Ond ewch y tu hwnt i'r tŷ ar y tywod at gyfrinach y twyni a'r traeth. Mae maes parcio ym mhen draw'r unig lôn gul drwy'r pentref, a llwybr difyr yn arwain drwy'r twyni. Ond daw'r gwir ddatguddiad pan groeswch y twyni eu hunain a chanfod ehangder o draeth euraid heb fawr neb arno, goleuadau Lerpwl ar y dde, a golygfeydd cyn belled â'r Gogarth Fawr a thu hwnt ar y chwith.

Yn goron ar y traeth annisgwyl mae'r goleudy a adeiladwyd yn 1819 i gymryd lle un cynharach o'r flwyddyn 1777, a oedd yn dibynnu ar olau canhwyllau wedi ei adlewyrchu mewn drych. Tywys cychod drwy'r dyfroedd peryglus oedd y nod, hyd at borthladdoedd Mostyn, Cei Conna a'r Fferi Isaf, a bu goleulong arbennig yn gwneud hyn hefyd.

Mae'r goleudy eiconig yn 99 troedfedd o uchder, a gwelir ei olau tua ugain milltir i ffwrdd. Yn ei ddydd, bu'r adeilad yn fan gwylio adeg y rhyfel, ac yn dŷ haf hefyd. Bu'n breswylfa breifat o 1988 tan 2007, pan ddaeth yn oriel gelfyddydol. Dywed rhai fod ysbryd un o gyn-geidwaid y goleudy'n dal i fyw yma, ac ymgais i'w ddehongli fu'r gwaith celf. Safai gorsaf bad achub yma ar un adeg hefyd, ac fe arbedwyd cannoedd o fywydau gan ei chriw.

Ynys Hilbre

Cofiaf sylwi ar hyfrydwch yr olygfa dros dwyni Talacre a goleudy'r foryd tuag at West Kirby ac Ynys Hilbre ar benrhyn Cilgwri pan oeddwn yn cynnal gweithdy ysgrifennu yn Ysgol Mornant Picton, Ffynnongroyw. Mae aber afon Dyfrdwy yn llawer lletach nag aber afon Merswy, yn bum milltir o'r Parlwr Du i'r Red Rocks ar Ynys Hilbre. O graffu ar yr olygfa, daw ysfa gref i groesi'r tywod i'r ynys. Mae cysylltiadau difyr iawn rhwng Hilbre a Chymru.

Cychwynnwn y daith gerdded i Hilbre yn West Kirby, lle'r aeth cynifer o ferched Cymru ar un adeg i 'le' fel morynion yn y tai, a lle tyfodd y capeli Cymraeg, a diwylliant wedi ei lapio amdanynt. Cofiaf glywed sôn am y merched oedd yn hiraethu am y wlad dros y dŵr yn Ffynnongroyw. Cyn teithio i'r ynys, rhaid bod yn siŵr o'r llanw, ac mae cyfarwyddyd i'w gael ar y promenâd.

Pan fyddwn yn crwydro traeth y Bermo yn blentyn, teimlwn fod llygad Duw arna i o hyd. Teimlad tebyg sydd wrth groesi'r tywod i Ynys Hilbre – y teimlad fod rhywun yn eich gwylio oddi fry ar eich taith.

A bod yn fanwl gywir, tair ynys ydy Hilbre, ac mae tir amaethyddol derbyniol iawn arnynt. Ar un adeg roedd porthladd yn Hilbre ac yn 'Hoyle Lake' (Hoylake heddiw). Un rhan o wyth o'r ynys wreiddiol sydd ar ôl, ac ar fap Edward Llwyd o 1569 mae Hilbre yn dal i fod yn rhan o'r tir mawr. Sonnir yn Llyfr Domesday am ddwy eglwys West Kirby – y naill yn y dref a'r llall ar Ynys Hilbre.

Dim ond ar lanw uchel y mae'n ynys yng ngwir ystyr y gair. Hanner milltir o draeth sydd rhwng West Kirby ar y tir mawr a'r ynys leiaf. Ond rhaid i ninnau fod yn ymwybodol o lanw a thrai wrth fynd yno hefyd, rhag i ni gael ein dal. Mae'r tywod yn llawn o lyngyr y traeth, a'r brain coesgoch a phiod y môr yn barod am helfa ar lanw isel. Dyma gynefin y gylfinir hefyd, ac mae aber afon Dyfrdwy yn un pwysig i adar Prydain. Ar lanw uchel, daw'r adar am ysbaid ar yr ynys ei hun cyn y bwydo nesaf, a chlywir eu cwynfan yn yr aber. Bryd hynny, gwelir pibydd y traeth porffor yn llochesu yno. Daw'r morloi llwyd hefyd yn fynych i Hilbre; yna, ar drai, gwelir byd o byllau dŵr. Ar yr ynys, mae lafant prin yn tyfu.

Ar ôl i mi groesi tua hanner ffordd, er bod cyd-fforddolion yn teithio efo fi, fe deimlwn fy mod yn llifo i'r dimensiwn arall hwnnw sydd ynghlwm wrth fannau fel hyn, a bod gorwelion eraill yn dechrau cymell – aberoedd byd lle mae'r afon yn cwrdd â'r heli. Mae'n braf tynnu'r sanau a'r sgidiau a mynd i badlo yn y pyllau a'r dŵr bas. Bellach, ceir golygfa banoramig heibio i'r Parlwr Du at y Gogarth, y fferm wynt o'n blaenau, a golygfeydd i gyfeiriad Caerhirfryn hefyd. Fe geir y syniad o ehangder mawr i bob cyfeiriad, a seiniau glan y môr yn suddo i'r pellter. Hyd yn oed yng nghanol haf braf, fe gewch lonyddwch a heddwch yma. Cyn hir, mae'r tywod meddal yn ildio i'r tywod cadarnach ar dair rhan yr ynys. Does dim prysurdeb i'n gyrru oddi yma, a daw cyfle i ymlacio nes i'r llanw droi.

O dywodfaen coch-felyn y lluniwyd Hilbre, ond mae'n graig feddal sydd yn erydu yn wyneb cerrynt llanw a thrai. Dim ond warden sydd yn byw yno'n rheolaidd bellach, ond mae yno gyfoeth o adar gwyllt. Bu'n fangre o bererindod ar hyd y blynyddoedd. Credir mai cywasgiad o Hildeburga neu Hildeburgh yw Hilbre, sef enw'r santes a breswyliai yno tua 650 OC. Sefydlwyd creirfa ar yr ynys i'w chyd-oeswraig, y Santes Werburgh o Gaer. Roedd yn fan o encil yn 905 OC. Credir i'r greirfa gael ei dinistrio gan y Sacsoniaid, gan fod mynaich urdd Bened yno, ac yna gan y Normaniaid. Yna, fe'i hadferwyd dan ddylanwad mynaich glwysty Caer. Bu capel wedi ei gysegru i'r Forwyn Fair yma o 1081 ymlaen, a deuai pererinion o bell ac agos, rhai ar eu ffordd i Ffynnon Gwenfrewi, yn sicr. Gelwir y traeth yn lleol yn Constable Sands, ar ôl y barwn William FitzNigel de Halton, cwnstabl i Richard d'Avranches, iarll Caer o tua 1107–21. Yn ôl y chwedl, ymosododd y Cymry lleol ar eu mintai, ac ymbiliodd y cwnstabl ar y Santes Werburgh am gymorth. Rhannwyd y tywod o'i flaen fel y Môr Coch gynt, a chawsant ddianc yn ddiogel. Datblygodd Hilbre yn borth i fasnach Caer am dros 1,700 o flynyddoedd, a daeth cychod Caer yn un o nodweddion y lle.

Yn amgueddfa Grosvenor yng Nghaer mae rhan o Groes Hilbre yn cael ei harddangos. Fe'i darganfuwyd yn 1853 ar safle'r hen gapel yno, ac nid yw'r patrymwaith arni'n annhebyg i hwnnw sydd ar Faen Achwyfan. Yn dilyn diddymu'r mynachlogydd, fe aeth Hilbre i feddiant deoniaeth Cadeirlan Caer. Ceir hanes merch o Hilbre a briododd uchelwr o Gymro – Llywelyn Fawr, yn ôl rhai – ond bu farw'r ferch cyn cyrraedd glannau Cymru, a daethpwyd o hyd iddi yn y Lady Cave. Dywed rhai nad oedd hi eisiau priodas wedi ei threfnu, a dywed eraill iddi farw o dorcalon a disgyn i'r dŵr.

Dechreuwyd cludo halen enwog Northwich i'r ynys yn 1670. Adeiladwyd wyth safle arni i brosesu halen gronynnog yn anterth y diwydiant. Ceisiwyd sefydlu diwydiant wystrys yma hefyd. Yn 1813 nodwyd bod yma un dafarn a llawer ysgyfarnog, a digon o nwyddau wedi eu smyglo. Ceir hefyd chwedloniaeth am anghenfil o'r môr – yr 'Hoylake monster' – a ymddangosodd am naw niwrnod yn 1948. Prynwyd yr ynys gan ddociau Merswy, Lerpwl, a Bwrdd yr Harbwr yn 1856, ac yna daethant i feddiant Cyngor Dinesig Hoylake.

Mae llyfr Lewis Jones (Ynyswr), *Atgofion Ynyswr*, yn berl bychan a gyhoeddwyd gan Wasg y Brython ar ddiwedd gyrfa Lewis Jones yn 1939. O Gemaes, Ynys Môn, y deuai, ac yno y dychwelodd i ymddeol. Yn y llyfr mae'n adrodd sawl hanesyn, tro trwstan a gwersi a ddysgodd gan fyd natur gynhenid Ynys Hibre – ei llanw, ei niwl, ei thymhorau. Soniodd Lewis, a oedd yn swyddog yn Eisteddfod Penbedw 1917, am fod yn 'telegraph keeper' ar yr ynys, a bu ef a'i deulu'n byw yno am 35 o flynyddoedd. Yn ôl y deyrnged a roddwyd i Mrs Lewis Jones pan fu farw yn 1935, 'Yr oeddynt yn adnabyddus i lawer o bobl amlwg a chyhoeddus Glannau Merswy. Yr oeddynt yn ddihareb am eu croeso a'u caredigrwydd i bawb a groesai eu rhiniog.'

Bu'r diwygiwr Evan Roberts ar ymweliad â Hilbre efo Lewis Jones yn anterth y Diwygiad. Hynod ddifyr yw hanes y diwrnod hwnnw. Roedd meddyg Lewis Jones yn West Kirby – Dr McAfee – yn awyddus i wrando ar Evan Roberts yn Lerpwl. Fe aeth y ddau i'r cyfarfod, a gwelodd y meddyg yn syth o osgo corff y diwygiwr fod ei iechyd ar fin torri. Drannoeth, daeth gweinidog Princes Road, y Parch. John Williams, ag Evan Roberts i gyfarfod â Lewis a Dr McAfee. Fe aeth Evan a Dr McAfee yn un car a cheffyl a John Williams a Lewis yn y llall, dros y tywod i Hilbre. Wedi iddynt dreulio ychydig oriau ar yr ynys, roedd yn rhaid dychwelyd ar gyfer gwasanaeth pwysig y noson honno yn Lerpwl. Hyd yn oed yn y dyddiau hynny, roedd 'spin' ar y storïau – yn ôl y *Liverpool Echo* y noson honno, cael a chael oedd hi i'r diwygiwr gyrraedd o gwbl! Fel y noda Ynyswr yn ei lyfr, 'Dywedid i'r march wylltio, dryllio'r cerbyd yn deilchion, a thaflu'r Diwygiwr a minnau allan.'

Ar y tir mawr yr oedd bywyd crefyddol Lewis Jones a'i deulu, ac yn y cyfnod hwnnw fe fu'n rhaid cau ynys Hilbre ar y Sul, i bob pwrpas. Bu'n mynychu ysgol Sul Gymraeg yn Hoylake, ac fe gododd yr awydd am Achos Cymraeg yn West Kirby. Bu Lewis yn allweddol i lwyddiant y capel. Gall yr olygfa edrych yn baradwysaidd heddychlon tua'r ynys ar ddiwrnod braf, ond rhybuddia Lewis: 'Gwelais hyrddio mwy nag un criw cyfan i ddyfrllyd fedd, heb olwg am waredigaeth mewn pryd o unrhyw gyfeiriad, gan mor sydyn y dryllid eu llongau gan donnau dinistriol, pan deflid hwy ar y banciau tywod yng ngenau Dyfrdwy a Merswy.'

Dyma ran o'r gerdd a gyfansoddodd Lewis Jones pan adawodd Hilbre am y tro olaf:

> Ynys Hilbre, ger Cilgwri,
> Yno bûm flynyddoedd maith;
> Trist yw 'nghalon wrth ei gadael,
>   A fy ngrudd gan ddagrau'n llaith;
> Ar ei chreigiau mynych syllais
>   Ar brydferthwch Gwalia Wen,
> Dychwel iddi a chwenychais
>   Cyn i'm heinioes ddod i ben.
>
> Ffarwél bellach, Ynys hoffus,
>   Ffarwél i'r caethiwed maith;
> Ffarwél i'r treialon enbyd
>   A gyfarfûm lawer gwaith;

Croesi'r traeth drwy niwl y gaeaf,
    Colli'r ffordd mewn nos ddi-wawr;
Ond dan adain Duw, dihangol
    Fu fy einioes hyd yn awr.

Wrth i mi ddychwelyd at y tir mawr yn yr haf, daw West Kirby yn araf deg i ffocws eto, a thanbeidrwydd yr haul bellach wedi ildio i awel dyner. Cyrraedd yn ôl i'r tir mawr, ond fel troad y llanw, bydd pererinion eraill yn cyrchu'r ynys fore trannoeth.

Ynys Hilbre yn y pellter

8 Llandudno

✛ Trwyn y Fuwch   ✛ Y dref
✛ Y Gogarth Fawr

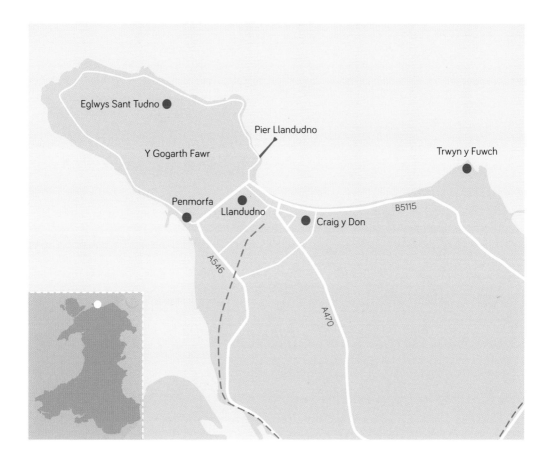

Penmorfa

Neidr yn A55 yn fwclis y tu ôl iddynt,
bydd raid wynebu'r daith yn ôl cyn hir.
Elyrch tawel Penmorfa ym mrath lloer olau Tachwedd
yn cadw fy nghyfrinach.

('Elyrch Penmorfa cyn y Nadolig')

Lonydd hwylus, trefnus a llydan sy'n denu llawer o bobl i Landudno – tref lle mae lliwiau pastel y gwestai yn gwrthgyferbynnu â gerwinder oesol y graig. Mae neidr yr A55 gerllaw, a fferm wynt bellach fel breuddwyd ar y gorwel. Ond yn y dref ei hun mae 'na rywbeth am y strydoedd eang sy'n tawelu'r meddwl fel hen gysur, hen gymesuredd. Fel arfer, bydd rhywun yn gweiddi Cymraeg i ffôn symudol ar gorneli Stryd Mostyn, ac fel arfer, mae'n rhywun y byddwch yn ei nabod.

Cynlluniwyd y dref yn gelfydd ar gynllun grid, i gyfateb i swae'r bae yn hen gwmwd y Creuddyn. Roedd cynllunwyr y strydoedd hyn yn gwybod am werth haul a chysgod wrth leoli'r strydoedd. Nid oedd yr adeiladau'n cael bod yn uwch na lled y strydoedd, a dyna sy'n rhoi'r teimlad braf i strydoedd Llandudno hyd heddiw. Dyma'r gyrchfan wyliau ysblennydd a fwriadwyd yn borthladd rhwng y Gogarth (Great Orme, a Phen y Gogarth weithiau) a'r Gogarth Fach (Little Orme, a elwir yn Trwyn y Fuwch, Trwyn y Gogarth a Rhiwledyn hefyd), ond a aeth i gyfeiriad gwahanol wedi dyfodiad y rheilffordd.

Tywynna haul swil ar gaeau Bodafon, a'r gwylanod a'r adar môr yn cynnal eu cymanfa gyffredinol ger yr hen Bwllygwichiaid, cartref Hugh Hughes, yr arlunydd ac awdur *Beauties of Cambria*, a safle ysgol Sul gyntaf yr ardal. Safai Pwllygwichiaid ar gyffordd Stryd Mostyn a Rhodfa Gloddaeth (y Ffos Fawr). Adeiladwyd Rhodfa Gloddaeth yn uwch na'r tir amaethyddol a oedd o'i amgylch yn wreiddiol. Treuliais innau ran o 'mhlentyndod yn Llandudno, ac mae'n syndod i mi fod cynifer o bobl y gogledd-ddwyrain yn ymweld â'r dre, yn aros yn y gwestai, a hyd yn oed yn ymddeol i'w fflatiau yng Nghastell Bodlondeb. Mae apêl Llandudno fel magnet, ac mae arwyddair y dref – 'Hardd, Hafan, Hedd' – yn un hynod addas. Ond fel efo'r rhan fwyaf o leoedd, rhaid crafu ychydig o dan yr wyneb i gael y stori gyfan.

O hanes preswylwyr yr ogof ar y Gogarth yn Oes y Cerrig a mwynwyr yr Oes Efydd, hyd at drawsnewid y morfa neu'r 'Cyttir' yn 'Frenhines yr Ymdrochleoedd', mae digon i'n cyfareddu yn stori Llandudno. Er 1886 bu cloddio helaeth yn Ogof Kendrick ar y Gogarth, a cheir tystiolaeth yno o Oes y Cerrig a'r cyfnod Neolithig. Daethpwyd o hyd i offrwm metel i un o'r duwiau sy'n dyddio o'r cyfnod Celtaidd – i'r dduwies Epona, mae'n debyg, sef ceffyl.

Tref o wrthgyferbyniadau yw Llandudno – capel Cymraeg unedig sy'n edrych fel mosg ar Arvon Avenue; trwch y boblogaeth na ŵyr ddim am yr enwau Cymraeg cynhenid erbyn hyn. Mae Llandudno'r haf yn gymysgedd o '(You Make Me Feel Like) A Natural Woman' a 'Mor Fawr Wyt Ti' – y naill mewn clwb nos a'r llall mewn cenhadaeth ar y traeth.

Dwi wedi syllu ar y Gogarth ym mhob tymor, ac mewn amrywiaeth o oleuni a thywyllwch, ac mae'n wahanol bob tro. Mae rhywle neu rywbeth newydd yn cael ei ddatguddio o hyd – llethrau'r Fach, neu Happy Valley, yn llewych y machlud; y cerddwyr hwyrol yn fwy eglur ar y grib, neu'r plant ar gorneli'r haf yn mwynhau noson hwyr allan. Rydw i wrth fy modd â hud yr enwau lleol – Lloches yr Afr, Ogof Pant y Wennol, cromlech Llety'r Filiast, Ffynnon Galchog, Ffynnon Llygaid, Pen-trwyn, Pen y Graith, Clawdd y Gored, Porth yr Helyg, Mainc y Stiwardiaid a Maes y Facrell, lle'r arferid sychu mecryll i'w cadw. Yna, Tŷ'n y Ffridd, ger safle Venue Cymru, y ganolfan theatr a chynhadledd hylaw. Hefyd, ger Craig y Don, mae ffordd hynafol yn arwain at Ffynnon Sadwrn. Roedd Sadwrn yn frawd i Illtud Sant, ac mae'n rhan o hanes Santes Gwenfrewi a'i ffynnon.

Trwyn y Fuwch

Mae ardal Trwyn y Fuwch a Bae Penrhyn yn gyforiog o atgofion plentyndod am fy mam. Ein cartref teuluol oedd Awelfryn, Ffordd Llanrhos, Bae Penrhyn, yn wynebu afon Ganol a Llandrillo. Dydy'r ardal ddim wedi newid llawer. Fe gollon ni Mam yn ifanc, a chofiaf ei hyfrydwch yn ei hanterth yn y cyfnod hwn. Rydw i wastad yn ei chofio'n gwneud i mi sylwi ar y môr yn y darn hwnnw cyn i'r promenâd ddechrau; mae'n ddigyfnewid, fel hiraeth a galar am anwyliaid. Byddai hi'n tynnu fy sylw ato wrth iddi fy hebrwng i ysgol Morfa Rhianedd yn y bore. Hyd yn oed i mi fel oedolyn, mae'r promenâd yn lle chwerw-felys yn ei harddwch poblog. Ar Riwledyn fe geir enwau hyfryd fel Porth Dyniewaid, a Simdde Hir, ac mae hen ramant yn ei hanes, yn enwedig yn yr ogofâu sy'n frith yn yr ardal.

Mae'r gyfrol gyntaf i gael ei chyhoeddi yng Nghymru yn gysylltiedig ag ogof ar Drwyn y Fuwch ac â nodded teulu Robert Puw o Hen Neuadd Penrhyn. Erys olion y plasty, a adeiladwyd yng nghyfnod Elizabeth I, ar y safle heddiw. Robert Puw a baratôdd bopeth ar gyfer y wasg, a mynd ag offer argraffu, inc a phapur mewn cwch i'r ogof benodedig. William Davies o'r Groes yn Eirias oedd yn gyfrifol am gyhoeddi'r pamffledi o blaid Catholigiaeth, a'r llyfr *Y Drych Cristnogawl* (1586-87) gyda rhagair gan Gruffydd Robert. Cafodd William Davies ei gosbi am ei fenter anghyfreithlon, a'i ddienyddio yn 1593 yng nghastell Biwmares. Enwyd un o ysgolion Llandudno ar ei ôl, ac fe'i cyhoeddwyd yn ferthyr gan yr Eglwys Gatholig. Bu tynged yn garedicach tuag at deulu'r Puwiaid oherwydd eu cysylltiad â'r ynad lleol, Thomas Mostyn, a llwyddodd y teulu i ddianc cyn i'r ogof gael ei harchwilio. Bu Robert Puw yn alltud yn Lloegr am gyfnod, ond dychwelodd pan oedd yn hen ŵr.

Dywedir y bu twnnel yn rhedeg o Hen Neuadd Penrhyn i Drwyn y Fuwch ar un adeg. Gelwid ogof arall yn 'Tŷ yn y graig', ac fe geid twll y tu ôl i'r plasty o'r enw 'Twll arfau can' o wŷr', a awgrymai y bu gwrthdaro gwirioneddol rhwng Protestaniaid a Chatholigion. Mae'n debyg fod y Catholigion wedi defnyddio mwy nag un ogof ar lethrau Rhiwledyn, ac mai yn yr un fwyaf y sefydlwyd y wasg argraffu.

Roedd chwarel galchfaen ar Drwyn y Fuwch erstalwm. Pan oedd y chwarel yn datblygu yn nwylo'r teulu Mostyn, fe wnaed yn siŵr na fyddai'n amharu ar apêl Llandudno i drigolion ac ymwelwyr fel ei gilydd. Roedd pryder y byddai gwerth rhent eu heiddo yn Llandudno'n gostwng os byddai'r mwg yn weladwy, hyd yn oed. Yn ystod yr Ail Ryfel Byd, sefydlwyd y Coastal Artillery School ar ochr ddwyreiniol Trwyn y Fuwch, a bu'n weithredol o fis Medi 1940 ymlaen. Pan o'n i'n blentyn, dwi'n cofio mynd ar antur efo fy chwiorydd a 'nghefndryd i hen safle'r ysgol, a chwarae o gwmpas yr hen safleoedd gwylio a'r mannau lle gosodwyd gynnau.

Cefais brofiad anhygoel ddiwedd un mis Mawrth – cael pier Llandudno yn gyfan gwbl i mi fy hun. Doedd yr un enaid byw arall arno, dim ond y gwylanod islaw yn cael gwledd o fwyd môr ar lanw isel. Byddaf yn mwynhau gweld tynnu gorchuddion y gaeaf bob blwyddyn, ac ailsbriwsio'r sglein ar y sgrin, a pharatoi'r pier i wynebu'r heulwen drachefn. Mae pier presennol Llandudno yn dyddio o Oes Fictoria (1876), a hen rym y Gogarth yn gefndir iddo, yn anadlu ei bresenoldeb hynafol arnoch. Fe'i cynlluniwyd gan Charles Henry Driver mewn

Carnedd dros dro ger y môr yn Llandudno

cydweithrediad â'r peiriannydd a'r adeiladydd James Brunlees am gost o £25,000 – swm enfawr bryd hynny. Lleolwyd y pier ar glawdd naturiol o raean bras oedd yn diogelu'r tir amaethyddol ger Pwllygwichiaid. Agorwyd estyniad i'r pier tua'r tir at y pafiliwn a'r promenâd yn 1884, ac adeiladwyd gwesty'r Grand yn 1901. Ganol haf, gellir osgoi holl brysurdeb y pier a mynd at y jeti dŵr i gael taith o amgylch y Gogarth mewn cwch. Awgrymaf y cwch araf cyn dod yn ôl i'r tir mawr at chwerthiniad gorffwyll Punch a Judy.

Mae'r pier ysblennydd yn hanner milltir o hyd, yr hiraf yng ngogledd Cymru. Ers talwm clywid cerddoriaeth y band a'r gerddorfa wrth i bobl rodianna ar ei hyd. Daeth cerddorfa enwog y Rivière yma o dan arweiniad lliwgar Jules Rivière. Cofiaf Ysgol Morfa Rhianedd yn cymryd rhan mewn cyngerdd yn y pafiliwn enfawr yng nghanol y 1960au, a minnau'n canu yn y parti. Daeth yr arweinydd enwog Henry Wood i dreulio amser yn Llandudno pan oedd yn ifanc, ac felly hefyd Malcolm Sargent, Adrian Boult a Syr Thomas Beecham. Yn fwy diweddar, cysylltwyd y pafiliwn ag adloniant poblogaidd, a bu perfformwyr fel Arthur Askey, George Formby, y Beverley Sisters a Petula Clark yma. Ymhlith yr artistiaid eraill a fu yma y mae Paul Robeson, Adelina Patti, Julie Andrews, Tommy Steele a'r Beatles, yn ogystal â'r balerina enwog o Rwsia, Anna Pavlova. Caewyd drysau'r pafiliwn yn 1990, a chafodd ei ddinistrio gan dân ym mis Chwefror 1994.

Gynt, hwyliai stemar i Lerpwl ac Ynys Manaw oddi yma, ac roedd y pier yn ddigon hyblyg at y dibenion hyn hefyd. Yn 1962 hwyliodd y *St Tudno* enfawr o'r pier am y tro olaf. Torrwyd y pier yn ei hanner yn ystod yr Ail Ryfel Byd, rhag ofn iddo ddod yn fan glanio ffafriol i ymosodiad o'r môr. Cyplyswyd y ddau ddarn drachefn ar ôl y rhyfel. O'r pier y ceir yr olygfa orau o'r Gogarth, un a all eich cyfareddu am oriau. Yr unig beth a ddaw i darfu arnoch yw trywaniad awyren a'i hadenydd dur. Yn y gaeaf, gwelir golygfa hyfryd o griw o bobl yn pysgota'n amyneddgar ar ben draw'r pier.

Mae golygfeydd ehangach i'w gweld o'r pier hefyd – y gorchudd yn codi oddi ar gopaon Eryri yn Ebrill, gan ddatguddio cadernid unigryw, digyfnewid Gwynedd.

Y Gogarth Fawr

Er i gynghorwyr bleidleisio yn 1992 mai'r 'Orme' oedd yr enw Cymraeg, mae'r Gogarth neu Ben y Gogarth wedi goroesi. Bellach, mae'n barc gwledig ac yn warchodfa natur, ac mae sawl llwybr i'r copa – llwybr gerddi Heulfre, Llwybr y Fach, a'r Llwybr Igam-ogam o Benmorfa.

Ar y Gogarth, gall y tywydd droi i fflangellu'r geifr Cashmir nodweddiadol, yna tirioni eto dro. Mae'r enw Gogarth yn tarddu o'r geiriau 'go' (lled) a 'cerdd' (cam), sef 'gris'. Gynt, cymdeithas o ffermwyr, pysgotwyr a gweithwyr chwarel a geid yma, cyn i ganolbwynt y boblogaeth ildio i'r dref lan môr oedd yn ymledu'n systematig ar hyd llain yr arfordir islaw. Os ewch yn ddigon bore, cewch y Gogarth i chi'ch hun hefyd. Ewch drwy'r tollborth ar hyd y ffordd a agorwyd yn 1878, a chewch lithro i fyd sy'n dyddio o gyfnod mwyngloddwyr yr Oes Efydd, ond a groesawodd foneddigion Oes Fictoria hefyd, a ddaeth i fwynhau'r awyrgylch. Mae'n ddiddorol meddwl y medrech, ar un adeg, syllu allan dros Forfa Rhianedd a gweld unrhyw ddieithriaid fyddai'n dynesu. Bellach, mae'r dref ysblennydd wedi ymestyn ei hesgyll a llenwi Morfa Rhianedd.

Mae 'na enwau gwych ar bob tro ym marc arfordirol y Gogarth hefyd, a'r rheini'n siarad drostyn nhw eu hunain: Cerrig Uffern, y Ffordd Las, Bwlch y Llwynog, Pen Trwyn, Porth yr Helyg, Dol Fechan, Pen y Ddinas, Bryniau Poethion, Cilfin Ceirw a Hwylfa'r Ceirw. Hoffaf enwau difyr ar y llethrau fel Tan y Stage, lle y dywedir i Twm o'r Nant berfformio un o'i anterliwtiau yn 1761. Bu trigolion yma cyn dyfod y Rhufeiniaid, fel y tystia'r gromlech a'r darn arian Celtaidd a ddarganfuwyd mewn gardd ger tafarn y King's Head. Daethpwyd hefyd o hyd i ddarnau arian copr, sy'n dyddio o rhwng 287 a 315 OC, ac a oedd ar gael drwy Ewrop.

Un o berlau taith y Gogarth yw Eglwys Tudno Sant, ar safle a sefydlwyd yn oes y seintiau Celtaidd. Lle i adael i'r tawelwch weithio arnoch ydy'r hen eglwys a'i beddau Fictoriaidd, a welir ar ochr ogledd-ddwyreiniol y Gogarth. Wrth i ni feddwl am Landudno, meddyliwn am John Bright, y gwleidydd o Rochdale yr enwyd yr ysgol uwchradd ar ei ôl, ac yn y fynwent mae bedd ei fab chwech oed, a gladdwyd yma yn 1864. Mae'r eglwys wedi ei lleoli ychydig yn uwch na'r ffordd o'i hamgylch. Gresyn fod cromlechi a beddrodau wedi cael eu clirio pan adeiladwyd y rhodfa o amgylch y Gogarth, ac y symudwyd olion pobl go iawn a oedd yn byw mewn ogof hefyd.

Sefydlwyd eglwys yma yn y chweched ganrif gan fynach o'r enw Tudno, yng nghyfnod Maelgwn Gwynedd yn Neganwy, ac mae Gŵyl Tudno'n cael ei dathlu ar 5 Mehefin. Tudno ap Seithenyn oedd ei enw llawn, ac roedd yn fab i Seithenyn Cantre'r Gwaelod. Yn dilyn y chwalfa honno, fe astudiodd ym mynachlog Bangor Is-coed. Mae un traddodiad yn sôn iddo ddianc o'r gyflafan fawr yn y fynachlog a dod i'r Gogarth. Eto i gyd, efallai mai awydd i encilio oedd ei ysgogiad. Credir y bu 'llan' draddodiadol ac ynddi eglwys bren a nifer o gelloedd gerllaw'r safle hwn ar y Gogarth, a hynny ym Mhant yr Eglwys yn wreiddiol.

Ceir ffenestr liw wedi ei chysegru i Sant Tudno yn Eglwys y Drindod Sanctaidd yn Stryd Mostyn, Llandudno, yr unig ddelwedd ohono sy'n bodoli. Eglwys Tudno Sant ar y Gogarth oedd eglwys blwyf Llandudno, un o dri phlwyf cwmwd Creuddyn yn Rhos. Credir i Tudno encilio am fwy o dawelwch i Ogof Lech gerllaw, neu efallai mai dyma'r lle cyntaf y daeth iddo cyn sefydlu ei gell. Ogof fechan o galchfaen ac ynddi ffynnon ddŵr ydy hon. Ar un adeg bu carreg siglo yno o'r enw Crud Dudno. Wrth fynedfa'r ogof mae cerfiad o wyneb person ac alarch. Yn sicr, ar un adeg fe fyddai'r teulu Mostyn o'r Gloddaeth yn ymweld â'r ogof am ychydig o seibiant o'u hela neu eu pysgota. Mae'r ogof o dan y goleudy, ac mae'n anodd ac yn beryglus cyrraedd ati. Mae ynddi le i eistedd, wedi ei gerfio o'r graig, cyflenwad o ddŵr ffynnon, ond olion yn unig a welir bellach o sail y bwrdd crwn a safai yng nghanol yr ogof. Cyfansoddodd Siôn Dafydd Las gywydd a gyfeiriai at Ogof Lech, oedd hefyd yn clodfori Syr Thomas Mostyn (1651–1700), cefnogwr y traddodiad Cymreig, yn unol â thraddodiad barddol y cyfnod.

Daeth ymosodiadau'r Llychlynwyr o du'r môr i darfu ar safle Celtaidd Tudno Sant, a dod â'r enw Orme efo nhw, gair sy'n golygu sarff fôr. Horm oedd enw arweinydd y Llychlynwyr hefyd. Llwyddodd Rhodri Fawr i'w gorchfygu yn 856 ar lannau Llandudno.

Mae adeilad Eglwys Tudno Sant a welwn heddiw yn dyddio'n ôl i'r ddeuddegfed ganrif – cyfnod Gruffudd ap Cynan ac Owain Gwynedd – a daethpwyd o hyd i olion pren eglwys gynharach na hynny, hyd yn oed, yn y llawr. Fe ychwanegwyd ffenestr yn wynebu'r gogledd yn y drydedd ganrif ar ddeg, ac fe warchodwyd coed y sgrin a llofft y grog. Gerllaw'r eglwys roedd tir amaethu gwastad, o'i gymharu â gweddill y Gogarth. Helaethwyd yr eglwys yn y bymthegfed ganrif, ond gresyn na chadwyd y ffresgoau a fu ar y muriau. Dywed rhai ei fod yn arferiad gosod cannwyll yn y ffenestr er mwyn i'w golau rybuddio morwyr.

Yn 1800 Eglwys Tudno Sant oedd yr unig addoldy yn Llandudno, ac fe ddywedodd un sylwebydd yn 1835: 'The church is exposed from the bleakness of its situation to violent gales in winter, and it is far removed from any dwelling.' Yna, ym mis Ionawr 1839, fe gafwyd storm enbyd a

Eglwys Sant
Tudno a'r fynwent

ddifethodd y to. Mae ein dyled yn fawr i un dyn, sef Henry Reece o Blas Tudno, Llandudno, am dalu am atgyweirio'r eglwys â'i arian ei hun yn 1855, a daethpwyd o hyd i sawl ffresgo hynafol ar y muriau yn y cyfnod hwn. Hanai Reece o Birmingham yn wreiddiol, ac fe roddodd yr arian er mwyn diolch am adferiad iechyd a ddaeth i ran ei ferch tra oedd yn aros yn yr ardal. Adferwyd y bedyddfaen o fuarth fferm gyfagos, lle roedd yn cael ei ddefnyddio fel twba golchi, ac mae'n dyddio o'r ddeuddegfed ganrif.

Yn yr ugeinfed ganrif yr ychwanegwyd y ffenestri gwydr lliw at yr eglwys. Yn yr haf cynhelir gwasanaethau awyr agored yma y tu allan i'r eglwys, gan ddilyn hen, hen draddodiad y safle. Ar y wal ddwyreiniol y tu mewn, gwelwn destunau Gweddi'r Arglwydd, y Credo a'r Deg Gorchymyn yn Gymraeg. Mae ffynnon Tudno gerllaw o hyd; ar un adeg, câi ei hystyried yn ffynnon sanctaidd. Ar Ben Dinas ceir Maen Sigl, ac mae tystiolaeth gref o sawl ffynhonnell fod mamau'n cerdded o amgylch y maen er mwyn sicrhau iechyd eu plant newydd-anedig. Rwyf hefyd yn hoffi'r cyfeiriadau ar lafar gwlad at Lwybr y Mynachod, sy'n rhedeg o lan orllewinol y Gogarth hyd at yr eglwys, a'r ffaith ddiddorol fod y glaswellt ar y llwybr bob amser yn wyrdd, hyd yn oed yng nghanol cyfnod sych a chrimp. Mae Ivor Wynne Jones, cyn-golofnydd y *Daily Post*, brodor ac awdur llyfr ar Landudno, yn dweud yn ogleisiol mai gwrtaith y defaid sy'n achosi hyn yn hytrach na dylanwad dwyfol. Beth bynnag fo'r gwir, mae naws arbennig i'r llwybr hwn. Yn ôl rhai, llwybr a gysylltai Lys yr Esgob ag Eglwys Sant Tudno ydoedd yn wreiddiol.

Teimlais iach tywydd gaeafol ger yr eglwys, a geifr a defaid yn ffoi i lawr y lôn serth i ddianc rhagddi. Gwelais hefyd mor agos yw Penmon o ben y Gogarth, petai rywun yn croesi'n uniongyrchol ato. Wrth gerdded llwybr y rhodfa o amgylch y Gogarth, ymhen tipyn, ar ôl pasio'r eglwys, daw caffi i'r golwg yn groesawgar. Mae'r 'Rest and be Thankful', fel y'i gelwir, wedi bod yno ers 1900, ac mae lluniau ar y wal o'i ddyddiau cynnar, pan ddefnyddid beic a chert. Wrth ddod at y caffi, rydych yn agos at Ogof Lech. Mae'r goleudy gwreiddiol gerllaw – Castell y Gwynt, a adeiladwyd yn 1862 ac sydd bellach yn westy. Yn y cyfnod hwn y cafodd Llandudno fad achub am y tro cyntaf hefyd.

Heb fod ymhell o Eglwys Sant Tudno mae Ffynnon Powell. Dywedir i ffarmwr lleol weddïo am ddŵr mewn cyfnod o sychder, ac i'r ffynnon hon darddu ar y Gogarth. Hyfryd yw'r daith i fyny'r Ffordd Las enwog i gyrraedd canolfan Pen y Gwylfryn. Yn wreiddiol, roedd Pen y Gwylfryn yn rhan o rwydwaith gyfathrebu dros ogledd Cymru oedd yn cysylltu porthladd Lerpwl â phorthladd Caergybi. Telegraph Inn oedd enw'r safle, ac fe yrrid negeseuon yn rhybuddio am longau â chargo drudfawr a oedd ar eu ffordd.

Y dref

Yn 1773 cyfeiriodd Thomas Pennant at Landudno fel 'a beautiful sheepwalk'. Cyfeirio at Forfa Rhianedd a'r ugain o dai unnos a adeiladwyd ar gyfer gweithwyr y diwydiant copr ar y Gogarth yr oedd o. Yn y cyfnod hwn, roedd tair cloddfa ar y Gogarth – un ar dir Llys yr Esgob, un arall ar dir fferm Pyllau, a'r llall ger Tŷ Gwyn, ger y Fach (y parc hynaf yng Nghonwy, sy'n dyddio o ddiwedd y bedwaredd ganrif ar bymtheg). Esgob Bangor a'r teulu Mostyn oedd yn berchen ar y tir ar y pryd. Am gyfnod, copr oedd prif sylfaen economi'r ardal, ond oherwydd cystadleuaeth o gyfeiriad Ynys Môn, edwino wnaeth y diwydiant. Gan nad oedd angen cartrefi i'r gweithwyr bellach, fe ddatganodd Edward Mostyn, y Gloddaeth, nad oedd yr hen arfer o adeiladu tai unnos yn un dilys o dan gyfraith Lloegr. Cafodd y tai eu dinistrio, a gadawodd hyn graith sy'n aros yn y cof yn lleol. Boddwyd y pyllau copr gan y môr yng nghanol y bedwaredd ganrif ar bymtheg, ond fe fu'r cyfnod byr o gloddio'n un llewyrchus a phroffidiol iawn.

Arwyddair y teulu Mostyn, fel y gwelir yn eglwys Llanrhos, yw 'Heb Dduw heb ddim; Duw a digon'. Mae sylwebyddion yn cyfeirio at ddeuoliaeth cyfraniad y teulu Mostyn at Landudno. Ar y naill law, fe amddifadon nhw'r werin o'u tir comin, ond ar y llaw arall, buon nhw'n rhannol gyfrifol am greu a diogelu'r dref gymesur, hardd hon. Yn 1843 fe gyflwynodd Edward Mostyn Ddeddf Cau'r Tir yn Eglwys Rhos, Llandudno a Llangystennin, ac erbyn 1848 roedd y rhan fwyaf o'r tir wedi dod i'w feddiant ef, a chollodd y werin eu hawliau drosto. Cafodd y weithred hon effaith niweidiol ar y gymuned, ond eto, maes o law, dyna a ganiataodd i'r Llandudno rydyn ni'n ei hadnabod heddiw ddatblygu. Ffermio a physgota oedd yn cynnal y gymuned o hynny ymlaen.

Agorwyd Eglwys San Siôr yn Llandudno yn 1840 trwy haelioni'r teulu Worthington, a oedd yn gysylltiedig â'r hen byllau. Doedd dim cynlluniau i ddatblygu Llandudno fel cyrchfan wyliau ar y gweill ar y pryd, ond buan y daeth tro ar fyd. Pasiwyd Deddf Gwelliant Llandudno yn 1854 gan ugain o Gomisiynwyr Gwella, grŵp hunan-etholedig o wŷr busnes lleol a oedd eisiau gweld datblygiad organig i'r dref o ran ffyrdd, draeniau, systemau carthffosiaeth, cyflenwad dŵr a nwy, a goruchwylio cyfraith a threfn. Y nod oedd sefydlu 'Naples of the North'. Pensaer o Lerpwl, Owen Williams, ddigwyddodd wneud sylw dros ginio yn y King's Head (wrth orsaf y tramiau i ben y Gogarth bellach). Dywedodd y byddai'r tir islaw yn gwneud 'lle dyfrio' da, ac fe arhosodd yn y King's Head pan oedd yn cynllunio Llandudno, a hynny ar ffurf grid. Maes o law, aeth yn ei flaen i gynllunio promenâd y Rhyl a Bae Trearddur. Roedd pennaeth pwll copr Tŷ Gwyn ac asiant y teulu Mostyn, John Williams, hefyd yn y cyfarfod, ac ef a ddaeth yn Ysgrifennydd y Comisiwn a sefydlwyd i ddatblygu'r dref. Daeth y cyfan dan reolaeth lem y teulu Mostyn drwy ddeddf seneddol yn 1854 dan law E. M. L. Mostyn, Aelod Seneddol yr ardal. Comisiynwyd cynllun trefol, a rhoddwyd 176 plot o dir ar werth.

Erbyn 1854 roedd Mostyn Street a Church Walks yn eu lle, a'r gwestai cyntaf wedi eu hadeiladu. O 1858 ymlaen, gyda dyfodiad y rheilffordd, ymwelwyr a thwristiaeth oedd blaenoriaethau'r dref. Roedd y twf mawr wedi dechrau. Yn 1801, 318 oedd poblogaeth Llandudno. Erbyn 1861, roedd y ffigwr wedi cynyddu i 2,316. Daeth perfformiadau Punch a Judy yn boblogaidd ger y pier, a thua diwedd y 1880au, fe roddwyd y tir ar gyfer parc y Fach ger y pier i'r dref gan y teulu Mostyn. Fe ddisgrifiwyd y llecyn fel 'a veritable amphitheatre of loveliness'. Ar ddydd Sul, cynhelid cyfarfodydd anghydffurfiol efengylaidd yma, ond wedyn, daeth yn gyrchfan i adloniant y cyfnod. Yn ddiweddarach newidiwyd enw'r Fach i Happy Valley, pan ddaeth bri ar adloniant tref lan y môr. Yng nghyfnod olaf y math hwn o adloniant, Alex Munro oedd 'Mr Adloniant Llandudno', ac mae gen i gof o wylio un o'i sioeau yn blentyn, a thystio i ddiwedd cyfnod. Lleolwyd meini'r Orsedd yma ar gyfer Eisteddfod Genedlaethol Llandudno, 1963, a bellach mae'n barc tawel a dymunol sy'n edrych i lawr ar y pier. Fe agorodd David Lloyd George erddi Heulfre i'r cyhoedd yn 1929, gerddi a ddatblygwyd gan Henry Pochin, a luniodd erddi enwog Bodnant.

Cafwyd eisteddfodau cenedlaethol yn Llandudno hefyd yn 1864, 1869 ac 1963, y gyntaf ar gae Llysmadoc, lle mae Llywelyn Avenue, ger Seilo, heddiw. Yn yr eisteddfod hon fe groesawyd pobl â'r faner 'Croesaw i Deml Athrylith'. Cynhaliwyd seremonïau'r Orsedd ger mynedfa'r pier, ac roedd y cerddor Matthew Arnold yn fferru yn y gynulleidfa: 'After about an hour of it, we all of us, as we stood shivering round the sacred stones, began half to wish for the druid's sacrificial knife to end our sufferings.' Cynhaliwyd eisteddfod 1896 ar safle'r Swyddfa Bost, ac un 1963 ar gaeau Bodafon.

Yn y 1850au bu'r Fonesig Henrietta Augusta Mostyn yn allweddol yn arwain a hyrwyddo'r gwaith datblygu dros gyfnod hir. Rhaid dweud fod 'na elfen o hap a damwain yn y modd y datblygodd Llandudno yn dref wyliau, gan mai ar gyfer masnach y môr yr adeiladwyd y lanfa wreiddiol yn 1859. Fe wnaethpwyd ymgais i ddatblygu Llandudno'n borthladd hefyd, i gysylltu ag Iwerddon ac i gystadlu efo Caergybi a Phorthdinllaen. Bu sôn ar un adeg am hyrwyddo Llandudno fel 'Port Wrexham', i allforio glo yn arbennig.

Ond erbyn 1876–7, pan adeiladwyd y pier hamdden, roedd holl bwrpas y dref wedi ei weddnewid mewn gwirionedd. Cyn hynny, llwybr peryglus ar y naw a droellai o amgylch y Gogarth, ond yr hyn a ysgogodd adeiladu'r Marine Drive ysblennydd yn 1878 oedd fod William Gladstone, y cyn Ganghellor a Phrif Weinidog, yn gorfod gorchuddio'i lygaid a chael ei dywys â mwgwd ar hyd rhannau o'r llwybr blaenorol! Roedd ar ymweliad â Henry Liddell, deon coleg Eglwys Crist, Rhydychen, a ddaeth yma i adeiladu tŷ haf o briddfaen Rhiwabon. Gwesty Abaty Gogarth oedd hwn am sawl blwyddyn wedi hynny, cyn iddo gael ei ddymchwel i ddatblygu fflatiau modern. Ar ferch Liddell y seiliodd Lewis Carroll brif gymeriad ei lyfr enwog, *Alice in Wonderland*. Treuliodd Alice gyfnodau o wyliau haf bore oes yma efo'i theulu o 1861 ymlaen, ac roedd Lewis Carroll yn gyfaill i'r teulu. Credir i'r Parchedig Liddell gael ei bortreadu fel y 'Red King', a bod Mrs Liddell wedi ei phortreadu'n llai ffafriol fel y 'Queen of Hearts'. Mae'n hysbys fod Lewis Carroll wedi ffraeo efo Mrs Liddell. Serch hynny, pan ddadorchuddiwyd y gofeb i Carroll yn 1933, roedd Alice (Mrs Reginald Hargreaves erbyn hynny) yn wraig weddw, 81 oed, yn byw yn y New Forest, ac yn methu bod yn bresennol. Ond fe ysgrifennodd lythyr at y trefnydd yn gresynu na fedrai fod yno: 'I feel very great regret that I cannot be with you for the unveiling of the memorial to that wonderful friend of my childhood, Lewis Carroll, but increasing age makes a physical adventure in Wonderland more and more difficult to achieve, though my mental adventures will never cease so long as there are people present like all those in Llandudno today, to honour that teacher of logic who by his logical nonesense added to the pleasure of thousands.'

Dros y deg mlynedd ar hugain ar ôl 1849, byddai'r dirwedd yn newid yn sylweddol. Tai Rhodfa'r Dwyrain a adeiladwyd gyntaf, ac agorodd gwesty St George ei ddrysau yn 1854, 'to hug the curvature of the Bay', a dyna ysblennydd oedd y balwstradau o wenithfaen pinc a llwyd o boptu

grisiau'r fynedfa. Yna, agorwyd gwesty'r Imperial yn 1872. Mae cysylltiad rhwng fflatiau hardd Castell Bodlondeb a sylfaenydd gwesty St George. Ei fab, Thomas P. Davies, a'i hadeiladodd yn y 1890au ar gost enfawr. Yn lleol, fe'i gelwid yn 'Davies' Folly'. Datblygodd y dref i fod yn enghraifft ddihafal o hyder Oes Fictoria, ac fe hybwyd oes aur y cerdyn post gan statws y dref. Mae llyfrau lluniau helaeth ar gael yn dangos ei datblygiad.

Yn ystod Oes Fictoria gwelwyd twf mewn cyrchfannau sba megis Brighton, Weymouth ac Eastbourne, a'r boneddigion yn mynd i ymdrochi er mwyn eu hiechyd am rai wythnosau. Esgorodd hyn wedyn ar yr arfer o fynd ar wyliau fel hoe o brysurdeb bywyd bob dydd. Cyn adeiladu gwesty'r Grand, lluniwyd pyllau dŵr y môr cynnes ar gyfer ymdrochi fel rhan o westy'r Baths, ac erbyn y 1880au byddai gan Landudno'r pwll nofio cyhoeddus mwyaf yng ngwledydd Prydain. Yn y cyfnod hwn yr adeiladwyd gwesty mawr y Grand a'i 156 o ystafelloedd.

Maes o law, adeiladwyd y stryd fwyaf gosgeiddig yng Nghymru gyfan, o bosib, sef Stryd Mostyn, y brif stryd siopa heddiw, sy'n ymestyn o'r Gogarth i erddi'r Great Western i gyfeiriad Craig y Don. Mae'r holl adeiladau yn derasau Fictoriaidd tri a phedwar llawr. Torrwyd ar hyn wedyn gan eglwysi a chapeli – fel y cyfeiriwyd eisoes, roedd y stryd yn un arbennig o lydan. Hyd yn oed heddiw, mae digonedd o le ar Stryd Mostyn. O 1912 ymlaen, ar ôl marwolaeth y Fonesig Henrietta Augusta Mostyn, fe ddaeth diwedd ar y gwaith o ddatblygu Llandudno fel model o dref glan môr.

Erbyn 1895 byddai tua 22,000 o ymwelwyr yn dod i Landudno yn yr haf, gan ddangos mor gryf oedd yr elfen dwristaidd. Nodwyd tri ffactor allweddol – lleoliad y dref, ei darpariaeth ar gyfer iechyd a mwyniant yr ymwelwyr, a'i safle canolog, allweddol, fel man da ar gyfer gwibdeithiau i Eryri.

O tua 1860 ymlaen datblygodd ardal boblogaidd arall yn Llandudno, sef Penmorfa neu West Shore, a phrofiad amheuthun bellach yw syllu allan i'r môr yno. Mae'n ardal fwy agored na threfnusrwydd strwythuredig y bae dwyreiniol, twristaidd, ac yn dal y goleuni yn yr hwyr wrth i'r haul fachlud dros Ynys Môn. Sylwodd Matthew Arnold (er braidd yn watwarus, yn ôl ei arfer) ar olygfa tua Lerpwl o'r bae arall, tra oedd yr olygfa o Benmorfa yn edrych tuag at Gymru, a'r gorffennol.

Bu tir Penmorfa yn eiddo i Anian, esgob Bangor, yn dilyn bedyddio Edward, y Sais cyntaf i fod yn dywysog Cymru, yno yn 1284. Llosgwyd Llys yr Esgob gan Owain Glyndŵr yn 1401 wrth iddo gipio Conwy o ddwylo'r gorchfygwyr. Gwaddod mwdlyd aber afon Conwy ydoedd Penmorfa i bob pwrpas, ond roedd y teulu Mostyn wedi meddiannu rhannau ohono, ac roedd ffiniau'n bethau dyrys iawn i'w pennu. Ceir cyfeiriadau at Fedyddwyr cynnar yr ardal yn bedyddio yn y môr yma, a cheir eglwys hynafol sy'n perthyn i'r Bedyddwyr ym Mhenmorfa. Roedd rhan o'r tir hefyd yn llecyn diwydiannol, lle roedd mwynau o weithfeydd y Gogarth yn cael eu didoli. I mi'n bersonol, does dim i'w gymharu â'r olygfa o Benmorfa wrth edrych draw at gyfrinach Eryri yn niwl y bore.

Ar ôl y Rhyfel Byd Cyntaf, datblygodd Penmorfa a Chraig y Don yn ardaloedd i bobl ddod i fyw iddynt yn hytrach na dim ond i aros ar wyliau. Enwyd Craig y Don gan Thomas Peers Williams, a brynodd eiddo yn yr ardal ar ôl cau'r tiroedd comin. Fe'i henwodd ar ôl ei gartref yn Ynys Môn. Cofiaf dreulio llawer awr ddifyr yn y pwll padlo enwog a ddatblygwyd yn 1936, oherwydd bod y pwll hamddena a hwylio cychod ym Mhenmorfa mor llawn o hyd! Ond hyfryd yw gweld yr elyrch ar bwll Penmorfa bellach, er bod rhywbeth yn drist am y modd y caiff y pwll ei wagio ym misoedd tywydd garw dechrau'r flwyddyn, a cherrig y llanw tymhestlog yn ei lenwi.

Rydw i'n cofio Capel Bethania, Craig y Don, hefyd, a agorwyd yn 1886. Hwn oedd capel ein teulu ni pan oedden ni'n byw yn yr ardal. Daeth aelodau yma o gapel cynharach Penberth, Pant-y-wennol, uwchlaw caeau Bodafon. Ymhlith gweinidogion y dref, bu Lewis Valentine yn weinidog ar y Tabernacl o 1921 hyd 1947.

Mae swyn egsotig yn perthyn i enwau strydoedd y dref hyd heddiw, fel Ffordd Carmen Sylva, brenhines Romania, a ddaeth yma i wella ar ôl gwaeledd yn 1890. Enwyd Herkomer Road a Herkomer Crescent ar ôl Syr Hubert von Herkomer, yr artist enwog a ddaeth i Eisteddfod Genedlaethol Llandudno yn 1896 i arddangos ei gynlluniau newydd ar gyfer gwisg Archdderwydd Cymru.

Mae bwyd cartref da a chroeso ym mwyty teuluol Home Cookin', Stryd Mostyn Uchaf, ym mhob tymor, hyd yn oed ar brynhawniau oer y gaeaf, pan mae pob siop yn ysu am weld 5.30 o'r gloch ac amser cau. Ond mae rhywbeth yn braf yn y gwacter bryd hynny hefyd, fel ym mhob tref lan môr.

Yr her i Landudno fydd cadw ei naws a'i hunaniaeth arbennig yn yr unfed ganrif ar hugain. Y naws ddigyfnewid yw ei hachubiaeth, gan fod rhywbeth sy'n aros yr un fath mewn oes lle mae popeth o'n cwmpas yn newid yn atyniadol dros ben.

Llonyddwch glesni'r pwll nofio, y môr a'r awyr yn Llandudno (y tudalennau blaenorol)

9 Dyffryn Llangollen

- Pontcysyllte
- Castell Dinas Brân
- Llangollen

- Abaty Glyn-y-groes
- Plas Newydd
- Eisteddfod Gerddorol Gydwladol Llangollen

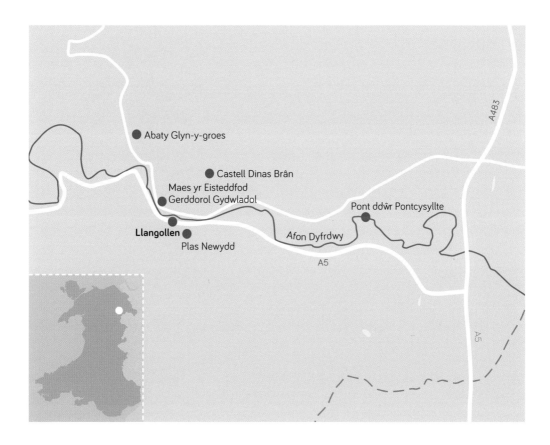

Cysgod Pontcysyllte

Dyma'r pnawn pan mae amser yn mynnu simsanu,
fel maddeuant un haf 'mhell yn ôl.
Cyffyrddwn â'r bont
a gostrelodd wres yr hafau'n ei feini hen,
y gwres tanbaid hwnnw a siapiodd y geiriau di-droi'n-ôl
sy'n dal i ddod â dagrau i'r llygaid:
'Croeso i'n cyfeillion o'r Almaen.'

('Dim angen creu teledu yma')

Mae dyffryn Llangollen yn fytholwyrdd, ac mae delweddau cofiadwy i'w casglu ynddo gydol y flwyddyn. O'r eirlysiau penisel, pendrwm ym mynwent Llantysilio, heb eto ymsythu at wanwyn, ond wedi torri'r garw; Bwlch yr Oernant, â rhyw agosrwydd at y tragwyddol; i lannau afon Dyfrdwy, ei phentrefi a'i chapeli. Ystyr Dyfrdwy yw 'y dŵr dwyfol'.

Pontcysyllte

Y porth i ddyffryn Llangollen yw Pontcysyllte, ger Froncysyllte a thir Cwm Alis. dau ddeg a chwech o droedfeddi uwchlaw afon Dyfrdwy, mae'n cludo camlas Llangollen at gamlas Swydd Amwythig. Dyma bont ddŵr fwyaf Prydain. Fe'i hadeiladwyd yn ystod y Chwyldro Diwydiannol, a chredid y byddai'n gaffaeliad mawr i fasnach rhwng Cymru a Lloegr. Yn fuan iawn wedyn daeth y rheilffordd i'r dyffryn i'w disodli, ac fe aeth y cwmni camlesi'n fethdalwyr. Adeiladwyd Pontcysyllte rhwng 1795 ac 1805, ar gost o £47,000, ac mae pobl o bob rhan o'r byd yn dal i ddod yma i weld campwaith pensaernïol a pheirianyddol Thomas Telford. Cyfeirir ati hefyd fel 'y nant yn y nen'. Daw nifer cynyddol o ymwelwyr i syllu ar Ddyffryn Dyfrdwy oddi yma, ac mae llwybr hyfryd ar ochr y gamlas i gyfeiriad Llangollen neu'r Waun.

Ganwyd Telford yn 1757 yn Glendinning yn yr Alban, a phrentisio'n saer maen i ddechrau. Fe dyfodd ei ddiddordeb mewn pensaernïaeth pan aeth i astudio yng Nghaeredin ac yna yn Llundain. Fe ddaeth y cyfle euraid i ganolbwyntio ar beirianneg sifil gyda datblygiad rhwydwaith y camlesi, oedd yn cyrraedd cyn belled â Llantysilio. Doedd Telford ddim yn cael ei barchu yn ei wlad ei hun ar ddechrau ei yrfa, er iddo ddychwelyd i wneud campweithiau ar gamlas y Caledonian, ond fe gafodd well derbyniad a chefnogaeth yng Nghymru a Lloegr.

Tywodfaen lleol a ddefnyddiwyd ar gyfer y deunaw o bileri sy'n cynnal pont Pontcysyllte. Mae'r gamlas ei hun mewn cafn haearn, ac fe ddywedir ar lafar gwlad fod y morter rhwng cerrig y pileri wedi ei gryfhau â chymysgedd o wlanen Gymreig a gwaed tarw. Daeth yr haearn o Blas Kynaston, ac mae sôn hefyd fod cymysgedd o wlanen a phlwm wedi'u trwytho mewn siwgr berwedig wedi'i ddefnyddio, er mwyn sicrhau bod y cafn yn dal dŵr.

Bellach, medrwch gael pryd o fwyd ar gwch camlas yr *Eirlys* wrth groesi Pontcysyllte, er na fuaswn i rywsut yn llwyr fwynhau'r pryd o wybod 'mod i'n croesi'r 'nant yn y nen' ar y pryd! Fyddai'r wybodaeth mai dŵr bywiol afon Dyfrdwy sy'n llifo yn y gamlas, ac islaw ar wely'r afon, o ddim cysur i mi yn y safle uchel hwnnw!

Castell Dinas Brân

Yn teyrnasu dros y dyffryn hudol hwn, yn edrych i lawr ar y cyfan, mae Castell Dinas Brân, llecyn poblogaidd iawn gan gerddwyr. Cafodd ei gyfleu fel delfryd rhamantaidd yn narlun Turner, ond fe'i disgrifiwyd gan Jan Morris 'like a set of rotting old teeth'. Tybed a gafodd y Greal Sanctaidd, y llestr y casglodd Joseff o Arimathea waed Crist ynddo, ei gladdu mewn ogof o dan Gastell Dinas Brân? Ai Collen oedd abad cyntaf Ynys Wydrin? Hawdd deall sut y ffolodd Wordsworth ar grwydro ato yn 1734 a chael ei hudo gan y castell a'i chwedloniaeth. Bendigeidfran, y brenin Celtaidd yn y Mabinogi, yw'r Brân yn yr enw, efallai − y cawr a gerddodd drwy'r môr i Iwerddon i achub cam ei chwaer. Yn sicr, yr oedd anheddiad yma yn yr Oes Efydd, a bryngaer gynharach cyn adeiladu'r castell.

Saif y castell presennol ers y ddeuddegfed ganrif, a bu'n ganolbwynt gwrthryfel y Cymry yn erbyn y Normaniaid. Tywysogion Powys a adeiladodd yr olion presennol, a hynny yn ystod teyrnasiad Gruffudd ap Madog Maelor. Y gaer hon oedd cadarnle Powys Fadog (sef Iâl a Nanheudwy). Gwelir tŵr yma ar siâp y llythyren D, a oedd yn cael ei ffafrio gan adeiladwyr o Gymry ar y pryd. Bu tân dinistriol yno yn 1277, ac ar ôl marwolaeth Llywelyn ein Llyw Olaf yn 1282, disgynnodd i ddwylo'r Saeson a bu'n wag wedyn.

Yn ôl cerdd fuddugol Ceiriog yn Eisteddfod Fawr Llangollen 1858, y castell oedd lleoliad carwriaeth Myfanwy Fychan a'r bardd Hywel ab Einion, hanesyn oedd yn dyddio o'r bedwaredd garif ar ddeg. Bu'r Fychaniaid yn denantiaid yn y castell; cangen o'r teulu Trefor oeddent. Cyhoeddodd John Cowper Powys nofel â'r teitl *Owen Glendower* yn 1942, a cheir cyfeiriadau at y castell yn hon hefyd.

Yn 1282 cipiodd Dafydd ap Gruffudd (brawd Llywelyn) gestyll Penarlâg, Rhuthun, Caergwrle a Dinas Brân. Ond yna daeth Castell Dinas Brân yn rhan o arglwyddiaeth Bromfield ac Iâl, ac fe drodd y ffocws at gestyll newydd yn Holt a'r Waun, gan adael i ogoniant Dinas Brân ddadfeilio.

Gwerthid diodydd ar ben Dinas Brân erbyn y bedwaredd ganrif ar bymtheg, pan ddechreuodd twristiaeth ledu i'r fro, gyda mul yn cludo danteithion i'r copa'n ddyddiol. Mae'n syndod nad oes gwasanaeth tebyg heddiw mewn cyrchfan mor boblogaidd.

Llangollen

Yn swatio yng nghysgod Dinas Brân, ceir tref yn llawn cymeriadau fel Miss Marple, hipis, pobl leol gynnes a chroesawgar, a fflyd amrywiol a diddiwedd o ymwelwyr. Dyna rai o'r ystrydebau parod sydd gennym wrth feddwl am Langollen. Wrth grwydro'i strydoedd a'i siopau annibynnol, gallech gredu eich bod mewn tref Gymreig yn y 1960au.

Sefydlodd Sant Collen ei encil yma yn y seithfed ganrif, ac adeiladwyd eglwys bren yma yn wreiddiol, er mai gwaith maen sydd yn yr eglwys bresennol, a hwnnw'n dyddio o'r drydedd ganrif ar ddeg. Yn 1749 y rhoddwyd y tŵr presennol yn ei le. Ychwanegwyd yr ystlys ddeheuol rhwng 1864 ac 1867. Dywedir i Sant Collen wrthdaro efo Bras y pagan yn y seithfed ganrif, a dod â'r rhyfela rhwng Cristnogion a phaganiaid yn Ynysoedd Prydain i ben. Credir bod gweddillion ei gorff yn gorwedd yn yr hen eglwys sy'n dwyn ei enw heddiw. Eglwys Collen oedd mam eglwys cylch eang iawn Nanheudwy.

Does dim eglwys arall yn gysegredig i Sant Collen yng ngwledydd Prydain, er bod tref o'r enw Langolen yn Finistère yn Llydaw. Ond rhaid nodi fod Ffynnon Collen ym Mhentredŵr, a dyma lle y golchodd Collen ei ddwylo ar ôl lladd Cawres y Bwlch, yn ôl yr hanes. Ceir Capel Collen ar fferm Dinhinlle Isaf, Rhiwabon. Cysegrwyd eglwys y plwyf Rhiwabon i Collen yn wreiddiol, ond yn dilyn goresgyniad y Normaniaid ailgysegrwyd hi i'r Forwyn Fair. Diogelwyd y nenfwd bren

Y 'nant yn y nen'

o'r bymthegfed ganrif wrth adeiladu Eglwys Collen, ac mae'n dal yno heddiw. Ceir ysgythriad Cymraeg ar y pren: 'Y Nef i Fair fydd barod bob awr'.

Daeth Llangollen yn dref bwysig yn nyddiau'r Goets Fawr a chysylltiadau dosbarthu'r post i Iwerddon, pan agorwyd ffordd yr A5 yn 1826. Roedd tafarn y Wynnstay Arms ar Stryd yr Eglwys a thafarn y Bull ar Stryd y Castell yn ganolfannau poblogaidd. Tyfodd y dref yn sylweddol yn sgil dyfodiad yr A5, a bellach mae'n gyrchfan dwristaidd sy'n brysur gydol y flwyddyn. Enw gwreiddiol y Royal ar y bont oedd y King's Head, a deuai Ladis Llangollen yma'n aml efo'u gwesteion. Un arall o dafarnau'r Goets Fawr oedd gwesty'r Hand. Llaw goch, waedlyd ac arfbais teulu Myddleton Castell y Waun sydd ar yr arwydd.

Adeiladwyd pont wreiddiol Llangollen tua 1345 gan John Trefor o deulu Pengwern, esgob Llanelwy ar y pryd. Hon, o bosibl, yw'r bont garreg gyntaf yng Nghymru, ac mae'n un o'i saith rhyfeddod. Cafodd ei hailadeiladu'n rhannol yn 1656, a'i haddasu unwaith eto yn 1863 ar gyfer dyfodiad y rheilffordd. Fe'i lledwyd rywfaint yn ddiweddarach, ac mae ar ei ffurf bresennol ers 1968. Er i'r rheilffordd gael ei hanrheithio yn 1963 gan Dr Beeching, mae criw brwd Rheilffordd Llangollen bellach wedi cyrraedd Corwen yn y gwaith o adfer y lein. Mae naws arbennig iawn i'r lein, sy'n agos at afon Dyfrdwy ar ei thaith.

O'r 1820au ymlaen daeth Llangollen yn boblogaidd iawn ymhlith teithwyr. Arhosodd George Borrow a'i wraig yma yn 1854, mewn bwthyn ar lan afon Dyfrdwy. Treuliodd Borrow dri mis yno ar ddechrau ei daith drwy 'wild Wales'. Yn ystod ei arhosiad daeth cath strae at y teulu ac fe'i llysenwyd yn 'gath Eglwys Loegr', gan nodi ei bod yn dod am nodded rhag yr holl Ymneilltuwyr yn yr ardal. Er mai un capel cydenwadol Cymraeg a geir yn Llangollen erbyn hyn, roedd nifer o gapeli yn y dref yng nghyfnod Borrow. Hoffodd yntau fywyd y gamlas, a'i hallforion o lechi, calch, blawd a chwrw. Un o fwytai mwyaf poblogaidd y dref heddiw yw'r Felin Ŷd. Sefydlwyd y felin yn wreiddiol gan fynachod abaty Glyn-y-groes i falu ŷd.

Ar lan yr afon yn Llangollen, ceir lle i eistedd ac adfywio ym mhen draw'r promenâd ar Gerrig y Llan. Haf neu aeaf, mae heddwch i'w gael yma. Dim ond megis ddoe, ni oedd y bobl ifanc ar greigiau'r afon. Bellach edrychwn o'r lan. Ceisiwn adfer tipyn o ddisgleirdeb yr afon ddiwedd haf yn ôl i'n llygaid. Gadawn i sŵn yr afon ein swyno. Er bod parc sglefrolio i'r bobl ifanc yma bellach, mae llais oesol yr afon yn boddi datblygiadau'r presennol. Ym mhyllau'r afon, gwelwn dymhorau a gwahanol gyflyrau'r ddynoliaeth. Awn i fyny'r cwm i gyfeiriad Bwlch yr Oernant.

Abaty Glyn-y-groes

Rydw i'n hoff o Abaty Glyn-y-groes pan fydd min yr hydref yn dechrau dod eto i'r awel. Ceir yno dawelwch sydd y tu hwnt i'r gwersyll gwyliau haf yn y caeau gerllaw. Cafodd yr abaty ei enw o Biler Eliseg, neu'r groes, y mae arysgrif Ladin arni'n coffáu'r teulu oedd yn rheoli dros Bowys yn ystod y seithfed a'r nawfed ganrif. Credir bod y groes yn dyddio o'r nawfed ganrif. Arferai fod yn ugain troedfedd o uchder, ond nid yw'n gyflawn bellach. Yn dilyn Rhyfel Cartref 1642–6, fe'i difrodwyd, a gadawyd yr hyn sydd yn weddill heddiw, sef y piler. Lleolwyd y groes ar feddrod sy'n bedair mil o flynyddoedd oed. Llwyddodd Edward Llwyd i gofnodi Lladin yr arysgrif. Ailgodwyd y piler yn ofalus ar ei safle gwreiddiol yn 1779 gan Edward Lloyd o Neuadd Trefor. Mae'r abaty ei hun wedi ei adeiladu ar ffurf croes. Cyngen ap Cadell, brenin Powys, a'i cododd, i anrhydeddu ei hen daid, Eliseg o Gastell Dinas Brân. Cred rhai mai'r un Eliseg sydd yn enw creigiau ardal Eglwyseg. Rhyddhaodd Eliseg Bowys o afael y Saeson.

Ceir olion trawiadol yng Nglyn-y-groes. At ei gilydd, roedd yr abatai'n cefnogi tywysogion Cymru yn erbyn coron Lloegr. Er i'r Normaniaid a'r Sistersiaid ddod â chrefydd Ewropeaidd ei naws efo nhw, fe fu'r abatai'n gadarnleoedd i'r beirdd a'r llawysgrifau Cymraeg. Roedd hyn yn wir am Abaty Glyn-y-groes, a sefydlwyd yn wreiddiol gan Madog ap Gruffudd Maelor, tywysog gogledd Powys, yn 1201. Fe fu'n ganolfan ac yn bencadlys i Bowys Fadog am gyfnod, ond fe'i meddiannwyd yn fuan iawn gan y Sistersiaid, ac fe symudwyd Cymry cynhenid yr ardal i ran arall o dywysogaeth Madog. Urdd y Mynaich Gwynion a ddaeth yma, rhai oedd yn gysylltiedig ag Abaty Ystrad Marchell, ger y Trallwng. Eto i gyd, rhaid cofio i'r abaty fod yn ddatganiad o rym yr hen Bowys Fadog, o ddyffryn Tanat hyd aber afon Dyfrdwy. Roedd Glyn-y-groes, y cwm cul hwn, yn gallu cynnig popeth a oedd ei angen ar gyfer datblygiad yr abaty. Yn yr hundy, lle cynigid lletygarwch i'r mynachod a'u gwesteion mewn cyfnod diweddarach, fe welwn fedd Madog, sydd ymhlith olion gorau Cymru o'r bedwaredd ganrif ar ddeg. Fe welir cerfiadau yma mewn amrywiaeth o arddulliau Celtaidd.

Yn dilyn tân yn 1250 ehangwyd yr abaty, ac erbyn 1535 roedd yn ail i Abaty Tyndyrn o ran cyfoeth mynachlogydd Cymru. Ymosodwyd ar y safle yn ystod goresgyniad Edward I, a lledodd y Pla Du yma yn ei dro. Dotiodd John Ruskin at ddyffryn Dyfrdwy, ac yn arbennig at safle Glyn-y-groes. Bwriadai gyhoeddi llyfr ar fynachlogydd Prydain â'r teitl arfaethedig *Vrucis*. 'Eden fach' oedd disgrifiad Henry Wigstead, un o'r teithwyr mynych i'r fangre gyfareddol hon, o'r lle yn 1797.

Arferai Abaty Glyn-y-groes uno'r ardal, rywsut, ac mae'n dal i wneud hynny i raddau. Wrth syllu ar ffenestri Plas Newydd, cartref y Ladis enwog, gwelir darnau o hen wydr Glyn-y-groes wedi'u hymgorffori ynddynt. Ymsefydlodd Ladis Llangollen yn 'the beautifullest country in the world', chwedl hwythau, yn 1780. Dianc rhag confensiwn y cyfnod yn Iwerddon a wnaeth y ddwy wraig o dras Seisnig / Wyddelig – Lady Eleanor Butler (1739–1829) yn osgoi beirniadaeth ei mam ar fywyd y cwfaint, a Sarah Ponsonby (1755–1831) yn dianc rhag sylw anweddus ei gwarchodwr.

Mae dylanwad Glyn-y-groes yn dal dros y fro, ac mae'n un o'r enghreifftiau gorau o fynachlogydd canoloesol Cymru. Fuodd yna erioed fwy na thri ar ddeg o fynachod yma. O'r ddeuddegfed ganrif ymlaen, y Sistersiaid, a'u dehongliad caeth o reol Bened, oedd yr urdd fwyaf niferus yng Nghymru, a bu safleoedd eu canolfannau diarffordd yn atyniadol byth ers hynny. Mae hyd yn oed y pysgodlyn gwreiddiol, canoloesol yn dal yn llawn dŵr islaw llethrau Coed Hyrddyn. Mae ffenestr wreiddiol o'r abaty yn eglwys Llantysilio gerllaw, sy'n dyddio o'r bymthegfed ganrif. Mae hon yn eglwys fach hynod, ger Rhaeadr y Bedol, ar lan afon Dyfrdwy. Dyma fan cychwyn camlas Llangollen.

Fe ganodd Guto'r Glyn glodydd i'r gofal a gafodd yng Nglyn-y-groes yn ei henaint. Ymddengys fod yr abaty wedi ei eithrio ei hun o reolaeth gaeth y Sistersiaid erbyn cyfnod y bardd. Yn ôl un gerdd gyfarch ganddo, cynhaliwyd gwledd yng Nglyn-y-groes un tro â mil o afalau ar y fwydlen, ac fe'u golchwyd i lawr efo diod a wnaed o ddŵr, mêl, perlysiau a dail. Rhoddwyd cleddyfau a bwcledi'n anrhegion i'r gwesteion. Er bod y Sistersiaid i fod i wrthod moethau, yn ôl rheol Bened, fe ddaeth y criw yma'n ffermwyr defaid cyfoethog, mae'n debyg. Bu farw Guto'r Glyn yma tua 1493, wedi derbyn lletygarwch dihafal yr Abad Siôn a'r Abad Dafydd.

Credir i Iolo Goch, bardd a thirfeddiannwr o Lechryd, Llannefydd, gael ei gladdu yma hefyd. Trafodwyd y ddamcaniaeth gan George Borrow yn *Wild Wales*, a byddai yntau wedi drachtio o'r traddodiad llafar a fyddai wedi rhagflaenu ei daith. Roedd Borrow wrth ei fodd â'r traddodiad barddol, ac roedd Iolo Goch wedi clodfori Owain Glyndŵr a'i groeso diarhebol yn Sycharth.

Abaty Glyn-y-groes

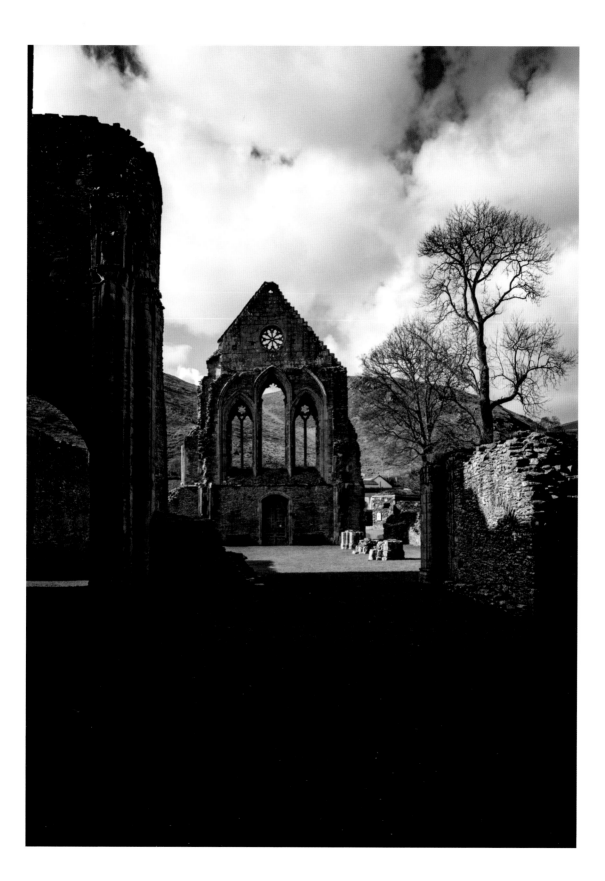

Y prif olion sy'n aros ar ôl diddymu'r mynachlogydd yw'r cabidyldy o'r bedwaredd ganrif ar ddeg, â'i nenfwd unigryw, lle tân, cwpwrdd llyfrau ac eglwys arbennig y tu mewn i'r adeilad. Y tu allan, mae mur gorllewinol yr abaty a'i ffenestr nodedig, a'r pwll pysgod. O ongl y pwll pysgod, gellir gweld y mur dwyreiniol. Yn ddiweddarach, defnyddiwyd y cabidyldy fel tŷ fferm, ac mae'r seddi carreg o amgylch yr ystafell yn dal yno. Difrodwyd yr abaty gan dân ar fwy nag un achlysur, ac fe'i paentiwyd gan Turner yn 1790. Ceir golygfeydd anarferol o Gastell Dinas Brân o'r cyfeiriad hwn hefyd.

Credaf fod naws y dyffryn, ei bobl a'u hagosatrwydd wedi eu portreadu'n effeithiol gan y diweddar awdur hynaws June Knox-Mawer, yn ei nofel *Ram in the Well*.

Rhwng y 1980au a 2004, ar ddydd Mercher Eisteddfod Llangollen, pan oedd y tywydd yn caniatáu, un o uchafbwyntiau'r dydd oedd y gwasanaeth eciwmenaidd ac aml-genedl a gynhelid yn Abaty Glyn-y-groes, a ddeuai â ni i gysylltiad â'r hen ynni yn y tir unwaith eto. Byddai bws rhadlon, parablus, yn mynd â'r pererinion o ganol Llangollen i'r abaty, a hyd yn oed gyrrwr y bws yn mynnu cael copi o drefn y gwasanaeth. Buan iawn y byddech wedi gwneud ffrindiau newydd, a chyrraedd mewn pryd i weld y ficer lleol a'r cynrychiolydd o India wrth ei ochr, yn gosod eu penwisgoedd yn ofalus. Mae colled ar ôl y gwasanaeth hyfryd hwn.

Gall Bwlch yr Oernant gerllaw fod yn oer iawn, ac yn angheuol weithiau. Ond ar y brig mae hafan arbennig i feicwyr, sef bwyty'r Ponderosa, a theulu cyfeillgar tu hwnt yn ei redeg. Mae eu diddordeb mewn pobl yn allweddol i'w llwyddiant yn y caffi a'r siop 'uwchlaw'r cymylau'.

Plas Newydd

Uwchlaw tref Llangollen i gyfeiriad Fron Bache, llecyn heddychlon arall yw Plas Newydd, cartref Ladis Llangollen erstalwm. Fe dreuliodd Eleanor a Sarah hanner can mlynedd ym Mhlas Newydd. Clytwaith o dŷ ydyw, ac mae ynddo nifer o gelfi a gafwyd yn rhoddion gan ffrindiau dylanwadol. Y peth mwyaf trawiadol i mi ydy'r ffenestr a gweddillion ffenestri Abaty Glyn-y-groes yn rhan o'i gwneuthuriad. Dyfodiad y ddwy wraig hynod hyn a newidiodd y bwthyn yn adeilad mwy gothig ei arddull, neu *gothic folly*. Ymgartrefodd y ddwy ym Mhlas Newydd gyda'u morwyn, Mary Caryll, a'i thymer wyllt.

Datblygodd Plas Newydd yn ganolfan ar gyfer astudiaethau preifat, a chafwyd ymweliadau gan gyfeillion nodedig y Ladis – William Wordsworth, Dug Wellington, Percy Shelley, Richard Sheridan, Robert Southey, Lord Byron, Josiah Wedgwood a Walter Scott. Hwyluswyd ymweliadau'r bobl hyn gan yr A5. Pan ddeuai ymwelwyr am yr eildro, roedd yn arfer ganddynt ddod â chelfi derw cerfiedig efo nhw yn rhodd i'r Ladis. Go brin y cafodd Walter Scott ddychwelyd oherwydd, er iddo ganmol y tŷ, nid oedd ei ddisgrifiad o'r Ladis yn ganmoliaethus: 'A couple of hazy or crazy old sailors'.

Yn yr arddangosfa barhaol ym Mhlas Newydd ceir dyfyniadau bach difyr am fywydau Eleanor a Sarah. Cyfeirir yn aml at y daith gerdded ar hyd ochrau Cyflymen – y nant islaw eu cartref – ym mhob tymor a thywydd. Heddiw, mae hon yn dal yn daith gerdded hyfryd. Synhwyrwch y garlleg yn yr awyr yn dilyn cawod Fai. Mae'r dyffryn bach cuddiedig hwn yn cael ei dacluso'n rheolaidd, ac fe ddaw pobl yma bob dydd i gerdded. Mae eraill yn gwasgaru llwch eu hanwyliaid yma, a hwythau'n parhau â'u bywydau gerllaw, dim ond rownd y gornel, megis. Mae'r gweithwyr diwyd sy'n cadw'r dyffryn mewn trefn yn cofio'r melinau gynt, ac arferion cosi'r brithyll yma, ac am lifogydd y flwyddyn 2000, pan ddangosodd Cyflymen ei dannedd, a pha mor gywir oedd ei henw.

Er nad oes olion o ardd bersonol y Ladis erbyn hyn, mae parc hyfryd yn amgylchynu'r tŷ, a digonedd o le i grwydro. Fe geir ffynnon addurnedig o gyfnod Ladis Llangollen a'r pennill hwn arni:

> Drink, gentle pilgrim, from the well,
> Thus sacred in this hollow dell!
> Drink deep! – yet ere the yearning lip
> Touches the draught it longs to sip,
> Pray for the souls of those who gave
> This font that holds the limpid wave!
> This holy font, which lay o'erthrown
> Mid Valle Crucis' shadows brown,
> And which the hands of holy men
> Have blest, but ne'er can bless again.
> Drink, happy pilgrim, drink and pray,
> at morning dawn or twilight grey,
> Pray for the souls of those who gave
> this font that holds the limpid wave!

Dotiodd William Wordsworth hefyd at leoliad y tŷ, fel y dengys y dyfyniad penodol hwn o soned o'i waith yn arddangosfa Plas Newydd.

> Glyn Cafaillgaroch, in the Cambrian tongue,
> In ours the Vale of Friendship, let this spot
> Be nam'd, where faithful to a low roof'd Cot
> On Deva's banks, ye have abode so long,
> Sisters in love, a love allowed to climb
> Ev'n on this earth, above the reach of time.
>
> ('Sonnet composed at Plas Newydd',
> o gasgliad personol y Ladis, 1824)

Mae'n debyg nad oedd y Ladis yn hoffi'r disgrifiad o Blas Newydd fel 'low roof'd Cot', ac ni chafodd Wordsworth ddychwelyd am de bach prynhawn eto. Doedden nhw ddim yn or-hoff o'i farddoniaeth chwaith. Does dim modd plesio pawb! Yn nhir y gerddi presennol ceir cofeb i dri bardd Cymraeg o ardal Llangollen – Jonathan Hughes, Taliesin o Eifion, a Gwilym Ceiriog.

Tybed sut fyddai'r Ladis wedi ymateb i ddisgrifiad George Borrow – 'a small, gloomy mansion' – a theithlyfr o'r cyfnod a'r disgrifiad 'fantastical rather than tasteful' ynddo? Bwthyn Pen y Maes oedd Plas Newydd cyn i'r ddwy wraig ei addasu. Mae'r tu mewn wedi ei gadw yn ysbryd cyfnod y Ladis yn llwyddiannus. Yn ddiweddarach yr ychwanegwyd y cerfiadau blaen allanol. Ceir straeon mewn llên gwerin bod ysbryd y ddwy wraig yn dal i grwydro Plas Newydd, a'u bod yn ymddangos mewn gwisgoedd dynion glas llachar. Mae'r atgof am fywyd diwylliannol ac ysbrydol hyfryd y ddwy yma'n glynu ym Mhlas Newydd.

Yn y gerddi saif piler gwreiddiol Croes Farchnad Caer hefyd. Yn dilyn marwolaeth y ddwy Ladi, cynhaliwyd arwerthiant o'u heiddo a barodd am wythnos gron yn Awst 1832. Gwelir eu bedd ym mynwent eglwys Sant Collen. Yn 1876 prynwyd Plas Newydd gan John Yorke o deulu'r Erddig. Roedd yn edmygydd o fyd y Ladis, ac fe drodd y tŷ'n amgueddfa er cof amdanynt. Yn ystod y 1930au, ceisiodd yr Arglwydd Howard de Walden o Gastell y Waun sefydlu cwmni theatr cenedlaethol dwyieithog ym Mhlas Newydd, ond ni fu'n llwyddiannus, a daeth y fenter i ben pan ddechreuodd yr Ail Ryfel Byd yn 1939. Yn nhir y Plas, gwelir meini Gorsedd Eisteddfod Genedlaethol Llangollen 1908 hefyd.

Eisteddfod Gerddorol Gydwladol Llangollen

I orffen ein taith, deuwn at ochr arall y cwm. Cafwyd traddodiad eisteddfodol yma ymhell cyn 1947, yn enwedig y llwyddiant eisteddfodol hwnnw a lysenwyd yn 'Pastai Fawr Llangollen' yn 1858. Yn yr eisteddfod honno y gwnaeth yr Orsedd ei hymddangosiad cyntaf o dan arweiniad Dr William Price, Llantrisant, a'i ferch Penelopen. O ganol y torfeydd lluosog a ddaeth i Langollen, y cecru am rai cystadlaethau, a'r glaw a ddaeth i mewn i'r babell, fe gafwyd hefyd yno alaw fuddugol, 'Glan Rhondda' gan James James, a ddaeth yn anthem genedlaethol i ni maes o law.

Eisteddfod Fawr Llangollen ein dyddiau ni, yn ddi-os, ydy Eisteddfod Gydwladol Llangollen. Rwyf wastad wedi meddwl y byddai hanes yr eisteddfod yn sail dda i ddrama neu sioe gerdd – mae'r cyfan yno'n disgwyl i rywun ei ffilmio, bron. Ond efallai y diflannai'r hud pe digwyddai hynny.

I mi, mae'r eisteddfod yn brofiad ysbrydol, a byddaf yn mynd yno bob blwyddyn i ymlacio a gadael i'r ŵyl weithio'i hud arna i. Mae'n dechrau efo gorymdaith hyfryd drwy'r dref. Mae'r digwyddiad mor emosiynol a lliwgar fel nad oes raid wrth heip teledu yno o gwbl – mae'r cyfan yn digwydd mor naturiol. Deuwn at bont Llangollen yn dyheu am eli i'r galon wedi siomedigaethau byd anwadal, efallai – a'i gael yn lluosog gydol yr wythnos. Ar ôl tua thri'r prynhawn, mae'r 'amser arall' mewn bywyd yn goddiweddyd amser arferol y manion, ac rydym yn esgyn ar adenydd breuddwyd yr eisteddfod – pobl o gyffelyb fryd sy'n rhannu'r un awydd am gytgord rhwng y cenhedloedd. Suddwn ac ymlaciwn, anweswn ein gilydd ar y pnawn diamser hwn, cusanwn bobl na welwn ond ar y diwrnod hwn. Mae'r bardd yn cael bod yn fardd, yma yng nghornel y caffi ger y bont ar y prynhawn hwn. Deuwn yma i ailwefru'r batris, i fod yng nghwmni trigolion y cwm arbennig hwn unwaith eto, ac i geisio eto wynfyd arwyddair yr eisteddfod, cwpled cofiadwy T. Gwynn Jones: 'Byd gwyn fydd byd a gano. / Gwaraidd fydd ei gerddi fo.'

Bob pnawn Mawrth yr eisteddfod, ar bont hynafol Llangollen, ceir darlun sy'n symbol clir i'n byd – cynrychiolwyr y gwledydd yn gorymdeithio drwy'r dref, ac enfys o liw a chwrligwgan o ddawns a cherddoriaeth yn pontio'r byd. Dyma'r pnawn bob blwyddyn pan fydd amser yn simsanu, y drafnidiaeth yn peidio, a ninnau'n medru croesawu'r gwledydd i Gymru. Edrych ar ein gilydd lygad yn llygad, lle unwaith y buom lygad am lygad.

Mae gwreiddiau'r ŵyl yn hynod ddiddorol. Harold Tudor, yn enedigol o Dan-y-fron, Wrecsam, a gafodd y weledigaeth gychwynnol. Newyddiadurwr efo'r *Daily Post* ydoedd, a swyddog rhanbarthol y Cyngor Prydeinig. Mae Harold Tudor yn sôn yn ei lyfr, *Making the Nations Sing*, am glywed hogyn ifanc ar lonydd y wlad yn canu emyn a hithau'n rhyfel byd: 'In this ancient Welsh lane was a strange, ennobling contrast – a boy untouched by the turmoil encompassing his leaders' world, a boy with a confident heart and a message on his lips.' Er y trafodwyd cydlynu efo'r Eisteddfod Genedlaethol ar y dechrau, fe ddatblygodd y syniad yn annibynnol dan arweiniad W. S. Gwynn Williams (1896–1978), y cyfansoddwr a'r cyhoeddwr cerddoriaeth, a chyfarwyddwr cerdd yr Eisteddfod Genedlaethol ar y pryd. Roedd yn frodor o Langollen. Bu George Northing, athro hanes yn Ysgol Dinas Brân, Llangollen, a chadeirydd Cyngor Tref Llangollen, yn weithgar yn y gwaith datblygu, ac roedd cyfraniad dyn busnes lleol o'r enw W. Clayton Russon, perchennog y ffatri hadau, a blannodd hadau gwahanol a pharhaol yn y cwm cerddgar, yn allweddol i lwyddiant yr ŵyl gyntaf. Bu W. S. Gwynn Williams yn drefnydd cerdd yr ŵyl tan ei ymddeoliad yn 1977.

Gwirfoddolwyr a drefnodd eisteddfod 1947 yn gyfan gwbl, a ffurfiwyd pum pwyllgor sy'n parhau hyd heddiw – Cyllid, Maes, Cerddoriaeth, Croeso a Chyhoeddusrwydd. Archebwyd pabell Eisteddfod Môn ar gyfer Mehefin 1947, ac fe gysylltodd y Cyngor Prydeinig â chorau ledled Ewrop. Casglwyd £1,100 yn lleol o fewn ychydig amser, ac fe osodwyd amod yn sgil y gefnogaeth, sef y byddai'n rhaid defnyddio unrhyw arian dros ben i gynnal ail eisteddfod. Byddai'r ymwelwyr tramor yn lletya yn y dref, a'r ymwelwyr Prydeinig yn cael gwlâu mewn neuaddau a chanolfannau. Roedd gofyn i gystadleuwyr ymddangos ar y llwyfan yn eu gwisg genedlaethol, a phan oedd yn ymarferol ar adegau eraill yn ystod yr wythnos. Yn yr ŵyl gyntaf cafwyd cyfraniad gan 40 côr o 14 gwlad. Movietone Cinema Newsreel a gofnododd eisteddfod 1947 – wyth munud o ffilm ddu a gwyn – a heddiw, rhaid diolch i S4C am ddal i fod â diddordeb yn yr eisteddfod unigryw hon o Gymru, gan i bob darlledwr arall gilio.

Un wraig oedd â'r hanes i gyd ar ei chof oedd Sara Pugh Jones. Wrth recordio sgwrs efo hi unwaith yn fy nyddiau radio, fe stopiodd Sara'r recordiad i ddweud: 'Dach chi wedi galw'r eisteddfod wrth yr enw anghywir. Cydwladol ydy'r term, nid rhyngwladol. Pawb at ei gilydd,

Safle Eisteddfod
Gerddorol
Gydwladol
Llangollen

dim byd yn dod rhyngddyn nhw. Cydwladol.' Ac rwyf wedi cofio'i phwyslais byth ers hynny, ac ydy, mae o'n enw tlysach ar yr ŵyl.

Dydy ennill ddim yn bopeth yn Llangollen. Dyna i chi'r côr oedd yno ar y dechrau, ac sydd wedi dychwelyd sawl tro ers hynny. Dydyn nhw erioed wedi ennill cystadleuaeth, ond yn ddi-os, y nhw ydy'r enwocaf o gorau'r ŵyl – Côr Lübeck o'r Almaen, a ddaeth yno am y tro cyntaf yn 1949. Bydda i'n meddwl yn reit aml wrth rodio ar y Maes am y bobl hynny ddaeth ar y trên o Lübeck ar ôl yr Ail Ryfel Byd – dod yn hwyr y nos, yn ofni beth fyddai ymateb y bobl wedi iddynt gyrraedd. Gyrru'r plant a'r gwragedd allan o'r trên yn gyntaf. Yna drannoeth, ofni camu ar y llwyfan, ofni ymateb y dorf, cyn derbyn maddeuant gŵr a gollodd frawd yn y rhyfel, yr arweinydd lleol, yr athro a'r prifathro Hywel D. Roberts. Dirgrynodd ei ddatganiad o'i enau ac o'r cwm: 'Croeso i'n cyfeillion o'r Almaen.' Methodd y côr â chanu am funudau lawer oherwydd eu bod yn eu dagrau. Tybed a yw'r un ysbryd o faddeuant, a 'gadael i bethau fynd' yn cyniwair yn y tir heddiw?

Yn 1986, a minnau'n ohebydd radio lleol, mi gefais y fraint o gyfarfod Lüder Klohs, oedd yn arweinydd Côr Lübeck erbyn hynny. Cofiai ddod i un o'r eisteddfodau cyntaf ar ôl yr Ail Ryfel Byd yn 16 oed, a'i dad yntau'n arwain bryd hynny. Arwain y gân, ond hefyd yn arwain y bererindod ofnus honno gan bobl yr Almaen. Oherwydd bod diddordeb cyffelyb mewn heddwch ac yn y celfyddydau yn Llangollen ac yn Lübeck, rhoddwyd sbardun pellach i'r ŵyl unigryw hon, a llwyddwyd i bontio mewn modd chwyldroadol.

Bu Hywel D. Roberts yn arweinydd llwyfan am ddeugain mlynedd. Rhwng 1980 ac 1983, y cyflwynydd llwyfan Nia Rhosier oedd y wraig gyntaf i fod yn brif arweinydd y llwyfan. Symudodd yr eisteddfod i'w lleoliad presennol yn 1958, ac adeiladwyd y pafiliwn hyblyg yn 1992. Mae 'na gynifer o ddelweddau'n dod i'r cof – y Pavarotti ifanc yn dod yma yn 1955 yn 17 oed i ganu yng nghôr ei dad o Modena, a dychwelyd yn 2005 i groeso ysgubol. Dyna griw'r Crwydryn Llon – 'angylion â phlethi', chwedl Dylan Thomas. Côr plant Obernkirchen yn yr Almaen a'u 'ffal-di-ri ffal-di-ra' hyfryd i doddi'r calonnau caletaf. Gwnaeth yr ŵyl argraff ar Dylan Thomas yn 1953: 'Are you surprised that people still can dance and sing in a world on its head? The only surprising thing about miracles, however small, is that they sometimes happen.'

Terry Waite yw Llywydd Eisteddfod Llangollen bellach. Soniodd am yr ysfa gref a gafodd i glywed cerddoriaeth unwaith yn rhagor ar ôl cael ei gaethiwo yn Beirut rhwng 1987 ac 1991. Clywodd ganu ar y stryd drwy wal drwchus ei gell un tro, ac addunedodd adfer balm cerddoriaeth i'w fywyd pan gâi ei ryddhau. Fe enwebodd Terry Waite yr eisteddfod ar gyfer Gwobr Heddwch Nobel, ac yn fy marn i roedd Llangollen yn haeddu ennill, er na lwyddodd i wneud hynny. Dyma oedd ei eiriau: 'For sixty years, the people of this Welsh town have demonstrated that they can make an enormous contribution to international understanding. During those sixty years, many new friendships have been formed and many negative stereotypes banished.' Yn ystod yr ŵyl, mae'r neges fod cerddoriaeth yn uno cenhedloedd yn real ac yn gyffyrddadwy, ac mae awyrgylch yr eisteddfod unigryw hon yn aros efo chi am amser hir. Weddill y flwyddyn, y tu allan i brif fynedfa'r eisteddfod ar Ffordd yr Abaty, fe welir cerflun *Y Delyn a'r Colomennod*, yn symbol i'n hatgoffa o'r wyrth flynyddol. Fel y dywedodd Dylan Thomas, 'weithiau, mae gwyrthiau yn digwydd'.

10 Dyffryn Gwy Uchaf

- ✣ Rhaeadr Gwy
- ✣ Erwyd, Cilmeri ac Abaty Cwm-hir
- ✣ Bro Teulu Trefeca
- ✣ Cadeirlan Aberhonddu

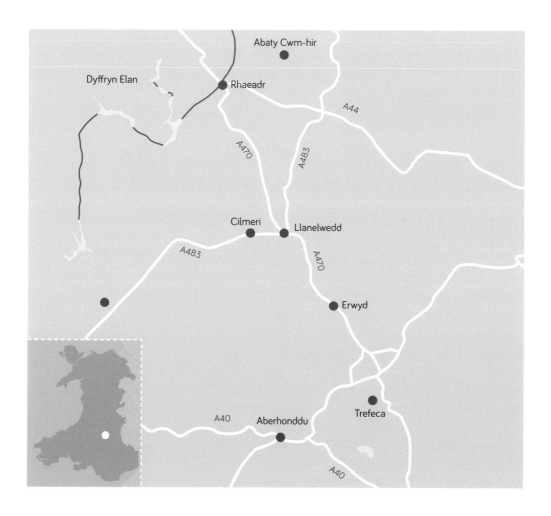

Abaty Cwm-hir

Dyffryn Elan

Rhaeadr

A44

A470

A483

Cilmeri

Llanelwedd

A483

A470

Erwyd

A40

Aberhonddu

Trefeca

A40

Cadeirlan Aberhonddu

Er ei fod o ymhell o bobman ym mhen draw'r Cwm-hir,
bu'r byd yma unwaith.
Ac er mai olion y muriau sydd yma heddiw,
fe'u hail-lenwir â'n dealltwriaeth
a'n dyhead i barhau.

('Abaty Cwm-hir')

Bro gyfareddol yw rhan uchaf Dyffryn Gwy. Rydw i'n teimlo fod siâp arbennig i'r flwyddyn yn y mannau breintiedig yma ar hyd y gororau – ambell sioe amaethyddol fan hyn a fan draw yn y pentrefi, a digwyddiadau tymhorol yn amlwg iawn. Mae gwerthfawrogiad cynhenid o dymhorau'r flwyddyn yn codi o'r cysylltiad â'r tir. Dyma fro sy'n gwneud i mi arafu ac ymlacio'n reddfol. Mae teithiau cerdded yn y mannau sydd yn y bennod hon i gyd, ond gellir teithio iddynt yn hwylus iawn mewn car hefyd.

Rhaeadr Gwy

Mae Rhaeadr gysglyd yn fan cyfleus i gael hoe wrth deithio rhwng de a gogledd bob amser, ac yn y dref mae un o'r croesffyrdd mwyaf diddorol yng Nghymru, lle croesa'r A470 a'r A44. Dywedodd gwraig leol radlon wrtha i, 'Dyma wir galon Cymru', a rywsut, ni allwn ddadlau â hi. 'Roeddech chi'n arfer adnabod pawb oedd yn dod i mewn i Raeadr,' aeth yn ei blaen, 'ac yn gwybod o ble roedden nhw'n dod. Ond mae pethau'n newid … *we're terribly nosy – we like to know what's going on.*' Yn wir, yn ffenestr un o'r clwstwr o letyau gwely a brecwast, ceid yr arwyddair smala: 'Sod the dog, beware of the kids'.

Yn sicr, mae Rhaeadr yn lle hynod gyfeillgar a chroesawgar o'r ddau gyfeiriad, ac yn annibynnol ac agored ei natur. Heddiw, un o brif atyniadau ei chyrion yw Canolfan Fwydo Barcutiaid Fferm Gigrin. Rai blynyddoedd yn ôl, dim ond pump ar hugain o'r adar prin yma oedd ar ôl yn yr ardal, ond bellach mae'r nifer wedi cynyddu'n sylweddol. Mae'r adar yn ymgasglu yn yr awyr ac yn troelli o'r eangderau. Dyma'u tiriogaeth nhw. Cofiaf dawelwch y disgwyl, a'r hofran nes i'r wledd ddod

Dyffryn Elan

ger eu bron. Mae sŵn y tractor yn ddigon i beri iddynt ymgynnull, ac wedi i'r rhuo ddistewi, pan fo'r llwybr yn glir, daw'r barcutiaid i ddal eu cig a'i fwyta'n ddeheuig yn yr awyr. Fel y dywedodd rhywun oedd yn syllu ar hyn wrth fy ochr: 'They soon polish off that food.' Mae'r brain a'r adar eraill yn chwalu o flaen y barcud, ac ymhen ychydig mae'r awyr yn teneuo eto wedi'r wledd. Mae'r barcutiaid yn cilio'n ôl at rythmau natur a'r pellteroedd. Gadewir eu cysgod ar y gwynt.

Ceir tystiolaeth o gartrefi yn Rhaeadr o 1340 ymlaen. Nodir yn *Gwyddoniadur Cymru yr Academi Gymreig* i'r bardd Dafydd y Coed ysgrifennu awdl ddychanol a hallt i'r dref yn y bedwaredd ganrif ar ddeg, 'Tanfflam drwy Raeadr Gwy gas'. Bu'r Rhaeadr yn groesffordd bwysig i'r Goets Fawr, gan ei bod yn sefyll ar lwybr y teithiau o Aberystwyth i farchnadoedd Lloegr. Mae'n anodd credu i'r Rhaeadr hamddenol weld ôl terfysgoedd Beca ar ddechrau'r 1840au.

Adeiladwyd y castell hynafol gan Rhys ap Gruffudd, tywysog y Deheubarth, i warchod rhag y Normaniaid. Lladdwyd Einion Clyd a Morgan ap Meredydd gan filwyr Roger Mortimer ym Maenserth, ar fryniau Cwmdeuddwr gerllaw. Roedden nhw'n dychwelyd o'r eisteddfod gyntaf un a gynhaliwyd gan yr Arglwydd Rhys yng nghastell Aberteifi yn 1176 pan ymosodwyd arnynt gan eu gelynion.

Ceir golygfeydd hyfryd o afon Gwy o barc y Gro, a chyn i'r bont gael ei hadeiladu honnir bod y 'rhaeadr' ei hun (sydd bellach o dan y bont) yn llifo'n gynt na Niagara fawr ar ei thaith. Yng nghyfeirlyfr *Llwybr Dyffryn Gwy*, ceir tystiolaeth un teithiwr o'r ddeunawfed ganrif: 'At a distance it appears like a white sheet, spread out, and on nearer approach, the noise is so great that it is some time before a person can properly recover his hearing.' Roedd hyn cyn i unrhyw ddyfroedd gael eu hamgáu yn nyffrynnoedd Elan a Chlaerwen, a byddai gweld tyddynwyr yn golchi eu dillad ger y bont a'r Gro'n olygfa gyffredin.

Yng nghanol y dref fechan ceir ambell hen siop sydd fel ffotograff du a gwyn o'r oes o'r blaen – siopau teuluol sy'n tystiolaethu i fywyd arafach, brafiach na'n ras archfarchnadol ni heddiw. Mae'n bryder gen i y bydd rhyw grafangau corfforaethol yn cael gafael ar y Rhaeadr ac yn dinistrio'i hyfrydwch cynhenid, yn dinistrio'r rheswm pam y daw pobl yma. Eto i gyd, teimlwn ei bod wedi cael ei gadael i ddirywio mewn mannau hefyd ac, ar ail ymweliad, sylwais ar fwy o siopau gwag, dirwasgedig yn ardal Cwmdeuddwr o'r dref. Cwmwd Deuddwr oedd enw'r tir yr ochr arall i'r afon yn wreiddiol. Bu'r tai yn dyst i gyfnod llewyrchus cynharach – adeiladau hardd, ysblennydd, yn glynu at eu hen urddas. Seisnig yw'r Gymru a hyrwyddir yn y Rhaeadr heddiw, a'r Gymraeg yn ymddangos fel ecstra mewn *B-movie* mewn enw lle cymysg fel Gro Park.

Braf iawn yw cael paned hamddenol a gweld y byd a'i bobl yn mynd rhagddo mewn prysurdeb rhyfeddol wrth groesffordd y cloc, ac ambell lorri'n cael trafferth gwasgu heibio ffenestr y caffi. Mae rhai pobl yn dadlau fod Rhaeadr yn rhy gul i lorïau'n cyfnod ni. Ond yn ôl eraill, byddai'r Rhaeadr yn anghyflawn heb ei chloc. Wedi'r cwbl, dyma'r dref lle bu pobl yn eu clymu eu hunain wrth y cloc i'w arbed rhag cael ei ddymchwel i hwyluso'r llif ar groesffordd allweddol y dref. Cyn 1922 byddai'n groesffordd anos fyth oherwydd lleoliad Neuadd y Farchnad a safai yng nghanol y ffordd er 1762.

Hen ffenestri siopau – rhai yn wag – a hydref a gaeaf arall o'u blaen. Hen orsaf betrol wedi rhydu, busnesau â llythrennau wedi disgyn o'u henwau ym mro fendigedig Gwy. Gofynnwch i rywun ymhle mae'r llyfrgell, ac fe gewch ateb sydyn: 'Down the road before the butcher's.' Arferid cael marchnad anifeiliaid gwahanol bob dydd, ond dim ond rhai arbennig bob hyn a hyn a geir bellach.

Mae sôn ym mhob man yn Rhaeadr am gymoedd Elan a Chlaerwen gerllaw, a'r argaeau sydd yno bellach, a'u dyfroedd yn uno yng Nghwmdeuddwr. Mae plwyf Cwmdeuddwr yn cynnwys rhan helaeth o ddyffryn Elan. Daethpwyd o hyd i emwaith o gyfnodau Rhufeinig a Cheltaidd yma. O ran Cymreictod, fe ddaeth llawer i Gardi i ddyffryn Elan, a sonnir yn annwyl amdanynt yn y dref, sydd â'i siâr o enwau tai Cymraeg – Glanrafon, Tŷ Deri, Dolmynach. Mae'r enwau'n dwyn i gof eiriau Harri Webb a llais Heather Jones yn y gân 'Colli Iaith'. Chwalwyd y gymuned Gymraeg yng nghwm Elan:

> Colli tir a cholli tyddyn,
> Colli Elan a Thryweryn;
> Colli Claerwen a Llanwddyn
> A'r wlad i gyd dan ddŵr llyn.

Yn 1184 fe drosglwyddwyd tir y Grange o Gwmdeuddwr a'r holl diroedd oedd yn gysylltiedig ag Elan a Chlaerwen i abaty Ystrad-fflur yng Ngheredigion. Hwn oedd llwybr y pererinion i Ystrad-fflur. Yn draddodiadol, ym mynwent yr eglwys, cleddid trigolion Cwmdeuddwr ar y naill ochr i'r llwybr, a theuluoedd Cwm Elan ar y llall. Mae llwybr mynydd i Aberystwyth ar hen ffordd y pererinion. Ger Esgair Perfedd, ceir hen ffordd y mynachod o Ystrad-fflur i Abaty Cwm-hir, ac fe adeiladwyd hwn ar sail hen lwybr o'r Oes Efydd, 3,000 o flynyddoedd yn ôl. Ceir awyrgylch tebyg i'r un a geir ym Mwlch y Groes, ger Llanuwchllyn, wrth i ni ryfeddu at sicrwydd cred y pererinion yn glynu wrth y ffordd.

Pa deimladau bynnag sy'n cyniwair ynom, mae dyffryn Elan yn werth ymweld â fo. Dyna i chi'r argaeau â'r enwau hudolus yng Nghaban Coch, Garreg Ddu, Penygarreg, Graig Goch, a'r argae na chwblhawyd yn Nôl y Mynach; ychwanegwyd argae Claerwen yn 1952. Mae'r ganolfan ymwelwyr yn cofnodi un wedd ar yr hanes. Dyma eiriau cadeirydd pwyllgor dŵr Birmingham tua 1880: 'Foneddigion, bu rhagor eto o achosion o'r frech wen a'r dolur rhydd yn ein dinas; mae arnom angen dŵr pur … Cofiwch, gyd-gynghorwyr, "Glendid sydd nesaf at dduwioldeb".' Mewn deddf a basiwyd yn 1892, rhoddodd y Frenhines Fictoria ganiatâd i foddi Cwm Elan. Arweiniwyd yr ymgyrch yn Birmingham gan y maer, Joseph Chamberlain, a datblygwyd y cynllun uchelgeisiol i yrru dŵr mewn pibellau 72 o filltiroedd i ddinas Birmingham gan James Mansergh, y peiriannydd sifil.

Dechreuwyd ar y gwaith o adeiladu'r argaeau yn 1893, ac fe welir pensaernïaeth Fictoriaidd ar ei chryfaf yma. Ond, fel y dangosodd R. Elwyn Hughes yn ei erthygl 'Cwm Cul a Garw' yn y *Faner Newydd* (rhifyn 38, 2006), achoswyd llawer iawn o wewyr yng nghyfnod codi'r argaeau hefyd:

> Yr hyn sy'n taro dyn fwyaf yn yr holl fater yw dull cynrychiolwyr Birmingham a'u cefnogwyr o drin y cyfan megis ymgymeriad technegol yn unig. Nid oes yn un man unrhyw arwydd o ymwybyddiaeth fod cymuned gyfan ar fin cael ei chwalu, ac nid oes yn yr holl drafodaethau yr un cyfeiriad at le'r Gymraeg yn y cwm, er y mae modd dadlau mai dyna a ddisgwylid gan Gymru oes Fictoria.

Her dechnegol ac nid ymgyrch dyngarol oedd y cyfan o dan yr wyneb, mae'n amlwg. Rywsut, mae'n anodd meddwl am y cwm mewn termau Rhamantaidd cyn dyfod y dŵr, ond fe fu'r bardd Percy Bysshe Shelley yn aros yno yn 1811. Nodir ar hysbysfwrdd iddo ddod yma am encil ar ôl cael ei wahardd o Brifysgol Rhydychen am arddel anffyddiaeth. Wrth i'r gwaith fynd rhagddo, boddwyd eglwys Nantgwyllt, a erys o dan y dŵr.

Bu'n rhaid i gant o drigolion cwm Elan symud o'u cartrefi, ond y tirfeddianwyr yn unig a gafodd eu digolledu, a derbyn iawndal. Dinistriwyd tri maenordy, deunaw fferm, ysgol ac eglwys. Ailadeiladwyd eglwys Nantgwyllt gan Gorfforaeth Dinas Birmingham. Adeiladwyd rheilffordd i gludo gweithwyr o'r Rhaeadr a mannau eraill, ac i gludo miloedd o dunelli o ddeunyddiau adeiladu. Cymerodd dair blynedd i gwblhau'r argae, ac fe adeiladwyd pentref pwrpasol dros dro ar gyfer y gweithwyr. Roedd yno ysgol, hyd yn oed, a disgwylid i blant dros 11 oed weithio ar yr argae. Byddai dynion sengl yn lletya mewn grwpiau o wyth mewn tŷ teras. Ni chafwyd brwydr ar ran y Cymry i ddiogelu'r gymuned, na mudiad 'cenedlaethol' fel a welwyd adeg Tryweryn. Pwysicach oedd cael caniatâd i barhau i ladd mawn, casglu rhedyn, ac i bysgota'r afonydd. Yr hyn sy'n gwneud y cyfan yn dristach fyth yw na sylweddolodd y Cymry Cymraeg mewn rhannau eraill o Gymru beth oedd yn digwydd ar y pryd.

Mae rhyw dristwch hyd heddiw yn niwl y bore sy'n hongian dros y llynnoedd, yn groes i naws cardiau cyfarch ac arnynt luniau o'r argaeau a'r cymoedd yn y gwahanol dymhorau. Mae argaeau weithiau yn fy mrifo i'r byw, ble bynnag y bônt – teimlad o ddiymadferthedd, rhyw deimladau cymysg fod bobl yn rhy gwrtais, yn methu rheoli'u tynged eu hunain, a dyna dristwch cwm Elan, ar waethaf ei ganolfan ymwelwyr chwaethus. Adlais o bobl dan ormes, yn wyneb dyhead di-ildio dinas am ddŵr. Heddiw, cynhelir seremoni o osod petalau i gofio am bob tŷ a gafodd ei ddymchwel, ond fel finnau ar fore fy ymweliad, mae'r cyfan yn dal mewn niwl, rywsut, a chwm yn wag heb bobl ynddo. Mae dychwelyd i dref Rhaeadr ar ddiwedd y daith yn gysurlon iawn.

Erwyd, Cilmeri ac Abaty Cwm-hir

Mae rhan o ddyffryn Gwy o amgylch Canolfan Gorsaf Reilffordd Erwyd wedi ei chlustnodi yn 'Wlad Llywelyn', ac o fewn cyrraedd iddi mae Abaty Cwm-hir a chastell ac ogof Aberedw, lle dywedir i Lywelyn ein Llyw Olaf guddio a chysgodi cyn cael ei ladd yng Nghilmeri. Mae'n ddifyr gweld ymgyrch hyrwyddo o'r fath i ledaenu gwybodaeth am un o'n gwroniaid enwocaf, ac mae taflenni sgleiniog am ddim ar gael yng Nghanolfan Gorsaf Erwyd. Canolfan grefftau ac oriel gelf ydy hi, ac mae'n lle hamddenol am baned – man delfrydol i gael hoe ar daith

rhwng gogledd a de Cymru, neu i ymlacio os ydych chi'n aros yn y cylch. Ceir arddangosfa o waith dros gant o artistiaid a chrefftwyr o Gymru yma, yn ei chilfachau difyr.

Trawsnewidiwyd yr orsaf reilffordd wag, ac er 1984 casglwyd nifer o greiriau gan wirfoddolwyr hefyd. Sefydlwyd Cyfeillion Gorsaf Erwyd yn 1996. Diddorol nodi mai enwau Cymraeg hyfryd yw enwau'r ardaloedd o amgylch yr orsaf – Twyn y Garth, Garreg Fawr, Pentre Caeau a Llannerch Coedlan.

I ddilyn diwedd hanes Llywelyn, rhaid mynd tua dwy filltir yr ochr arall i Lanfair-ym-Muallt i Gilmeri ei hun, ar lan afon Irfon. Ewch ar lôn Llanymddyfri a Llanwrtyd o Lanfair-ym-Muallt. Cofiwn am gyfeiriad at 'fradwyr Buallt', na roddodd loches i Lywelyn, ac ni allwn beidio â chofio geiriau'r diweddar Gerallt Lloyd Owen:

> Fan hyn yw ein cof ni,
> Fan hyn sy'n anadl inni,
> Fan hyn gynnau fu'n geni.
>
> ('Cilmeri', Gerallt Lloyd Owen)

Mae Cilmeri yn fan cysegredig a thrist yr un pryd. Erys arwyddocâd y digwyddiadau ar lan afon Irfon, pan drywanwyd Llywelyn gan Adam de Francton, yn fyw o hyd. Credir iddo ddal Llywelyn pan oedd yn yfed o ddŵr y ffynnon, ac na ddeallodd y milwr i ddechrau pwy yr oedd wedi ei ladd. Torrodd ben Llywelyn i ffwrdd a'i yrru at frenin Lloegr, a maes o law arddangoswyd y pen ar fan uchaf Tŵr Llundain. Claddwyd gweddillion Llywelyn yng Nghefn-y-bedd dros dro, ond fe gafwyd claddedigaeth Gristnogol iddynt yn Abaty Cwm-hir ymhen amser. Daw marwnad ingol Gruffudd ab yr Ynad Coch i Lywelyn i'r cof: 'Poni welwch-chi'r sêr wedi'r syrthiaw?' Fel hyn y sonia'r teithiwr cyfoes Mike Parker yn drawiadol am Gilmeri yn *Real Powys*: 'Its split-second moment of destiny came over seven centuries ago, and still the quiet village reels from it.'

Saif cofeb Cilmeri ar fryncyn Cefn-y-bedd er 1956, a gerllaw gallwch gerdded i lawr at y ffynnon lle y dywedir i ben Llywelyn gael ei olchi. Teimladau cymysg iawn a gefais innau yng Nghilmeri'r angof presennol, er gwaethaf ymgais ddiweddar i dacluso ychydig a gosod hysbysfwrdd gwybodaeth yno. Roeddwn yn cofio bod yno ar achlysur gwahanol iawn, yn fyfyriwr brwd, ar orymdaith y saith canmlwyddiant yn 1982. Ond mae 'na lonyddwch yng Nghilmeri, a mannau i eistedd i fyfyrio.

Cofeb Cilmeri
ar fryncyn
Cefn-y-bedd

Mae'n werth mynd ymlaen at fan claddu Llywelyn yn Abaty Cwm-hir – abaty Sistersiaidd ar lan afon Clywedog ar lôn Llandrindod yng nghyffiniau Llanfair-ym-Muallt. Urdd o fynachod o Cîteaux yn Ffrainc oedd yn byw yno, ac mae'r abaty yn ei ffurf bresennol ar y safle er 1176. Cafodd ei sefydlu gan Maredudd ab Iorwerth yn 1143. Roedd y Sistersiaid yn dewis tawelwch i annog hunangynhaliaeth, ac roedd gan yr abaty felin, ffynnon, lle pobi a digon o bysgod o afon Clywedog. Roedd chwaer abaty i Gwm-hir ym Mro Cymer, Llanelltyd, Gwynedd, a gysylltid gynt â chenhadaeth Sant Illtud.

Petai wedi cael ei gwblhau pan wnaethpwyd gwaith adeiladu arno yn y drydedd ganrif ar ddeg, Cwm-hir fyddai'r abaty mwyaf yng Nghymru, ac ynddo le i 60 o fynachod. Ni orffennwyd y gwaith, ond mae'r olion presennol yn rhoi syniad clir i ni o'r hyn allai fod wedi bod yno. Hyd y gangell yn yr eglwys ydy 242 troedfedd, a dim ond cadeirlannau Caerefrog, Durham a Chaerwynt sydd â changell hirach. Dywedir mai o dan brif allor yr abaty y claddwyd gweddillion Llywelyn ein Llyw Olaf pan gawsant eu symud o Gefn-y-bedd, sy'n awgrymu peth cydweithio rhwng y Cymry a'r Normaniaid. Erys cofeb i Lywelyn yng nghanol olion Cwm-hir, ac yn aml mae blodau, cardiau a negeseuon yn cael eu gadael yma hefyd.

Dinistriwyd Abaty Cwm-hir yn ystod rhyfel Owain Glyndŵr yn 1402, oherwydd amheuaeth mai ysbïwyr o Saeson oedd y mynachod. Roedd y teulu Mortimer yn gefnogol i Glyndŵr, ond ni ddangosodd yr abaty unrhyw ffafriaeth. Ychydig o sylw a roddwyd iddo wedyn, a ffafriwyd Abaty Wigmore yn Swydd Henffordd gan yr Urdd Awstinaidd. Dim ond tri mynach oedd ar ôl yn yr abaty pan gafodd ei ddiddymu yn 1536. Gwelir olion o wychder pensaernïol y safle ym mwâu cangell eglwys Sant Idloes, Llanidloes. Symudwyd y rhain o Gwm-hir a'u hailosod yn yr eglwys yn 1542, yn dilyn diddymu'r mynachlogydd.

Bro Teulu Trefeca

O deithio'n ôl i gyfeiriad Aberhonddu, ewch ymlaen i Dalgarth a throi am Drefeca. I mi, mae encil arbennig yn y fro hon a'i stori am y 'teulu' nodedig. Cefais gyfle i ymlacio yma tra oeddwn yn ysgrifennu sioe gerdd ddwyieithog ar gyfer ysgolion cynradd y Bannau a Thalgarth i ddathlu hanes Teulu Trefeca. Yr hyn a'm denodd at yr hanes gyntaf oedd darllen geiriau Hywel Harris o fis Mehefin 1735: 'Pan oeddwn mewn gweddi ddirgel, yn ddisymwth, teimlais fy nghalon yn toddi ynof fel cwyr o flaen y tân o gariad at Dduw fy Iachawdwr … yr oeddwn yn gwybod mai ei blentyn ef oeddwn, a'i fod yn fy ngharu ac yn fy ngwrando.'

Roedd Hywel Harris (1714–73) yn un o arweinwyr mwyaf blaenllaw y diwygiad Methodistaidd yng Nghymru, ynghyd â Daniel Rowland a William Williams, Pantycelyn. Yr ieuengaf o dri brawd a anwyd mewn bwthyn lle mae safle Coleg Trefeca heddiw, roedd gwreiddiau Harris yn naear Sir Frycheiniog, a deallai'r gymdeithas amaethyddol o'i amgylch. Yn ddiweddarach, bu'n arloeswr yn y byd amaethyddol a'r defnydd o beiriannau newydd. Sefydlodd Gymdeithas Amaethyddol Brycheiniog i hyrwyddo adnoddau amaethyddol y sir, ac i wella a hwyluso'r dulliau amaethu. Roedd ei frawd Joseph yn rhan o'r busnes hefyd.

Daeth at grefydd ar ôl ffieiddio at ei ymddygiad ei hun. Tra oedd yn astudio yn Academi Llwynllwyd, ysgrifennodd Harris:

> In my seventeenth year, beauty and conscience were now gone, for I had grown strong in doing evil. I spent a whole night at Hay playing cards, drinking, wasting money and under-mining health with swearers and drunkards … To the religious, I became religious, pleasant to the pliant, weighty to the grave and merry to the light-hearted. I, however, grew conscious that I was doing wrong and prayed – pity me, o God!

Heriwyd ef yn Eglwys Santes Gwendolen, Talgarth, gan bregeth y ficer, Pryce Davies. Ddeufis yn ddiweddarach, yng nghlochdy eglwys Llangasty, ymrwymodd gorff ac enaid i wasanaethu Duw. Ym mhentref Trefeca a ger yr eglwys yn Nhalgarth, gellir ymdeimlo â rhyddid y man lle roedd brwdfrydedd Harris yn heintus, ac y crwydrodd yr Ysbryd lle y mynnai.

'Gyrrwch yn ofalus' yw neges arwyddion ffordd yn y fro. Ond nid felly y buodd hi unwaith – nid yn ofalus y gyrrodd yr Ysbryd Glân i galonnau Harris ac eraill, ond â pherthnasedd i'w heddiw a'u rŵan. Rydym yn gyrru'n rhy ofalus heddiw efallai, heb ymgolli digon ar adegau. Yma y taniwyd Harris gan awel o'r tu hwnt i'r Bannau, ac yma, drwy bregethu yn y fynwent, y mynnodd herio'r arwyddion, a theithio ledled y wlad. Awel wahanol oedd honno, un wahanol i'r rhai cyffredin a ddaw i siglo llygaid y dydd.

Yn ei ddydd fe gafodd Harris ei rybuddio i fod yn fwy 'cymedrol' gan Griffith Jones, Llanddowror, ond doedd hi ddim yn fwriad gan Harris ac eraill i dorri'n rhydd o'r Eglwys leol yn y dechrau. Yn 1750 cafwyd ymrafael personol rhwng Harris a Daniel Rowland, a maes o law ymrannodd Methodistiaeth Cymru'n ddwy garfan – y gangen Wesleaidd a'r garfan Galfinaidd. Yn 1752 enciliodd Harris i Drefeca i ganolbwyntio ar sefydlu ei 'deulu' yno.

Roedd Teulu Trefeca, fel y sefydliadau mynachaidd gynt, yn rhoi pwys mawr ar ddisgyblaeth ddefosiynol ac ymarferol. Yn bensaernïol, edrychai Trefeca fel mynachlog – a chomiwn, neu deulu ysbrydol, ydoedd mewn gwirionedd. Roedd trefn go haearnaidd i'r diwrnod. Am bedwar y bore ceid brecwast a phregeth, ac roedd gwaith y dydd yn dechrau am chwech. Roedd cinio am hanner dydd, a chyn dau o'r gloch y prynhawn, ceid pregeth. Yna am wyth o'r gloch y nos, âi'r plant i'w gwlâu ar ôl swper. Traddodid darlith hwyrol i'r oedolion am hanner awr wedi wyth. Am naw, ceid swper yr oedolion, ac i ddilyn, holi unigol am gyflwr eu heneidiau, a'r hyn a elwid yn *heart questions* ar ddydd Sul. Am ddeg o'r gloch roedd pawb yn mynd i'r gwely. Ceid ar gyfartaledd dair pregeth y dydd gan Harris, ac yn ystod cyfnod o salwch, roedd yn dal i bregethu o'i wely drwy dwll arbennig yn y nenfwd.

Wrth i ni feddwl am deulu Trefeca, cofiwn am nyddwyr, seiri, cryddion, teilwriaid, gwehyddion a gwerthwyr gwlanen a nwyddau Trefeca. Yn amaethyddol, roedd gan y Teulu bopeth oedd ei angen arnynt i fod yn hunangynhaliol – defaid, gwartheg, gwenith, haidd, ceirch, tatws, maip a ffa.

Roedd gan Hywel Harris y gallu i ysbrydoli'r werin, ond eto fe gyfathrachai â bonedd ei sir. Crwydrodd Gymru a Lloegr 39 o weithiau i bregethu'n gyhoeddus, a daliodd ati er gwaethaf gwrthwynebiad lleol iddo. Noda, er enghraifft, iddo golli gwaed am y tro cyntaf dros Grist, a chael balm i'w glwyfau yn Nantydeilie, Llanuwchllyn. Byddai'n llunio mapiau o'i deithiau, ac roedd yn mynd yn ôl ac ymlaen i Lundain, ac yn cymysgu ag arweinwyr dylanwadol y dydd.

Mae llawer nodwedd mewn teuluoedd cyfoes hefyd yn eu hamlygu eu hunain o fewn Teulu Trefeca. Ni fu'r lle heb ei broblemau. Cafwyd achos o'r frech wen, a chollwyd rhai aelodau yn y Rhyfel Saith Mlynedd ar ôl 1750. Cafodd Hywel a'i wraig, Ann, ferch o'r enw Elizabeth, ond fe gollon nhw ddwy arall, Ann a Beti. O ddarllen am gymuned Teulu Trefeca, deuwn i fyd Evan Moses, prif gynorthwywr Harris a theiliwr o Aberdâr yn wreiddiol; Ann Williams o Erwyd, a ddaeth yn wraig i

Hywel, a Hannah Bowen, yr *housekeeper*. Personoliaeth hollbresennol oedd ei noddwraig, Madam Gruffudd. Daeth yr Arglwyddes Huntingdon, arweinydd blaenllaw ym mudiad y Methodistiaid, i aros yn Nhrefeca hefyd. Bu'n gyfrifol am sefydlu dros 60 o gapeli, a noddodd nifer fawr o rai eraill. Sefydlodd goleg i bregethwyr yn Nhrefeca, yn rhannol oherwydd dylanwad Harris, er iddo ef ffraeo efo rhai o'r myfyrwyr yn nes ymlaen.

Perthynas stormus oedd un Harris a Hannah Bowen. Roedd hi i fod i ofalu am y merched, dysgu'r plant a mynd i'r farchnad, ond teimlai Harris fod Hannah yn talu gormod o sylw i un aelod penodol o'r Teulu, sef Edward Oliver. Roedd Harris yn llym ar adegau. Un tro, taflodd Hannah a'i gwely allan i'r glaw er mwyn oeri tipyn ar ei nwydau! Byddai hi'n diflannu i Fryste yn achlysurol, ond byddai Evan Moses wastad yn mynd i'w nôl. Roedd gan y Teulu swyddog marchnata hyd yn oed, sef Evan Roberts, o'r Mwynglawdd, ger Wrecsam, yn wreiddiol. Nid yn unig y gwerthai nwyddau Trefeca yn y marchnadoedd lleol, ond gwerthodd y syniad o gyfoeth cymunedol yn wych hefyd. Yn 1769 dychwelodd o farchnad Caer wedi codi £200 i'r Teulu, ac fe ledodd llwyddiant gwlanen Trefeca i farchnadoedd Manceinion, Bryste, Caerlŷr, Coventry a Kidderminster.

Daeth holl arweinwyr crefyddol y dydd i Drefeca yn eu tro – y brodyr Wesley, George Whitefield, yr arweinydd Methodistaidd, a phrif ffigurau'r Morafiaid o Fetter Lane, Llundain, Benjamin Latrobe a Henry Venn. Disgrifiodd y brodyr Wesley Drefeca fel 'little paradise', er nad oedd Pantycelyn mor sicr. 'Castell a ddyfeisiodd dyn' oedd ei ddisgrifiad yntau. Yn 1763 gwelodd John Wesley Deulu Trefeca fel 'all diligent, all constantly employed, all fearing God and working righteousness'. Mae'n bwysig cofio mai yma y daeth Harris ei hun i lochesu ar ôl iddo gweryla â'i gyd-efengylwyr, ac yng ngeiriau Alun Llywelyn-Williams, bu'r lle yn rhan o 'basiant amryliw a hynod ddynol y Diwygiad'.

Roedd Harris o flaen ei amser. Deallodd bwysigrwydd cyhoeddi, a chadw ei fys ar ddatblygiadau'r dydd yn y broses hon. Ymddiddorai ym materion y dydd – addysg, caethwasiaeth, ac effeithiau'r Chwyldro Diwydiannol. Roedd hefyd yn gyfathrebwr hyblyg, yn pregethu yn yr awyr agored fynychaf. Roedd yn ŵr carismataidd, ac yn arweinydd ar y teulu cyfan.

Er i'r Teulu a sefydlwyd yn 1706 ddod i ben ar ôl marwolaeth Harris, mae traddodiad Teulu Trefeca yn parhau yn oes y we a'r e-bost. Teulu ar wasgar ydyw bellach, sy'n dod i'r ganolfan hon o encil ac adnewyddiad. Pan ddof yma, mi fydda i'n hoffi treulio tipyn o amser yn cofio am yr holl weithgarwch a fu. Cynhelir yma gyrsiau lawer, ac agorwyd amgueddfa ddifyr yn olrhain hanes y ganolfan a'i threftadaeth. Bu adeiladau coleg diwinyddol ar y safle tan 1906.

Roedd 20,000 o alarwyr yn angladd Hywel Harris. Claddwyd ef yn Nhalgarth gerllaw, ac o gofio iddo farw'n ifanc – yn 59 oed – gweddus ydy nodi ei eiriau wrth Charles Wesley, sy'n berthnasol i ni heddiw:

> Though for some wise ends, some little differences yet remain in our expressions, and perhaps in our conception, of some things, I am persuaded it is the Lord's will we should bear with each other in great tenderness. I believe we have all cause to be humbled before God, and to loathe ourselves, that we have not been more tender of each other, and more careful to avoid offences before the world. However, I believe the Lord will wipe away our reproaches, and bring us together, in time.

Er bod Hywel Harris yn medru bod yn ŵr go anodd ei drin, ac yn brin ei hiwmor, roedd y teulu a sefydlodd yn Nhrefeca yn denu ac yn ysbrydoli – ac mae'n fan hyfryd o encil i ni fel ymwelwyr erbyn hyn.

Cadeirlan Aberhonddu

Does yr un ymweliad â'r ardal yn gyflawn i mi heb fynd i gadeirlan hyfryd tref farchnad Aberhonddu. Sefydlwyd y gadeirlan gyda ffurfio'r Eglwys yng Nghymru yn 1923, a'i chysylltu â deoniaeth oedd yn ymestyn hyd Abertawe. Yma, uwchlaw afon Honddu, safai pencadlys y brenin Brychan Brycheiniog yn y bumed ganrif. Ymosodwyd ar gastell Normanaidd yma gan Lywelyn ein Llyw Olaf ac Owain Glyndŵr. Yn 1093 sefydlodd Bernard de Neufmarché, hanner brawd i Gwilym Goncwerwr, briordy Benedictaidd ar y safle Celtaidd. Gwelir y bedyddfaen Normanaidd mwyaf yng ngwledydd Prydain yn y gadeirlan heddiw. Bu Aberhonddu'n ganolfan bwysig i'r diwydiant gwlân, a dyma dref y bardd Henry Vaughan.

Soniodd R. S. Thomas am bresenoldeb 'The Other' yn ei gerdd enwog, ac yn sicr, wrth gerdded yn y gadeirlan ac ar y tir o'i hamgylch, mae ymdeimlad o'r arallfydol yn llenwi'r meddwl. Mae tawelwch a phryd arbennig o fwyd i'w gael ym mwyty'r gadeirlan hefyd, sef bwyty'r Pererinion. Bu Gerallt Gymro'n archddiacon yma yn 1172. Mae'r rhan

fwyaf o'r adeilad presennol yn dyddio o gyfnod Normanaidd y drydedd a'r bedwaredd ganrif ar ddeg, a gwaith y seiri maen Ffrengig yn y drydedd ganrif ar ddeg. Mae'r ffenestri lanset a'r capeli bychain yn arbennig o drawiadol. Gwnaed gwaith adfer helaeth ganrifoedd yn ddiweddarach, yn 1862 ac 1874, gan George Scott, y pensaer enwog.

Ar un adeg, defnyddid y gwagle mawr y tu mewn gan fynachod priordy'r ardal a mynychwyr yr eglwys at bwrpas addoli, ac fe'u gwahanwyd gan sgrin. Uwchlaw'r sgrin fe grogai Crog Aberhonddu – croes a ddenodd lawer o sylw gan feirdd Cymru yn y bymthegfed ganrif oherwydd ei galluoedd iacháu honedig. Roedd yn gyrchfan bwysig i bererinion ar ddiwedd yr Oesoedd Canol, a gresyn i'r groes gael ei difa yng nghyfnod diddymu'r mynachlogydd. Ond mae crog enwog Aberhonddu bellach wedi dychwelyd i'r gadeirlan ar ôl bwlch o 500 mlynedd. Fe leolwyd y gwaith celf newydd yn yr un man â'r sgrin wreiddiol, ac fe'i cyflwynwyd yn rhodd i'r gadeirlan gan yr artist Helen Sinclair. Mae'r grog wedi ei gwneud o efydd, ac mae'n pwyso 90 cilogram. Hefyd wedi ei ymgorffori ynddi fe welir broc môr traeth Rhosili, Penrhyn Gŵyr, a gasglwyd ger cartref yr artist. Bellach mae croes newydd yn crogi lle safai'r mur rhwng y mynaich a'r werin yn hen eglwys y Priordy, lle deuai'r pererinion at y groes wreiddiol. Yn dilyn diddymu'r priordy, daeth yn eglwys y plwyf i Aberhonddu – eglwys Sant Ioan. Heddiw, gwelwn reredos carreg hynod drawiadol yma, sy'n dyddio o'r flwyddyn 1936, i goffáu esgob cyntaf Aberhonddu, E. L. Bevan.

Fy hoff nodwedd am y gadeirlan, ac eithrio mawredd yr adeilad, yw'r capeli bychain y tu mewn i'r eglwys. Cysegrir Capel Harvard i gysylltiadau milwrol yr ardal, ac mae gofod tawel bob amser am ennyd o weddi, canhwyllau i'w cynnau ac awyrgylch arbennig. Fy ffefryn yw Capel Ceinwen, hen gapel Urdd y Cryddion, ac fe welir sgrin ganoloesol rhwng y capel a'r eglwys ei hun. Hefyd, ceir cerflun pren o'r unfed ganrif ar ddeg o'r teulu Gam. Hynod drawiadol hefyd yw'r paentiad ar y mur o'r unfed ganrif ar bymtheg gan Gerrit van Honthorst o'r Iseldiroedd, *Gwatwar Iesu*. Rwy'n arbennig o hoff hefyd o'r maen cresed canoloesol sydd yn dal cynifer o ganhwyllau mewn modd trawiadol.

Os ydych yn teithio tua'r de, gallwch fynd o un dyffryn hardd i'r llall. Wrth deithio tuag at y Fenni, mae Dyffryn Wysg yn ymagor o'n blaenau, ac yn falm ynddo'i hunan, a'i bentrefi hynod hyfryd, fel Tal-y-bont ar Wysg. Fydda i byth yn blino ar yr ardal hon yn y Gororau sydd yn werth ei chrwydro – ardal sydd gam yn ôl o brysurdeb y byd.

Cerflun a
mynwent
Cadeirlan
Aberhonddu

11 Ardal Llandrillo-yn-Rhos

- ✤ Ffynnon a chapel Trillo Sant
- ✤ Bae Penrhyn
- ✤ Bryn Euryn
- ✤ Eglwys y plwyf, Llandrillo-yn-Rhos
- ✤ Y glannau

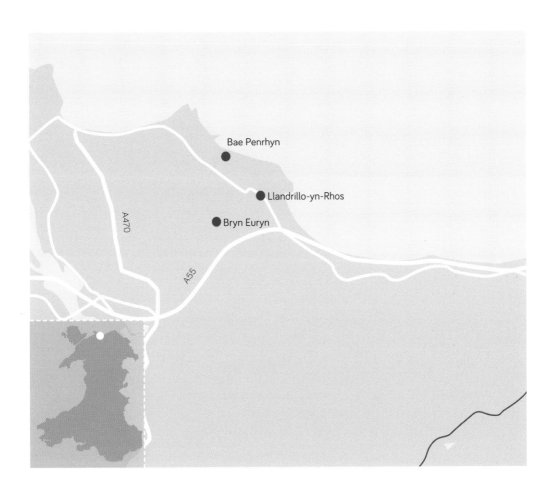

Ffenestr goffa Trillo Sant

Ffynnon y negeseuon
fel adleisiau mewn cragen.
Gweddïau'r Ogof Wag
yn cywain yn ddisgwylgar, eofn,
a'r môr yn lleddfu'u min
gan sisial hen gyfrinach y cregyn.

Atgyfodiad,
Atgyfodiad.

('Capel Trillo Sant')

Ar un adeg, bu tram yn cysylltu Llandudno â Bae Colwyn, ac o ddilyn yr hen gledrau hynny, cawn oedi am ychydig yn Llandrillo-yn-Rhos. Cyn 1540 gelwid yr ardal yn Dinerth, ac roedd afon Ganol yn fwy ei bri nag ydy hi heddiw. Bellach, fel y dywedodd yr hanesydd Frank Price Jones yn *Crwydro Gorllewin Dinbych*, mae afon Ganol 'fel plentyn bychan mewn gwely rhy fawr'. Roedd yn ail aber i afon Conwy cyn dyddiau afon Ganol, mae'n debyg. Mae eglwys Llandrillo ar dir uwch, ac yn uwch fyth mae Bryn Euryn. Roedd hen gantref y Rhos yn ymestyn o geg afon Conwy i Fae Abergele.

Hyd yn oed yng nghanol haf, pan fo tagfeydd ar y lonydd a'r trefi glan môr yn ferw gwyllt, mae heddwch i'w gael ar y llwybr troed a beics wrth syllu allan ar y môr, ac mae cysur yn sŵn y tonnau. Fe geir adfywiad wrth dreulio dim ond ychydig funudau tawel yma. Os ydych yn ddigon anffodus i gael rhywun yn torri'r glaswellt, neu gi iaplyd wrth eich sodlau ar y sêt, dowch yn ôl yn hwyrach i geisio'r tangnefedd o'r tu hwnt. Ond gan amlaf, mae'n heddychlon braf yma, ac yn gyfeillgar.

Er pan oeddwn yn blentyn, rydw i wedi rhyfeddu at Landrillo-yn-Rhos. Roedd 'na siop deganau dda yno yn y 1960au, a chofiaf gael mynd i ddewis anrheg Nadolig yno efo fy nhad. Heddiw, mae'n lle i hen *divas*, a phobl o faes adloniant. Yma, cânt ddal i freuddwydio ac actio'u hen senarios i gyfeiliant y môr – gwragedd yn eu hoed a'u hamser, eu gwallt ffug, eu lliw haul a'u hufen iâ. Rywsut, mae 'na wastad angladd yn Llandrillo-yn-Rhos, a phobl ifanc yn eu du anesmwyth ar ddyddiau pan fydd y môr yn aneglur, fel petai'n crio.

Ffynnon a chapel Trillo Sant

Tan 1954 yr oedd pier ar y safle heddychlon yn Llandrillo-yn-Rhos. Bellach, ceir cyfres o feinciau sy'n ymestyn ar hyd rhimyn y bae at y seintwar fach hon, ac mae eistedd mewn heddwch ar y rhain, ar lanw isel neu uchel, yn adfer eich egni a'ch gweledigaeth. Mae'r eglwys fechan hon (llai nag eglwys Sant Gofan, Sir Benfro, hyd yn oed) yn gyfrinach i'w darganfod islaw'r promenâd prysur. Mae clywed sŵn y tonnau bach yma, i mi, yn golchi'r llechen yn lân, ac yn rhoi ail gyfle ac ail ffocws, fel y llanw'n dod i mewn.

Mab i Ithel Hael o Lydaw oedd y Trillo yn enw'r pentref, a brawd i Sant Llechid a Sant Tegai. Roedd yn un o'r grŵp o fynachod a aeth efo Cadfan ar ei fordaith o Lydaw i Dywyn Meirionnydd, ac yna ymlaen ar hyd yr arfordir i gyrraedd Llandrillo-yn-Rhos yng nghyfnod y seintiau Celtaidd yn y chweched ganrif. Maes o law, fe aeth i'r dwyrain ac i fyny afon Dyfrdwy i Landrillo-yn-Edeirnion. Gwelwn enwau Sulien a Mael, y seintiau eraill a ddaeth efo fo o Lydaw, wedi eu hadlewyrchu yn enwau eglwysi Edeirnion.

Cell meudwy oedd Capel Trillo Sant yn wreiddiol, a'r 'eglwys leiaf yn y byd' i mi fel plentyn, a bu'n ganolfan addoli i Gristnogion ers dros 1,500 o flynyddoedd. Fe'i sefydlwyd tua 547 OC, yng nghyfnod Maelgwn Gwynedd, wrth geg afon Ganol. Erbyn 1230 roedd mynaich Sistersaidd wedi ymsefydlu ar Rhos Fynach, ac yn diogelu'r ffynnon. Gyda choncwest Edward I, symudwyd y mynaich hyn i Faenan, a daeth Capel Trillo o dan ofal Maenan hefyd. Parhau drwy'r cyfan a wnaeth capel a ffynnon Sant Trillo.

Dyddia'r adeilad presennol o'r unfed ganrif ar bymtheg. Er gwaethaf lledaeniad Protestaniaeth, glynodd y safle at yr offeren Gatholig.

Yn 1896, daeth stad y Rhos i feddiant William Horton, ac fe adferwyd y capel unwaith yn rhagor, a'i ail-doi yn 1898. Ef hefyd a ddefnyddiodd yr enw 'Rhos-on-Sea' am y tro cyntaf. Bryd hynny, rhoddwyd dwy ffenest yn y capel wedi eu cysegru i Sant Trillo a Sant Eilian, sy'n cyflwyno ychydig o liw i'r adeilad. Mae'r capel bach yn fythol agored, ac fe gynhelir gwasanaeth ynddo am wyth y bore ar ddydd Gwener, yn ôl y poster. Y tu mewn, mae'r tywyllwch yn eich dallu am ychydig cyn i'ch llygaid gynefino, a bydd hyd yn oed pobl na fyddai'n mynd yn agos at eglwys fel arfer yn ceisio nodded yma ar awr ddu, neu'n taro i mewn o ran chwilfrydedd i gapel lleiaf Prydain. Mae modd clywed y tonnau bob amser, ac yn yr haf, gellir arogli'r lafant sy'n llwyn y tu allan.

Yn wreiddiol, safai'r eglwys ar ynys oherwydd natur gorsiog tir aber yr afon. Fe ddywed un traddodiad i Trillo sefydlu encil yma wedi iddo weld croes Geltaidd o oleuni uwchlaw'r môr. Arferai coed gysgodi'r fan, a gwelir olion yr hen foncyffion yn y môr gerllaw. Ystyr lythrennol Llandrillo-yn-Rhos yw Llan Sant Trillo ger y gors. Mae lle i tua chwech o bobl eistedd yn yr adeilad hynod hwn, sy'n mesur 10.8 troedfedd wrth 13.2 troedfedd. Plethwaith a phren oedd gwneuthuriad y gell wreiddiol, ac efallai i wal gael ei chodi o'i hamgylch wedyn, i'w hamddiffyn rhag y môr. Mae'r ffynnon o flaen yr allor o hyd, a gweddus cofio bod y Llandrillo canoloesol yn blwyf helaeth iawn. Bedyddiwyd plant yr ardal â'r dŵr yma dros y canrifoedd, a soniwyd am ei briodoleddau iachusol hefyd, yn enwedig yn achos gwynegon.

Gerllaw, ar fin y tonnau, ceir olion cored a oedd yn weithredol am fil o flynyddoedd i ddal pysgod. Cyfeirir ati fel Cored Wyddno, ac mae pysgod yn symbol pwysig i Gristnogion ddoe a heddiw, wrth gwrs. Cynhelid gweddïau yma dair gwaith y dydd yn ystod tymor yr eogiaid. Bu Cored Wyddno yn ffodus i oroesi pan ddifrodwyd sawl cored arall yn yr ardal. Cafwyd cofnod yn 1850 fod 35,000 o benwaig wedi eu dal ar un llanw. Diddorol yw nodi bod y pysgod oedd yn cael eu dal bob degfed dydd yn cael eu talu fel degwm i ficer eglwys y plwyf yn Llandrillo.

Mae'r byd yn prysuro heibio i'r capel, ond mae cymryd egwyl fach yma yn llesol – mae lle i chi adael eich ceisiadau gweddi ar yr allor, ac ymddengys mai ymwelwyr sy'n gwneud hyn fwyaf, a barnu o'r negeseuon o bedwar ban byd. Mae lle i bob un ohonom ddod â'n pryderon yma, i'w tawelu gan y tonnau bach a'r tangnefedd.

Bae Penrhyn

Datblygwyd clwb golff Llandrillo ar safle hanesyddol. Cyn dyfodiad y clwb, safai fferm ar y tir ac iddi'r enw hyfryd Rhyd y Cerrig Gwynion. Yma yn y dyffryn y credir i'r Tywysog Madog ap Owain Gwynedd o'r Gloddaeth ddechrau ar ei fordaith i America yn 1170 o afon Ganol, yn ei longau *Corn Gwynant* a *Pedr Sant*. Cyrhaeddodd Madog Fae Mobile, Alabama, ac yn ôl y traddodiad, darganfu gyfandir America 322 o flynyddoedd cyn Christopher Columbus. Yn Fort Morgan, Alabama, heddiw, mae plac sy'n darllen: 'Er cof am y Tywysog Madog, anturiwr Cymreig a laniodd ar lannau Bae Mobile yn 1170, a throsglwyddo'r iaith Gymraeg i'r bobl frodorol'. Astudiodd Madog iaith y Mandaniaid, a chael bod tebygrwydd rhyngddi a'r iaith Gymraeg. Gelwid yr Indiaid croenwyn hefyd yn 'Madogwys'. Cefnogodd Arlywydd America, Thomas Jefferson (1743–1826), gais i ddod o hyd i'r Madogwys oherwydd ei fod yntau o dras Gymreig.

Fodd bynnag, ceir plac dipyn yn nes at adre hefyd, ar wal tŷ o'r enw Odstone ar ochr y llain golff, sy'n sefyll ar olion gwaith carreg hen harbwr aber afon Ganol. Olion hen aberoedd ydy'r pyllau yng ngardd Odstone. Ar un adeg, arferai llongau 20 neu 30 tunnell gysgodi rhag stormydd yma. Adeiladwyd y morglawdd presennol yn y 1890au oherwydd y stormydd geirwon a rwygai'r tir.

O ran pentref Bae Penrhyn, ni chafwyd gwir dwf yma tan 1884. Gwaith ffermio a gwaith brics oedd yn yr ardal. Yn 1884 roedd tiroedd Fferm y Rhyd yn ymestyn at gapel Trillo Sant. Ond nid oedd ffordd addas rhwng Bae Penrhyn ac Eglwys Llandrillo dros afon Ganol nes i ficer y plwyf, y Parchedig William Venables Wiliams, adeiladu ffordd at ei eglwys drwy dir Fferm y Rhyd. Galwyd hi'n Ffordd y Ficer, a dyna pam y sefydlwyd y tollborth, neu'r Toll Bar, ym Mae Penrhyn, i adennill ei gostau. Siop oedd y tollborth erbyn y 1960au, ac roedd cyfaill i mi'n byw yno. Gwelir ef yn ei wisg Thunderbirds a minnau yn fy siwt plismon mewn hen luniau du a gwyn! Ond dyna ddechreuadau'r ffordd, a gwblhawyd yn ei ffurf bresennol tua 1921. Yn ddiweddarach, daeth afon Ganol yn ffin rhwng Gwynedd a Chlwyd.

Yn 1927 roedd 297 o dai ym Mae Penrhyn. Erbyn 1939 roedd y nifer wedi cynyddu i 487. Yn 1931 daeth gwaith y chwarel ar Drwyn y Fuwch i ben. Mewn hen lun, gwelaf fod Awelfryn, Ffordd Llanrhos, lle roedden ni'n byw, yno yn 1924, ac roedd Ffordd Llanrhos fel lôn fach yn y wlad. Roedd yn dal i fod felly pan fyddwn yn stopio'r traffig yn fy siwt plismon yng nghanol y 1960au. Rŵan, byddai'n amhosibl i'w stopio, ac eto, mae cyffiniau Ffordd Llanrhos wedi aros yn gymharol ddigyfnewid, ac eithrio adeiladu Ysgol y Creuddyn a chanolfan gymdeithasol yno.

Bryn Euryn

Rhwng Conwy a Glanwydden saif Bryn Euryn, ar ochr ffordd brysur yr A55, ac mae modd ei gyrraedd ar droed o ymyl eglwys Llandrillo neu Goleg Llandrillo. Rydw i wedi bod eisiau cerdded yma a'i weld byth ers i Ynyr Roberts, disgybl i mi pan oeddwn yn gwneud ymarfer dysgu yn ysgol Bod Alaw, Bae Colwyn, ysgrifennu amdano yn y dosbarth. Rhyfedd meddwl, pan oeddwn yn byw yn Awelfryn, fy mod wedi edrych allan ar

Fryn Euryn bob dydd drwy ffenestr fy llofft heb wybod ei hanes. Bryd hynny, dim ond bryn ydoedd, a doeddwn i ddim yn sylweddoli bod unrhyw arwyddocâd iddo.

Ceir dwy ddamcaniaeth ynglŷn â'r enw Bryn Euryn. Un ohonynt ydyw mai Euryn oedd mab Helig ab Glanawg o Lys Helig. Pan foddwyd y llys gan y môr yn y chweched ganrif, daeth Helig yn arglwydd ar yr ardal. Cysegrodd Euryn ei hun i grefydd ac fe'i hadwaenid fel Euryn y Coed Helig. Hefyd, gall Euryn olygu bryn aur neu fryn melyn, ac yn wir mae llawer o eithin yn tyfu arno. Bu chwareli ym Mryn Euryn yn y cyfnod diweddar, ond ceir olion hen geiri Rhufeinig a Cheltaidd yma hefyd, yn ogystal ag olion gwaith copr Rhufeinig. Islaw, mae dyffryn Nant Sempyr, a'i enw'n cyfeirio o bosib at y cadfridog Rhufeinig Sempronius.

Caer fechan, gref ydoedd, ac yn nyddiau Cynlas Goch, brenin y Rhos, cyfeiriodd Gildas y Doeth at yr ardal fel 'Lloches yr Arth'. Ystyr Dinerth yw 'din eirth', sef caer yr arth. Credir mai canolfan wleidyddol ydoedd bryd hynny. Ar y daith i fyny Bryn Euryn, gwelir adfeilion yr hen Lys Euryn, neu lys Maelgwn Gwynedd.

Bu Ednyfed Fychan (Ednyfed ap Cynwrig) yn byw yma yn y drydedd ganrif ar ddeg; ef oedd prif gynghorydd Llywelyn Fawr a'i fab Dafydd ar ei ôl, ac roedd yn drafodwr medrus efo brenin Lloegr ar y pryd, Harri III. Roedd yn ddistain Gwynedd o 1215 hyd 1246, ac roedd ganddo dai yn Aberffraw a Bryn Ffanigl, Abergele. Dywed traddodiad iddo fynd i ffwrdd am flynyddoedd ar ymgyrch filwrol, a gadael ei wraig, Gwenllïan, a'i blant yn Llys Euryn. Dywedir i Ednyfed ddychwelyd ymhen blynyddoedd, pan oedd Gwenllïan ar fin priodi rhywun arall, ac ymddangos fel telynor a thrempyn yn y briodas, gan ganu'r alaw 'Ffarwél Ednyfed Fychan':

> Os bûm ar ffo, dro yn druan – gwallus
>   Im golli Gwenllïan,
>   Ni chollaf, ewch chwi allan,
>   Na gwely, na thŷ, na thân.

Dychwelodd Gwenllïan at Ednyfed. Disgynyddion iddo a adferodd y llys mewn cyfnod diweddarach, ac roedd y Tuduriaid a fu ar orsedd Lloegr yn ddisgynyddion iddo hefyd. Ychydig olion sydd o'r tŷ gwreiddiol bellach, ond gwyddys fod yma simdde enfawr a lle tân sy'n dynodi safle neuadd fawr, ac fe gafwyd gwledda a diddanu yma. Pan adeiladwyd ar y safle yng nghanol y bymthegfed ganrif, amddiffynnwyd y tŷ yn yr un modd â chastell, â waliau hynod drwchus. Cartref yr uchel siryf ydoedd erbyn oes Elizabeth I.

Llosgwyd Llys Euryn gan Owain Glyndŵr yn 1409, ac yn y bymthegfed ganrif daeth i feddiant Ladis Conwy, disgynyddion i Gruffudd Goch. Galwodd Tudur Penllyn heibio i ganu clodydd y llys: 'Ni bu gystal tŷ'r dalaith / Ni bu gastell well ei waith.'

Yna aeth i ddwylo'r teulu Mostyn. Prynodd Ednyfed safle wrth y môr hefyd, ac mae'r enw'n parhau – Rhos Fynach. Bu farw yn 1246, fe'i claddwyd yn eglwys Llandrillo-yn-Rhos, ac mae ei feddfaen i'w weld yn yr eglwys o hyd. Y tu mewn i'r eglwys, ceid caead arch y dywedid mai caead arch Ednyfed Fychan ydoedd. O gopa Bryn Euryn, ceir golygfeydd hyfryd i gyfeiriad dyffryn Conwy a thros yr A55, yna i gyfeiriad y Creuddyn a Bae Penrhyn, ac i lawr y glannau am Fae Colwyn a'r Rhyl.

Eglwys y plwyf, Llandrillo-yn-Rhos

Uwchlaw gwastadedd afon Ganol, lle mae'r ugain mil yn mynd i astudio yng Ngholeg Llandrillo ger y llain golff, fe welwn yr eglwys a sefydlwyd gan Ednyfed Fychan, a rhai olion o'r drydedd ganrif ar ddeg. Nid oedd yn eglwys y plwyf tan ar ôl 1540. Yn ôl un disgrifiad o Ednyfed Fychan a geir yn llawlyfr yr eglwys, 'he built a chapel and had licence of the Pope for evermore to sing divine service therein for his soul and his ancestors and progenitors' souls always'. Credir bod eglwys wreiddiol y plwyf yn nes at Ffynnon Trillo, ond dyma pryd y rhoddodd Ednyfed Fychan ei gapel personol yn eglwys y plwyf.

Sonnir mewn hen gofnod fod pont dros afon Ganol yn 1688 yn Rhyd y Cerrig Gwynion. Saif yr eglwys tua milltir a hanner i'r dwyrain o gapel Trillo Sant a Rhos Fynach. Mae hen gapel Ednyfed Fychan yn rhan orllewinol y gangell ogleddol bellach. Mae tŵr yr eglwys yn dyddio o 1552, ac mae'n sgwâr, fel tŵr castell amddiffynnol. Ar un adeg ceid man yn y tŵr i wylio rhag môr-ladron. Hefyd, roedd llain i danio coelcerth yno, yn awgrymu y defnyddid yr eglwys i rybuddio ar achlysur perygl. Fe fu'r eglwys ddiddorol hon yn fam eglwys i eglwysi Llysfaen, Llanelian-yn-Rhos, Llansanffraid a Betws-yn-Rhos. Codwyd porth yr eglwys yn 1677, a dywedir mai hwn yw'r enghraifft hynaf yn yr ardal. Ychwanegwyd ati'n sylweddol yn 1857, er i rai alw'r hyn a wnaed yn fandaliaeth. Diddorol yw nodi bedd William Bostock, a ddatblygodd 'Rhos on Sea' fel cyrchfan ymdrochi newydd. Ceir bedd i forwr anhysbys yma hefyd, yn ogystal â bedd rhywun enwog iawn yn hanes y *Titanic*, a ddeuai o'r Bermo yn wreiddiol. Bu Harold Lowe yn rhoi cyfarwyddiadau i fadau achub, gan alluogi rhai pobl i ddianc tra oedd y llong yn suddo. Dadleuol fu ei hanes, ond does dim amheuaeth na fu iddo achub bywydau nifer o bobl.

Y glannau

I wneud taith gylch, beth am ddychwelyd at fin y dŵr yn Llandrillo-yn-Rhos y presennol, a chael paned neu bryd o fwyd yng nghaffi teulu Eidalaidd cyfeillgar Nino? 'It's his second home – didn't you know?' gwaedda Nino, wrth gyfarch pobl fel fi sy'n ymweld o Wrecsam. Hyd yn oed yng nghanol y gaeaf, caffi Nino ydy canolfan y pentref – busnes teuluol a sefydlwyd yn 1938, lle mae croeso cynnes bob amser, a chof da gan y staff. Bydd rhai o ddisgyblion Ysgol y Creuddyn yn gweini yma ar benwythnosau, a thrwy hynny yn cael cyfle da i siarad Cymraeg. Bydd eraill wrth y byrddau'n trafod rhaglenni teledu neithiwr a datblygiadau diweddaraf *Strictly Come Dancing*.

Llandrillo-yn-Rhos, a'r llanw mor bell allan nes bod arogl y glannau'n tonni i mewn i'r tŷ bwyta. 'It's been dead today. Thank God,' meddai gwraig y siop gardiau ym mis Tachwedd, a dim ond y tonnau yn llenwi'r gofod cyforiog.

12 De-ddwyrain Cymru

✣ Capel-y-ffin a Llanddewi
   Nant Hodni

✣ Abaty Tyndyrn

✣ Cadeirlan Llandaf

Capel-y-ffin

Rwyt ti'n dal i hongian yn y tawelwch,
y distawrwydd dwfn, dwys
sy'n cymell tua'r llwybr amgen,
yn dal i hongian y syniad ym meddyliau pobl
pan ddônt yma am ennyd
o'u prysurdeb ...
Yn dal i hongian yn ein hymwybod,
ac ar gyrion ein cyfnod.

('Breichiau – Crist mewn gogoniant')

Capel-y-ffin a Llanddewi Nant Hodni

Teithiais i Gapel-y-ffin o'r Gelli Gandryll heb wybod yn union i ble roeddwn yn mynd, ond darganfod wedyn i mi ddod ar hen ffordd y mynydd, drwy filltiroedd o dir comin, ac yna dros Fwlch yr Efengyl i ddyffryn Honddu. Yn ôl traddodiad lleol, fe gafodd yr enw Bwlch yr Efengyl ar ôl i Sant Pedr deithio ar hyd y ffordd hon ar ei daith efengylu i Gymru yng nghwmni ei frawd, Sant Pawl. Eto i gyd, mae'n annhebygol iawn y byddai'r seintiau yma wedi dod i Gymru.

Dyma fro'r ffermwyr defaid y daeth William Wordsworth a'i chwaer Dorothy i'w canol ym Mwlch yr Efengyl. Ac wrth i minnau deithio i'r fro i ymweld â'r ardal, doedd fawr neb yno, yn wir, ond y fi, y defaid a'r lôn gul. Mae yma heddwch, yr awyr buraf posib, ambell deithiwr arall, a bywyd beunyddiol ffermwyr y Mynydd Du yn parhau wrth iddynt 'hel a didol diadell', yng ngeiriau englyn Thomas Richards i'r ci defaid. Dyma'r wyth milltir hwyaf i mi eu profi erioed, ar daith a oedd yn gymysgedd o realaeth bob dydd a byd arall. Pentref bach iawn yw Capel-y-ffin, a chanolbwynt bro Kilvert i rai. Yn 1948 yn Henffordd, ffurfiwyd Cymdeithas Kilvert i hyrwyddo diddordeb yn y Parchedig Francis Kilvert, ei waith, ei ddyddiadur amheuthun a'r cefn gwlad a garai. Ganwyd Kilvert yn rheithordy Hardenhuish, ger Chippenham, Swydd Wiltshire, yn 1840, yn fab i'r rheithor. Ar ôl iddo gael ei addysg yn Rhydychen, daeth yn gurad i'w dad. Symudodd i Gleirwy, ger y Gelli, yn 1865, ac yn ystod y cyfnod hwn ysgrifennodd ddyddiadur am y naw mlynedd cyn ei farwolaeth yn 38 oed o lid y berfeddlen (*peritonitis*). Cyhoeddwyd detholiad o'r dyddiaduron maes o law gan y cyhoeddwr Jonathan Cape.

Daw enw Capel-y-ffin o'i leoliad ar ffin tair sir – Sir Fynwy, Sir Frycheiniog a Swydd Henffordd. Yn ogystal, mae'n ffin hanesyddol i esgobaethau Henffordd, Tyddewi a Llandaf. Cyrhaeddais Eglwys y Santes Fair, neu Gapel-y-ffin, ar lan afon Honddu, yng nghyfnod diolchgarwch. Gwnewch yn siŵr eich bod yn mynd i mewn i'r eglwys, â'i galeri sy'n dyddio o 1762, i ddarganfod lle o addoliad unigryw a llawn naws, a'r coed yw yn lapio'n dynn amdano. Mae'r arysgrif y tu mewn i'r eglwys, 'I will lift up mine eyes unto the hills, from whence cometh my help', yn gysurlon, a thrwy'r ffenestr gellir gweld hyfrydwch y Mynydd Du. Cofir hefyd am gysylltiad George Guise Lewis, ficer Cwm-iou, Llanddewi, â'r eglwys hon; bu yntau farw ar 8 Medi 1897 yn 36 oed. Hoffaf y cyfeiriad sydd ganddo yn ei ysgrifennu at y ffin wirioneddol sydd i'w chael yn yr ardal. Meddai: 'roedd y noson yn oer braf ac yn hyfryd wrth i mi gerdded adref dan y sêr. Tua hanner nos, fe groesais nant Rhydspens, a chroesi'r ffin o Loegr i Gymru. Roedd y dafarn Seisnig yn llawn golau a sŵn caneuon y gloddestwyr, ond roedd y dafarn Gymreig yn dywyll ac yn llonydd.'

Gwelai Kilvert yr eglwys Sioraidd yng Nghapel-y-ffin yn debyg i dylluan, a saith coeden ywen yn cysgodi'r fynwent. Mae'r bedyddfaen yn ganoloesol, y pulpud yn dyddio o 1780, ac mae'r dyddiad 1783 wedi ei gerfio ar un o'r eisteddleoedd. Ceir cysylltiadau llawer hŷn â'r safle cysegredig hwn. Mae'r adeilad presennol a'i furiau mewnol gwynion yn dyddio o waith ailadeiladu yn 1762. Sefydlwyd mynachdy bychan yng Nghapel-y-ffin mor ddiweddar â 1869 gan y Tad Ignatius, a bu'n gysylltiedig wedyn â Benedictiaid Ynys Bŷr o 1908 ymlaen. Tyfodd chwedloniaeth am ddeugain mlynedd Ignatius yn yr ardal, a'r gwyrthiau a gyflawnwyd yma. Yn eu plith, yn y 1870au, cafwyd gweledigaeth o'r Forwyn Fair, a daw rhai yma ar drywydd Mair yn yr un modd ag y mae pobl yn mynd i rywle fel Knock yn Iwerddon. Pan ymwelodd Kilvert â'r lle yn 1870, roedd y clwystai'n dal i gael eu hadeiladu. Dyma fro'r argraffydd Eric Gill, a'r bardd a'r arlunydd David Jones hefyd. Eric Gill a gymerodd feddiant o hen safle'r fynachlog yn 1924.

Ychydig i lawr y cwm cul, cyrhaeddwn briordy Llanddewi Nant Hodni, neu Llanthony, a rhoi i'r enw ei ffurf gyfoes, lafar, leol. Hwn oedd un o'r priordai cyntaf ym Mhrydain, ac roedd yn perthyn i urdd yr Awstiniaid, neu'r Canoniaid Duon. Soniodd yr hanesydd Dr John

Davies mai cymhellion crefyddol pur oedd yna dros sefydlu'r fangre hon, heb unrhyw ystyriaethau ynghlych grym na chyfoeth. Dyma fan gwledig a diarffordd. Hyd yn oed heddiw, fe argymhellir i bobl barcio'u ceir a cherdded, gan fod y lonydd mor gul. Digon hawdd gweld pam y disgrifiodd Gerallt Gymro yn y ddeuddegfed ganrif led y cwm fel 'dim mwy na thair ergyd saeth'. Ond fe ganfu yma fawredd na ellid ei fesur hefyd. Hoffaf ddisgrifiad Peter Sager, newyddiadurwr a sylwebydd ar y celfyddydau o'r Almaen, yn ei lyfr *Wales* (Pallas Guides), sy'n sôn am ddyffryn o 'recluses and drop-outs, monks and artists, legends, dreams and ruins … where every path is a Welsh knot'.

Sefydlwyd y priordy gan William de Lacy, iarll Normanaidd Henffordd, tua 1100, ar safle cell o'r chweched ganrif a briodolid i Dewi Sant. Credir i Dewi fyw yma ar un adeg. Dywedir bod ffenestr ddwyreiniol eglwys y safle'n gyfunion â chodiad yr haul ar 1 Mawrth. Daeth yr Iarll i fyw yma fel meudwy, a maes o law dechreuodd adeiladu'r priordy.

Oherwydd ei dras Normanaidd, doedd y sefydliad ddim yn boblogaidd ymhlith y Cymry lleol. Cysegrwyd yr eglwys yn 1180, a pharhaodd y gwaith arni tan 1220. Cwblhawyd y priordy yn y cyfnod hwn gyda nawdd ychwanegol y Frenhines Matilda. Cyn bod yn eglwys, credir mai ysbyty a chapel i'r priordy oedd yr adeilad. Gwelir olion pensaernïaeth Gothig yn dechrau datblygu o'r cyfnod Romanésg / Rhufeinig, ond eto, ar y cyfan, symlrwydd yw'r brif nodwedd yma. Ymddengys fod rhannau o'r eglwys wedi cael eu haddasu i fod yn lle i fyw, a rhyw naws felly sydd yno heddiw; gellir aros dros nos yma yn yr haf, yn ogystal â chael pryd o fwyd a diod. Oherwydd yr ymrafael rhwng Cymru a Lloegr, fe symudwyd y mynachod Awstinaidd hynaf i'w cartref newydd yn Swydd Gaerloyw, i briordy Llanthony Secunda. Bu cymuned yma nes i'r pedwar mynach olaf symud i ffwrdd tua 1504.

Ceisiodd y bardd Walter Savage Landor adfer y safle ar ddechrau'r bedwaredd ganrif ar bymtheg, a daeth yn ffasiynol efo teithwyr eto yn ystod oes Fictoria. Dywedodd Landor iddo ganfod yn Llanddewi Nant Hodni 'the audience chamber of God'. Fe gafodd Francis Kilvert groeso a lletygarwch yng Ngwesty'r Abaty gerllaw yn 1870, ac mae'r gwesty'n dal yno heddiw – y Traveller's Rest – yn gwneud defnydd o hen lety'r abad gynt. Ceir disgrifiad hyfryd ohono gan Kilvert: 'under the cloudless blue sky and glorious sunshine, the Abbey looked happy and peaceful, like a man in calm, happy, beautiful old age'. A dyna gyfleu tangnefedd y fan

Olion priordy Llanddewi Nant Hodni

i'r dim. Eto i gyd, does gan Kilvert fawr i'w ddweud wrth dwristiaid: 'Of all tourists, the most vulgar, illbred, offensive and loathsome is the British tourist.'

Abaty Tyndyrn

Dychwelwn i Ddyffryn Gwy i fynd ar drywydd Tyndyrn. Yng nghyfnod yr Eglwys Geltaidd, yr oedd 36 o fynachlogydd yn y de-ddwyrain yn unig, y rhan fwyaf ohonynt wedi eu lleoli yn nyffryn afon Gwy. Mae un lleoliad heddiw yn fwy deniadol na'r un arall.

Abaty Tyndyrn oedd yr ail abaty Sistersaidd ym Mhrydain, a'r cyntaf yng Nghymru. Fe'i hadeiladwyd ar safle crefyddol cynharach a ddefnyddiwyd gan Sant Tewdrig, brenin Gwent, a hynny yn y flwyddyn 470. Lladdwyd Tewdrig gan y Sacsoniaid mewn brwydr ger y safle, ac yn ystod gwaith tyllu yn yr ardal yn 1610, daethpwyd o hyd i'w fedd o dan wal ogleddol y gangell. I'r Sistersiaid a oedd yn caru'r unigeddau, roedd y safle hwn yn ddelfrydol

Ym mhob cyfnod o'i hanes, mae Tyndyrn wedi cyffroi'r enaid. Nid ar chwarae bach y mae'r ardal hon wedi ei dynodi yn Ardal o Harddwch Naturiol Eithriadol, ac yn benllanw ar y cyfan mae olion yr abaty, sydd yn yr arddull glasurol. Yn rhan isaf afon Gwy, o Ross hyd Gas-gwent, ceid traddodiad o dwristiaeth er diwedd y ddeunawfed ganrif, a'r perl yng nghoron y 'daith bictiwrésg' a hyrwyddid yn y cyfnod, oedd Abaty Tyndyrn. Yr hyn sy'n rhyfeddol ydy fod modd ymdeimlo â'r un syniad o ddianc ar yr A466 heddiw, er mor agos yr ydych at ganolfannau poblog de Cymru. Cyfareddwyd y genhedlaeth honno a gynrychiolid gan bobl fel William a Dorothy Wordsworth a Coleridge gan y dyffryn hardd hwn.

Hawdd deall sut y daeth teithiau mewn cwch i lawr yr afon lydan hon yn boblogaidd o 1745 ymlaen. Yma daeth y twristiaid cyntaf, ac ysgrifennu eu teithlyfrau arbennig. Y cyfnod rhwng 1770 ac 1830 oedd oes aur y cychod, a gallai taith gymryd deuddydd yn y badau chwaethus hyn. Gwelid posteri'r 'Pleasure Boats patronised by H.R.H. the Crown Prince of Siam', er nad oes cofnod penodol o ymweliad gan y tywysog yn unman.

Datblygodd y daith yn ffefryn hefyd i dirlunwyr, drwy waith y Parchedig William Gilpin a'r mudiad Pictiwrésg. Drwy luniau'r mudiad hwn, crëwyd delwedd arbennig i'r dyffryn sydd yn parhau hyd heddiw. Mae safle Abaty Tyndyrn ar lan yr afon yn unigryw, a daw dyfyniad o waith John Blackwell (Alun), y bardd a'r offeiriad o ardal yr Wyddgrug, i'r meddwl:

Pa sawl gwaith, ar wawr a gosber,
Swniai'r gloch ar hyd y glyn?
Pa sawl ave, cred a phader
Ddwedwyd rhwng y muriau hyn?

Wrth nesáu at bresenoldeb cawraidd Abaty Tyndyrn, mae'r afon yn rhan annatod o'r hanes eto, gan fod y llanw yn cyrraedd Tyndyrn yn rhan isaf Dyffryn Gwy hefyd. Roedd gwaith adeiladu cychod yn bwysig yma, yn ogystal â gwaith haearn, a fyddai'n siŵr o fod wedi amharu ar heddwch yr ardal – yn wir, bu yma fwy o weithgaredd diwydiannol nag y buasai pobl yn ei ddisgwyl. Porthladd Cas-gwent oedd porthladd mwyaf de Cymru ym mlynyddoedd cynnar y 1800au.

Anfarwolwyd safle Tyndyrn gan eiriau rhamantaidd Wordsworth yn ei gerdd 'Lines composed a few miles above Tintern Abbey' (1798), ac ni allwn lai na meddwl amdano, a'r effaith a gafodd ei farddoniaeth arna i pan oeddwn i'n ddwy ar bymtheg oed. Daeth y Wordsworth 23 oed yma i hedd Dyffryn Gwy ar ei ben ei hun yn 1793, yn llawn syniadau am chwyldro yn Ffrainc, a chwyldro personol oddi mewn iddo ar ôl ei garwriaeth a genedigaeth plentyn efo Annette Valon yn ystod ei gyfnod yn Ffrainc. Pwysai problemau ariannol arno hefyd, fel llawer artist a bardd. Ond erbyn iddo ysgrifennu'r gerdd, byddai'n dychwelyd yn ddyn hapusach, yng nghwmni ei chwaer Dorothy. Erbyn hyn, roedd y ddau yn byw yng Ngwlad yr Haf, yn agos at Coleridge, a dyma'r cyfnod pan oedd yn gweithio ar ei gampwaith, *Lyrical Ballads*. Cred beirniaid fod y gerdd yn gymaint darlun o Wordsworth a'i gymeriad hunanfeddiannol ag ydyw o'r dirwedd o amgylch Tyndyrn. Yng ngeiriau'r gerdd, mynegir ei ryfeddod ef tuag at y fro drwy ymateb Dorothy ar ei hymweliad cyntaf, ac mae'n ymhyfrydu ei bod hithau'n ymateb fel y gwnaethai yntau.

Dywedodd na chyfansoddwyd yr un o'i gerddi mewn safle mor ddymunol – yn edrych i lawr ar yr abaty o Whitestone, mae'n bur debyg, ychydig filltiroedd uwchben Tyndyrn:

Five years have passed; five summers, with the length
Of five long winters! and again I hear
These waters, rolling from their mountain-springs
With a sweet inland murmur. – Once again
Do I behold these steep and lofty cliffs,
That on a wild secluded scene impress

Thoughts of more deep seclusion; and connect
The landscape with the quiet of the sky.

Erys disgrifiad Wordsworth o'r 'steep and lofty cliffs' a'r 'sylvan Wye' yn
fyw iawn yn ein hymwybod: y ddelwedd o'r gwyrddni hyd at y drws,
a'r amrywiaeth helaeth o goed a geir yn y coedwigoedd. Cyn adeiladu'r
ffordd, byddai Wordsworth wedi cyrraedd y safle ar hyd yr afon neu
ar droed. Er hyn, ymddengys mai'r tlodion oedd yn byw gerllaw'r
abaty a fyddai'n tywys yr ymwelwyr i grombil yr adeilad. Yn y 1750au,
hwyluswyd mynediad at yr adfeilion i dwristiaid drwy greu lawnt. Yn
sicr, roedd y byd diwydiannol hefyd yn tarfu ar adfeilion yr abaty, a
gweithwyr yn adeiladu bythynnod dros dro ymhlith yr adfeilion. Ond
does dim lle i ddiwydiant a thlodi yn narlun y bardd.

Heddiw, wrth deithio i fyny'r dyffryn, mae rhywun yn disgwyl gweld
y cip cyntaf o'r adfeilion drwy ddail yr haf. O gyrraedd yn blygeiniol,
clywir ceiliog yn deffro Tyndyrn, ac mae modd llithro i mewn i naws
ddyrchafol, arbennig y fangre. Llifa'r afon heibio'n ddiwyro, a bellach
mae pentref bychan o amgylch yr hen safle. Mewn man lle mae'r dyffryn
yn culhau, mae'r abaty ar ochr y ffordd mewn un ystyr, ond eto ar
drothwy rhyw fyd sydd â therfynau gwahanol i ruthr y traffig. Mae'r
abaty fel magnet, a'r llwybrau oddi mewn iddo'n cymell. Felly yr oedd
olion yr abaty yn y ddeunawfed ganrif i arlunwyr.

Mynach Sistersaidd o'r enw Walter Fitz Richard, arglwydd
Normanaidd Cas-gwent, a sefydlodd yr abaty diarffordd hwn ar gyfer y
Brodyr Gwynion. Yn dilyn y goncwest Normanaidd, daeth mynachaeth
gyfandirol i Gymru, yn arbennig i ardaloedd gwledig, deniadol. Soniwyd
droeon am 'lygad' y Sistersiaid am le ysbrydol, ei fod yn ymdebygu i lygad
y seintiau Celtaidd am lecynnau trawiadol. Mae dyfyniad gan y mynach
Sistersaidd Bernard o Clairvaux, yn crisialu rhin Tyndyrn: 'Byddwch
yn canfod ymhlith y coed rywbeth na ellir ei gael mewn llyfr.' Gwelir
olion gwaith adeiladu o 1131 i 1536 heddiw yn y waliau, yr addurniadau,
y pyrth a'r bwâu. Dengys y cyfnod ar ôl 1306 newid mawr yn agwedd
y Sistersiaid, a cheir nodweddion llawer mwy chwaethus. Cysegrwyd
eglwys yr abaty yn 1288, er yr ychwanegwyd ati a'i hatgyweirio yn
ddiweddarach.

O tua chanol y bedwaredd ganrif ar ddeg ymlaen, roedd gan Abaty
Tyndyrn statws fwy annibynnol, ac fe groeswid gwesteion a noddwyr
iddo. Sicrhawyd tiroedd ar ddwy ochr afon Gwy, a ffermydd cyn belled

Abaty Tyndyrn

â Brynbuga, a hyd yn oed tir yn Norfolk, oedd yn ffynhonnell ariannol werthfawr. Er bod mynachod urdd y Sistersiaid yn ymwrthod â chyfoeth materol ac yn byw bywyd o ddisgyblaeth lem, does dim amheuaeth nad hwn oedd abaty cyfoethocaf Cymru ymhen blynyddoedd. Roedd ganddo lanfa annibynnol ar yr afon, er enghraifft, ac roedd adeiladau arbennig ar gyfer yr abadau mwy diweddar ger yr afon hefyd, er mwyn iddynt gael tipyn o haul, a pheidio â bod yng nghysgod yr eglwys. Parhaodd naws annibynnol y safle, a bu yma gymuned luosog a llewyrchus. Bu'n ffodus o dderbyn nawdd gan Roger Bigod o Gastell Cas-gwent, a chan un o arglwyddi eraill y gororau, William Marshal.

Olion o'r drydedd ganrif ar ddeg a welir fwyaf heddiw, ond heb y to plwm. Mae'r adeilad yn agored i'r elfennau ers amser maith bellach. Rhaid cofio bod yr ychwanegiadau yn mynd rhagddynt tra oedd y mynaich yn dal i fyw a gweithio yma. Mae'r dylanwad Normanaidd yn dal yn amlwg, hyd yn oed yn yr ychwanegiadau, a'r cysylltiad yn dal yn glòs efo'r mynachod gwreiddiol o L'Aumone. Cwblhawyd yr eglwys erbyn 1301, a does dim amheuaeth nad hon ydy un o'r eglwysi mwyaf ysblennydd a adeiladwyd yng Nghymru erioed. Datblygodd yn eglwys Gothig wych maes o law, ac mae'n eglwys odidog, a bwâu uchel a ffenestr gron yn y wal ddwyreiniol. Gwelwn bwyslais y Sistersiaid ar ddefnyddio golau naturiol, a hawdd dychmygu gwyngalch y muriau. Ceid cerflun cysegredig o'r Forwyn Fair yma hefyd, ac erbyn dechrau'r bymthegfed ganrif, roedd Tyndyrn yn gyrchfan pererindod am y rheswm hwn hefyd.

Gallai'r mynachod fynd o'u gwaith i'w gwlâu o fewn eiliadau, a grisiau yn arwain at eu hystafelloedd cysgu uwchben rhan ddwyreiniol y clawstr. Dechreuai trefn ddyddiol y gwasanaethau mor gynnar â dau o'r gloch y bore, ac fe geid wyth o wasanaethau hir bob dydd. Ar bob cwr, mae'r elfen ddynol, gynnes honno yn dal yn amlwg yn olion Tyndyrn. Yn sicr, o eistedd yn dawel yn yr eglwys, mae modd ymddihatru oddi wrth y byd, a llithro i'r dimensiwn hwnnw sydd wastad rownd y gornel yn rhywle yn ein profiad. Mae'r adar yn gwibio o fan i fan yn yr adfeilion, fel ein meddyliau.

O ran yr adeiladau allanol, dotiais at y tŷ cynhesu, oedd yn weithredol o ddiwrnod cyntaf mis Tachwedd tan ddydd Gwener y Groglith, ac ystafelloedd byw'r prior – yn gall iawn – uwchben yr ystafell hon. Yna'r ffreutur a chegin, a'r *hatch* yn dal i'w weld, ac ystafelloedd y mynachod. Lleolwyd yr adeiladau cymunedol i gyd o afael y gwyntoedd enbytaf. Dotiais hefyd at y ffaith fod yr arcedau clawstr dwbl ar ongl sgwâr yn

Nhyndyrn, yn debyg o ran ffurf gyffredinol i'r rheiny sy'n goroesi mewn abaty Ffrengig hudolus arall, Mont St Michel yn Normandi. Hefyd, ceir clafdy mawr yma ar gyfer y mynachod sâl ac oedrannus, ac mae lle i gael nodded a phreifatrwydd a chlwysty i'r clafdy hefyd. Gwelir olion ward gyffredinol, a hefyd ystafelloedd unigol ac ynddynt le tân – yn wir, lle i barch ac urddas yr unigolyn.

Erbyn 1535 dim ond tri ar ddeg o fynachod oedd yn byw yn yr abaty, a chaewyd ef yn 1536, ond erys y safle mewn cyflwr eithaf da. Llwyddodd i osgoi'r difrod mawr a wnaethpwyd i rai o'r abatai llai diarffordd. Yn 1876 fe gyrhaeddodd y rheilffordd, a darlun tlws iawn ar sawl cyfrif ydy'r darlun hwnnw o dros fil o bobl yn cyrraedd ar y trên ar nosweithiau ym mis Medi i syllu ar y lleuad yn codi drwy ffenestr gron yr abaty. Pan baentiwyd yr abaty gan Turner yn 1792, roedd y muriau dan drwch o eiddew. Yn blygeiniol, edrychais innau ar yr haul, a meddwl ei fod yn yr un lle yn union â phan syllai mynachod yr Oesoedd Canol arno. Dywedir mai dyma un o'r safleoedd gorau ym Mhrydain i ymdeimlo â'r bywyd mynachaidd hwnnw. Difyr yw'r hanes am bulpud y diafol, clogwyn amlwg uwchben yr abaty, lle roedd y diafol yn pregethu arferion drwg i'r mynachod gwynion. Yn ôl un hanesyn, cafodd fynediad i'r abaty ond bu'n rhaid iddo ffoi i Loegr ar ôl i'r mynachod daflu dŵr sanctaidd arno. Dywedir iddo ffoi yn ddiymdroi heb stopio nes cyrraedd Llandogo.

Bellach, mae adfeilion Tyndyrn wedi eu tacluso, a does dim eiddew yn meddiannu'r gwaith cerrig. Yr uchafbwyntiau i mi yw eglwys yr abaty, y cyntedd, ystafell gyffredin y mynachod a'r ffreutur. Ychydig yn fwy gwaraidd, dafliad carreg o'r abaty i fyny'r dyffryn, mae modd cael paned hyfryd a byrbryd yn yr Hen Stesion, ac er i mi fod yno yn anterth yr haf, doedd hi ddim yn orlawn, ac roedd rhyw naws ymaciol, braf drwy'r cyfan. Mae'n fan cychwyn hyfryd nifer o deithiau cerdded, ond yn fan i gofnodi edwino'r rheilffordd yn llawer rhy fuan hefyd. Byddai posibiliadau di-ben-draw i dwristiaid heddiw, petai'n dal mewn bodolaeth.

Cadeirlan Llandaf

Mae fy nhaith yn ne-ddwyrain Cymru yn gorffen yn y brifddinas, Caerdydd, ac fe ddof at gadeirlan sydd wastad wedi wynebu brwydr i'w chynnal. Lleolir cadeirlan Llandaf tua dwy filltir i'r gorllewin o ganol Caerdydd mewn darn pentrefol iawn o'r ddinas sydd wedi apelio ata i er pan oeddwn yn ifanc iawn. Yn ei lyfr *Wacky Wales*, golwg unllygeidiog iawn sydd gan Colin Palfrey ar y lle: 'Credentials for entry into the higher echelons of this august company include an undistinguished university degree, the ability to speak Welsh and a totally unfounded sense of one's own importance'. Rydw i am ganolbwyntio ar y gadeirlan hyfryd yr olrheinir ei hanes yn *Llyfr Llandaf.*

Arferai'r plwyf gynnwys y rhan fwyaf o orllewin dinas Caerdydd, o Drelluest hyd at fynydd Caerffili. Rhed afon Taf gerllaw, a cheir meysydd hyfryd rhwng y gadeirlan a'r afon, a chaeau Pontcanna. Gellir cerdded i Landaf o ganol y ddinas drwy barc-dir at y gadeirlan, sydd wedi ei chysegru i dri sant Cymreig – Dyfrig, Teilo ac Euddogwy. Ond tymhestlog iawn fu hanes y safle hwn.

Pan oeddwn yn ifanc, treuliais flwyddyn yng Nghaerdydd, a theimlo rhyw chwithdod diarth yn y ddinas fawr. Ond, a minnau'n ddim ond 21 oed, roedd Llandaf yn fan lle y medrwn ymddihatru oddi wrth y gofalon hyn, a'r gadeirlan yn ganolbwynt iddo. Fe wnes i ymweld â'r gadeirlan pan oeddwn yn Eisteddfod Caerdydd 1978 efo fy modryb Verna, ac roedd hynny'n help i mi gymryd at yr ardal. Mae rhyw anwyldeb pentrefol i'r lle, mor wahanol i'r ethos i lawr y ffordd. Pan fyddaf yn mynd i Gaerdydd, bydd ymweliad â Llandaf yn rhan anhepgor o bob dydd; mae'n fan sy'n eich helpu i wneud synnwyr o'r gweddill. Byddai byw yma'n hyfryd tu hwnt, dybiwn i. Gerllaw, mae olion Castell Llandaf, a chaffi hyfryd Jaspers ar stryd fawr bentrefol allai fod yn rhan o set *Pobol y Cwm.*

Pan ddof i mewn i'r eglwys, cerflun chwyldroadol *Crist mewn Gogoniant* Jacob Epstein sy'n mynnu fy sylw uwch pob dim. Rwyf wedi edrych arno o bob ongl bosibl, a dod ato ym mhob tymer posib, ac wastad wedi darganfod heddwch a chysur yn y cerflun. Lle i eistedd yn dawel, ac wynebu'r hunan â'r Crist buddugoliaethus yno uwchlaw yn ddigyfnewid.

Mae seiliau'r gadeirlan bresennol yn dyddio o'r ddeuddegfed ganrif, pan adeiladodd Urban, yr esgob Normanaidd cyntaf, yr eglwys garreg gyntaf i gymryd lle adeilad cynharach Sant Teilo – o'r chweched ganrif yn wreiddiol. Roedd bellach yn cydnabod goruchafiaeth Caergaint yn hytrach na Thyddewi, a daeth Urban â chrefftwyr o Henffordd a Chaerloyw i wneud yr adeiladu, nid crefftwyr Cymreig.

Erys croes Geltaidd ger y cabidyldy o'r cyfnod cynharaf. Hyfforddwyd Teilo yn Llanilltud Fawr ym Mro Morgannwg, a bu'n byw yn Dol, yn Llydaw, am saith mlynedd wedi hynny. Yn Llydaw, ef ydy nawddsant afalau a cheffylau, a phlannodd nifer o berllannau

Cadeirlan Llandaf

afalau yno. Dywedir iddo fynd ar bererindod yng nghwmni Dewi Sant a Phadarn Sant i Jerwsalem, ond pan ymsefydlodd yn ôl yng Nghymru drachefn, fe greodd ganolfan grefyddol gref yn Llandeilo Fawr.

Dyfrig Sant oedd un o'r prif ffigurau a fu'n gyfrifol am greu'r Gymru Gristnogol, ac ef oedd esgob cyntaf y Gadeirlan hon. Mae olion Dyfrig wedi'i gladdu yma, a chodwyd proffil y gadeirlan pan symudwyd ei olion o Enlli i Landaf mewn seremoni fawreddog yn 1120. Gadawodd y Normaniaid ôl eu presenoldeb a'u pensaernïaeth ar yr ardal, a gwelir hyn ym mwa cangell Llandaf. O fewn terfynau Morgannwg yr arhosodd dylanwad cadeirlan Llandaf, yn bennaf gan ei bod rhwng Tyddewi a Henffordd. Fuodd hi erioed yn esgobaeth gyfoethog, chwaith, er y bu cryn bererindota yma tan gyfnod Harri VIII, a'r eglwys yn ffynnu yn sgil haelioni'r pererinion. Bellach, cedwir y bara a'r gwin yng Nghapel Dyfrig, ac mae'n fan sydd wedi ei neilltuo ar gyfer gweddi bersonol. Mae Capel y Forwyn Fair yn dyddio o'r drydedd ganrif ar ddeg, ac yno y gosodwyd creirfa Teilo Sant, sydd wedi ei haddurno ag arian.

Ceir olion y gwahanol gyfnodau yn yr adeiladwaith – bwa Normanaidd neu Romanésg o'r ddeuddegfed ganrif, y blaen gorllewinol o'r Oesoedd Canol. Mae'n anodd credu i greirfa Teilo gael ei difrodi yn ystod y Rhyfel Cartref. Bu'r gadeirlan yn fan i gadw anifeiliaid, ac erbyn 1687 cafwyd disgrifiad ohoni fel man 'trist a thruenus'. Erbyn 1723, oherwydd difrod natur a stormydd, roedd yr adeilad yn adfail. O 1736 ymlaen, dechreuodd y pensaer John Wood o Gaerfaddon ar ei waith adfer 'clasurol' gan greu teml fewnol. Yna, cododd John Pritchard, mab i'r ficer corawl yn Llandaf yn 1841, y tŵr de-orllewinol Gothig cynnar, a rhoi i'r adeilad ymdeimlad o falchder unwaith eto.

Yn 1835 adferwyd Capel Mair, oedd yn dyddio'n ôl yn wreiddiol i'r drydedd ganrif ar ddeg. Yn 1965 lluniodd Frank Roper y deuddeg panel efydd yn y reredos, sy'n dangos blodau gwyllt a enwyd yn Gymraeg ar ôl y Forwyn Fair. Mae hwn yn hyfryd, ac mae dweud rhai o'r enwau'n ddigon: clustog Fair, gwlydd melyn Mair, esgid Mair, ysgol Fair, chwys Mair, miaren Mair, gwniadur Mair, mantell Fair, llysiau'r Forwyn, briallu Mair, tapr Mair a gold Mair.

Difrodwyd y gadeirlan yn ystod yr Ail Ryfel Byd gan ffrwydrad tir Almaenig yn 1941. Ac eithrio cadeirlan Coventry, ni ddifrodwyd yr un gadeirlan yn waeth na Llandaf. Dinistriwyd y to a chwalwyd y ffenestri i gyd. Er gwaethaf yr holl helbulon naturiol a rhyfelgar a wynebodd y gadeirlan, mae'r naws heddychlon yno heddiw yn drawiadol iawn, ac wrth eistedd o flaen *Crist mewn Gogoniant*, ceir cip ar y cyfnodau – bwa'r cerflun modern, bwa cyfnod yr Esgob Urban a'r capel y tu hwnt i'r cerflun. Mae apêl y gadeirlan yn eang, fel patrwm cwilt ei hanes. Ceir ynddi nifer o nodweddion hyfryd, fel y triptych *Had Dafydd* o waith Dante Gabriel Rossetti yn ei gartref sefydlog yng Nghapel Illtud, ar waelod un o dyrrau Siaspar Tudur. Fe baentiwyd y triptych gan yr arlunydd cyn-Raffaelaidd rhwng 1861 ac 1864. Yn ganolbwynt i'r cyfan, darlunnir geni Crist. Daethpwyd â'r triptych i Landaf gan bartner busnes y pensaer John Pritchard, sef J. F. Seddon. Credir mai William Morris a greodd fodel o'r Brenin Dafydd i Rossetti ei baentio.

George Pace oedd pensaer uchelgeisiol pennod olaf hanes y gadeirlan – yn beiddgar ymestyn bwa goncrit i ganol olion Gothig a Normanaidd, o 1949 ymlaen. Pace hefyd a sicrhaodd fod *Crist mewn Gogoniant* Epstein yn cael ei gwblhau yn 1957, fel symbol o'r adferiad yn dilyn dinistr yr Ail Ryfel Byd. Saif y bwa concrit yn fynedfa i'r gangell a'r cerflun arno. Bellach, mae'r cerflun alwminiwm 16 troedfedd o hyd o dan lifolau llawn, ac wrth gamu i mewn i'r gadeirlan, mae yna wastad deimlad o bresenoldeb dynol a dwyfol. Diddorol iawn yw sylwadau T. J. Hughes am fy hoff gerflun yn ei lyfr *Wales's Best One Hundred Churches*: 'It is the most audacious siting of a modern masterpiece in any ancient British cathedral, a figure whose grandeur and compassion seem both to challenge and reach out to the entrant at the door.' Lawer tro, rwyf innau wedi teimlo cysur yn sgil y cerflun, a does yr un ymweliad â'r brifddinas yn gyflawn heb syllu arno.

Cefais brofiad trawiadol arall yng nghadeirlan Llandaf, a theimlo'n wylaidd iawn ar ei ôl. Dyna benderfynu aros ar gyfer y gwasanaeth hwyrol, ac roeddwn yn eistedd yno yng nghwmni gŵr eglwysig – y diweddar Dad Bruce. Ymhen hir a hwyr, dyma gôr y gadeirlan yn dod yn ei lawnder a'i wisg a'i rwysg, a chanu'n fendigedig. Pwysais innau at glust y Tad Bruce: 'Dyna biti fod cyn lleied o gynulleidfa yma ar gyfer rhywbeth mor wych!' A dwi'n cofio sydynrwydd ei ateb, geiriau sydd wedi aros efo mi, geiriau sydd wedi fy helpu ambell dro: 'Dio'm ots os bysan ni'n dau ddim yma, mi fysa'r côr yn dal i ddod i mewn a chanu'r un fath. Achos nid dod yma i wneud hyn i ni y maen nhw, ond dod yma i'w wneud o i Dduw.'

13 Ynysoedd Môn a'r Ynys Sanctaidd

✣ Ynys Eglwys Sant Tysilio

✣ Ynys Gored Goch

✣ Ynys Seiriol a Phenmon

✣ Llangwyfan, Aberffraw

✣ Ynys Gybi, Ucheldre a'r Ynys Sanctaidd

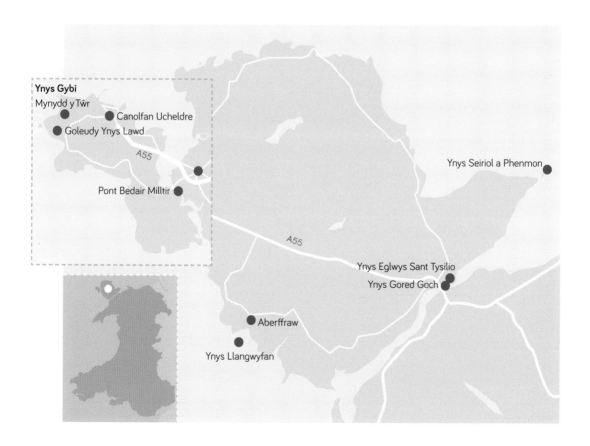

Eglwys Sant Cwyfan

Ond wedi cyrraedd Ffynnon Seiriol,
canfod mai dim ond fi sydd yma
yn deisyf dy gwmni Di,
a'r gwybed yn dawnsio
ar wyneb y dŵr
fel dy bresenoldeb Di.

('Penmon')

Credaf fod rhin arbennig i ynys, ac yn yr hen draddodiad roedd ynys yn fan cysegredig, yn lle delfrydol i encilio iddo. Ble well i gael gwledd o ynysoedd nag Ynys Môn? Mona oedd enw'r Rhufeiniaid ar yr ynys pan gyrhaeddon nhw yno yn y flwyddyn 60 OC. Ceir nifer o ynysoedd oddi ar ei harfordir, a'm hoffter o'r môr, a llanw a thrai'r dydd sy'n fy nenu at yr ynysoedd hyn. Mae dwy ynys i'w gweld wrth groesi'r pontydd enwog i Fôn.

Ynys Eglwys Sant Tysilio

Lleolir yr ynys yn afon Menai rhwng pont Telford a phont Britannia, ac fe'i hadwaenir fel 'ynys yr eglwys' ar lafar. Rhaid parcio ym Mhorthaethwy, ac yna dilyn llwybr drwy Goed Cyrnol at lan afon Menai. Enwyd y coed ar ôl cyrnol lleol o'r enw Sandys.

Sefydlwyd yr eglwys yno yn y seithfed ganrif gan fab ieuengaf y tywysog Brochwel Ysgithrog o Bowys, sef Tysilio. Ar ochr ei fam, roedd yn nai i'r enwog abad Dunawd o Fangor Is-coed. Credir i Dysilio dderbyn ei addysg ym Mathrafal gan Gwyddfarch. Datblygodd Meifod yn fam eglwys, a hwn oedd man claddu teulu brenhinol Powys am genedlaethau. Cysylltir Tysilio hefyd â Llantysilio yn ymyl Llangollen, yn ogystal ag eglwysi ar arfordir Penfro, Cernyw a Llydaw.

Roedd ynys yr eglwys hon yn fan delfrydol a hardd i encilio iddo. Llwyddodd Tysilio i osgoi'r bywyd disgwyliedig i fab i dywysog, sef bod yn farchog, a daeth i Ynys Tysilio a sefydlu canolfan i waith cenhadu ar gyfer Ynys Môn. Wedi iddo ymsefydlu ar yr ynys, dychwelodd i Feifod cyn mynd i Lydaw i sefydlu mynachlog St Malo. Yn Llydaw y bu farw. Disodlwyd y ganolfan ddysg ym Meifod gan Abaty Glyn-y-groes, ger Llangollen, maes o law.

Ewch heibio'r drws trwm, afrosgo at lonyddwch y fangre. Eglwys sy'n dyddio o ddechrau'r bymthegfed ganrif yw'r olion a welir heddiw, â rhai olion canoloesol yn y to a bedyddfaen o'r bedwaredd ganrif ar ddeg. Ailadeiladwyd yr eglwys, gan gymathu'r adeilad cynharach, yn 1896. Cyfeirir at y dŵr i'r dwyrain o'r llwybr i'r ynys fel Llyn y Felin, ac mae Cynan ymhlith y bobl sydd wedi eu claddu yn y fynwent.

Ynys Gored Goch

O Ynys Tysilio gallwch weld ynysoedd bychain eraill megis Ynys Welltog ac Ynys Benlas, ond craffwch ar Ynys Gored Goch, yn nes at ganol yr afon i gyfeiriad pont Britannia. Os ydych wedi bod yn yr ardal, rydw i'n siŵr eich bod wedi sylwi arni – yr ynys â thŷ arni yng nghanol rhuthr yr afon. Mae'n anodd credu bod cysylltiad rhwng yr ynys hon a theulu fy mam. Hwy fu'n gofalu am yr ynys yn ystod Oes Fictoria.

Ar y lan ceir y Gored Ddu, a thystiolaeth o ganrifoedd lawer o ddal pysgod efo'r llanw. Gan fod Ynys Gored Goch yn y canol, gellid gosod trap y ddau ben i wneud y mwyaf o'r llanw a'r trai, a dal pysgod bedair gwaith y dydd. Pennog oeddent yn bennaf, ac roeddent yn cael eu halltu ar yr ynys ac yna eu cludo i Lan-faes neu Fiwmares, ac yn y dechrau, i fynachod Penmon. Allforid crancod ac ambell eog i fannau fel Ynys Gybi ac Amlwch hefyd.

Mae'n ynys enwog mewn lluniau, a'i thŷ gwyn a'i dwy gored yn dal i fod yno; ceir yr olygfa orau ohoni wrth groesi pont Britannia. Wythfed ran o acer yw maint yr ynys. Awgrymwyd mai encil i'r mynachod ydoedd yn wreiddiol, ac mai adeilad defosiynol a gawsai ei addasu'n fan i drin y pysgod.

Ymhen amser, roedd pysgod yn cael eu glanhau, eu diberfeddu a'u mygu yn y tŵr. Rhoddwyd les yr ynys i bysgotwyr lleol gan esgobion Bangor yn 1590 am dair punt y flwyddyn, ac roedd bariliad blynyddol o bennog yn rhan o'r fargen! Yn y cyfnod hwnnw adwaenid yr ynys fel Ynys Madog Goch, ar ôl offeiriad o'r enw Madog a fu farw yn 1357. Damcaniaeth arall yw y daw'r enw gored o 'cor', sy'n golygu plethiad neu rwymyn, a'r terfyniad 'ed' (fel yn colled, syched).

Yn y tŷ ar Ynys Gored Goch ceir ystafell a elwir yn 'parlwr yr esgobion'. Defnyddid yr ystafell yn achlysurol fel encil i esgobion Bangor. Bu teulu Madog ar yr ynys am genedlaethau, ac er iddynt ddysgu mordwyo afon Menai a phob manylyn amdani, doedd yr un ohonynt yn medru nofio. Pysgota oedd bara menyn beunyddiol y teuluoedd, a dal ffrwyth llanw a thrai.

Ynys Seiriol a Phenmon

Mae safle'r priordy Awstinaidd ac Ynys Seiriol yn hudol i mi bob amser, a thraeth Lafan yn ymestyn ar ddiwedd dydd o haf rhwng Môn a'r Gogarth yn Llandudno. Teithiwch y tu draw i Fiwmares ac at drwyn Penmon, y rhan olaf o'r daith ar y dollffordd. Yn dilyn diddymu'r mynachlogydd, daeth y tir i feddiant y teulu Bulkeley, a hwy a adeiladodd y colomendy. Sefydlwyd priordy Penmon gan Seiriol yn y chweched ganrif. Yn ôl traddodiad, arferai Seiriol a Chybi gwrdd yn Ffynnon Clorach ym mhlwyf Llandyfrydog, nid nepell o Lannerch-y-medd, i sgwrsio a myfyrio. Lleolid Ffynnon Seiriol arall yn Llannerch-y-medd, ac roedd dŵr y ffynnon hon yn iacháu, ond i chi ymweld â hi am hanner nos.

Roedd Cybi'n wynebu'r haul ar y daith yno ac yn ôl, ac fe gafodd yr enw Cybi Felyn oherwydd ei liw haul. Cerddai Seiriol â'i gefn at yr haul, a chael yr enw Wyn yn sgil hynny. Credir i Seiriol ymuno â Chybi ar bererindod i Jerwsalem. Roedd Seiriol yn un o ddisgynyddion Cunedda Wledig, pennaeth a fu'n cadw'r Gwyddelod rhag ymosod ar Gymru. Roedd Seiriol hefyd yn perthyn i Maelgwn Gwynedd, oedd â'i lys yn Neganwy, a chredir mai Maelgwn a roddodd y tir hwn ym Mhenmon iddo adeiladu ei eglwys a sefydlu ei gell ar Ynys Seiriol. Defnyddiwyd Ffynnon Seiriol i fedyddio mewnfudwyr o Lychlyn, a chredir i Seiriol sefydlu capel ym Mhenmaen-mawr hefyd. Dywedir bod y sant yn medru cerdded ar balmant dros draeth Lafan rhwng Penmon a Phenmaen-mawr.

Cyflwynwyd Penmon i mi ym marddoniaeth ramantaidd hyfryd T. Gwynn Jones yn yr ysgol uwchradd, a dydy ymweliadau â Phenmon erioed wedi fy siomi. Mae tynfa yn ôl at y Trwyn Du a thŵr cysurlon y goleudy fel hen alwad i osber nad yw'n bod bellach. Ceir oddi yma olygfeydd arbennig o holl ogoniannau Eryri.

Tua 1140, ailadeiladwyd yr eglwys gan y Cymry yn dilyn ymosodiad o Lychlyn. Gwelir dwy groes oddi mewn sy'n dyddio o'r cyfnod, ac sydd mewn cyflwr trawiadol o dda. Ceir tŵr a changell Romanésg sy'n gwneud defnydd o'r cerrig gwreiddiol. Yn ogystal â thŷ, gwelwn olion hen ffreutur y priordy. Yn 1237 rhoddwyd hawliau arbennig i'r safle a'r ynys gan Llywelyn ap Gruffudd.

Soniodd Peter Sager am 'yr heddwch y byddwn yn gobeithio ei ganfod ar ddiwedd pob ffordd, ac ar ddiwedd pob siwrnai', ac yn sicr gellir ymdeimlo â hyn ym Mhenmon, hyd yn oed yng nghanol haf.

Ynys Seiriol

Mae safle'r ffynnon ar safle cell wreiddiol Seiriol o'r chweched ganrif, a rywsut fe aeth y dylanwadau Normanaidd o'r tu arall heibio i Benmon a llwyddodd i gynnal ei naws Geltaidd.

Ar Ynys Seiriol ei hun, olion yn unig a geir bellach o eglwys o'r ddeuddegfed ganrif, ond maent yn noddfa i adar y môr. Roedd yn fan allweddol yn ystod ymosodiad y Llychlynwyr, gan mai ar yr ynys yr oedd cell y mynachod yn y ddegfed ganrif. Cafwyd gwarchae ar yr ynys hefyd, ar Gadwallon, brenin Gwynedd, gan Edwin, brenin Sacsonaidd Northumbria. Yn eironig, magwyd Edwin yn llys tad Cadwallon yn Aberffraw.

Llangwyfan, Aberffraw

Wrth deithio ar lwybr gorllewinol Ynys Môn gerllaw Aberffraw, gwelir yr ynys a'r eglwys a ddarluniwyd gan Kyffin Williams ac eraill, sef Ynys Cwyfan. Mae'r eglwys yn ein cymell, rywsut, â'i gwahoddiad o grefydd plaen, syml. Gorwedd yr ynys oddi ar y Cribinau, a dim ond ar lanw isel mae modd ei chyrraedd ar hyd y llwybr. Bu yno ers y seithfed ganrif, ac mae tystiolaeth hefyd o waith adeiladu o'r ddeuddegfed a'r drydedd ganrif ar ddeg. Arferai'r ynys fod yn rhan o'r tir mawr, ond bellach mae cerrig yn ei hamgylchynu, a gellir croesi'r rhain ar droed.

Pan fo'r tywydd yn ei gwneud yn amhosibl cyrraedd yr ynys yn y gaeaf, cynhelir gwasanaethau ym Mhlas Llangwyfan ar y tir mawr. Gwelwn dystiolaeth o'r enw Cwyfan yn afon a Phorth Cwyfan. Gerllaw Ynys Cwyfan i gyfeiriad Rhosneigr, ceir Barclodiad y Gawres ar drwyn bach o dir rhwng Porth Nobla a Phorth Trecastell. Siambr gladdu nodedig o'r cyfnod Neolithig sydd yma, yn agored i'r elfennau. Mae'r enw o bosib yn cyfeirio at faint aruthrol y siambr wreiddiol. Yn y 1950au y daeth i'r amlwg, ac fe geir ymdeimlad arbennig o'r gorffennol yma. Oddi mewn iddi diogelir pump o gerrig beddi cerfiedig ac arnynt batrwm troellog nodweddiadol Geltaidd, tebyg i'r hyn a ganfuwyd yn nyffryn Boyne – Brú na Bóinne – yn Iwerddon.

Mae llawer o bobl yn dewis cael eu claddu ar yr ynys ger Llangwyfan yng nghanol yr elfennau. Cyfeiriodd amryw at sŵn y trac moto-beics cyfagos sy'n tarfu ar heddwch Porth Cwyfan bellach, a rhaid cytuno bod y sŵn yn amharu ar daith pererin. Gerllaw, yn Aberffraw, safai llys brenhinol tywysogion Gwynedd am 800 mlynedd – canolfan a welodd ymosodiadau gan y Gwyddelod, y Sacsoniaid, y Llychlynwyr a'r Normaniaid. Yng nghyfnod Tywysog Cymru gyfan, Llywelyn Fawr

Dau offrwm a adawyd ym Mhenmon

(1173-1240), y gwelwyd oes aur y safle. Does dim olion o'r llys, a wnaed o bren, dim ond yng nghof enwau lleoedd yn y fro sy'n cronni'r hanes, fel Llyn Coron, Llys a Maes Llewelyn, a Bro Branwen.

Ynys Gybi, Ucheldre a'r Ynys Sanctaidd

Rydw i am oedi'n hwy ar binacl yr holl ynysoedd i mi – Ynys Gybi. Tref tŵr yr un simnai yw Caergybi wrth ddynesu ati, er bod y diwydiant yno bellach wedi cilio. Rwy'n gweld Caergybi yn debyg i Wrecsam ac yn cael fy nenu at y dref am y rheswm hwnnw. Yn y ddau le, rydych yn cyrraedd rhyw ben draw, yn cyrraedd ffiniau, ac mae'r bobl yn glên ac agos atoch ar y cyfan. Mae'r ddwy dref ar drothwy ffiniau gwahanol – y naill yn borthladd a'r llall yn dref ar y ffin rhwng dwy wlad.

Yn gefnlen i'r cyfan mae Mynydd Tŵr a chaer cynhanesyddol a fu unwaith ar ei frig serth, a lle bu gwylfa gan y Rhufeiniaid. Ambell ddiwrnod, gall Mynydd Tŵr wisgo cap o gwmwl drwy'r dydd. Ond mae cyfrinach fwy y tu hwnt iddo ar ochr arall dawelach Ynys Gybi. Yno, pan fo llen o niwl dros weddill Môn, gall Ynys Gybi fod yn glir, ac mae bob amser yn hudolus.

Datblygodd Caergybi (Llan-y-gwyddel yn y bumed ganrif) fel caer forwrol o'r bedwaredd ganrif, ac yna dan law'r Rhufeiniaid i gadw llygad ar Fôr Iwerddon. Ond yn y chweched ganrif sefydlodd Cybi eglwys a chelloedd bychain o fewn muriau'r gaer Rufeinig wag. Mae'n debyg fod Cybi'n gyfoeswr ychydig iau i Dewi Sant – ceir eglwys Llangybi ger Llanddewibrefi. Credir bod Sant Cybi wedi dod o Gernyw, er iddo ymsefydlu yn Nyffryn Wysg i ddechrau. Yn dilyn pererindod i Jerwsalem yn 27 oed, dychwelodd i Gymru â phedwar o ddisgyblion – Maelog, Llibio, Peulan a Cyngar. Rhoddwyd tir iddo gan Maelgwn fab Cadwallon, Maelgwn Gwynedd. Mae rhan o'r eglwys bresennol yn nhref Caergybi yn dyddio o'r ddeuddegfed ganrif, ac wedi ei chysgodi gan wal sy'n dyddio o'r bedwaredd ganrif. Yn anffodus fe wnaed difrod sylweddol i'r safle tua 961 gan ymosodiad Llychlynnaidd. Oddi mewn i'r gaer Rufeinig fe geir hefyd Eglwys y Bedd, ac efallai fod y sant wedi ei gladdu yma.

Heddiw, fel erioed, mae Caergybi'n dref brysur a diwyd, tan gysgod llongau a Mynydd Tŵr. Wrth i chi yrru'n llyfn i mewn i'r dref ar derfyn yr A55, mae Canolfan Ucheldre, yr adeilad uchaf yng Nghaergybi, yn eich wynebu. Haedda ei safle fel canolfan gelfyddydau ysbrydoledig. Deilliodd o ymgyrch gymunedol i ddod â'r celfyddydau i bobl y fro, a

Gwylltineb y môr ym Môn ger Barclodiad y Gawres (y tudalennau blaenorol)

dyma ynys o ddiwylliant sy'n coroni'r dref. Cyn-gapel cwfaint ydy canolbwynt y safle, a bellach fe geir digwyddiadau ac arddangosfeydd yma drwy'r flwyddyn, a bwrlwm o weithdai creadigol sy'n gorlifo bob tro yr af i yno. Clustfeiniaf ar sgwrs y plant yn acen nodweddiadol Caergybi: 'Which country does she come from? Does she come from Bangor?' Mae rhywun yn synhwyro byd arall yma, ar yr ynys y tu draw i'r ynys.

Byddaf yn dechrau pob taith i Ynys Gybi yn Ucheldre a'i naws arbennig, ac mae bwyty arbennig yno ar gyfer pryd o fwyd neu baned. Fe berthynai'r cwfaint i urdd o leianod Catholig y Bon Sauveur (y Gwaredwr Da). Caewyd ysgol y cwfaint yn 1988, gan esgor ar y ganolfan gymunedol unigryw hon ac adfer y capel unigryw lle y llwyfannir cyngherddau'r presennol. Ond cafwyd presenoldeb Chwiorydd y Bon Sauveur am bron i gan mlynedd ar y safle hwn cyn iddynt symud i'w cwfaint newydd. O Caen yn Normandi y deuent yn wreiddiol, a byddent yn ymateb i anghenion yr oes yn eu cymuned. Dod i agor ysgol wnaethon nhw yn wreiddiol yn 1907, a bu'r Convent du Bon Sauveur Boarding School for Girls yn agored hyd 1983.

Roedd nod pendant i'r ganolfan a'r elusen a sefydlwyd ar adeg o ddirwasgiad i adfer ysbryd y gymuned. Y tu allan iddi, gwelwn gerflun Trefor Fôn Owen, *Breuddwydio am ryddid*, ac fe wêl rhai hwn fel symbol o'r dref yn ceisio codi uwchlaw difaterwch dirwasgiad. Delwedd rymus o neidiwr polyn ydyw, un sy'n amneidio i gyfeiriad Iwerddon. Wrth gerdded i mewn i'r ganolfan, fe welwn gadair er cof am ei meibion gan wraig arbennig o Gaergybi, Nora Pritchard Huws. Roeddwn yn adnabod un ohonynt, sef canwr y grŵp Brodyr y Ffin, Huw Huws. Ym mhenllanw llwyddiant Brodyr y Ffin, roeddent yn byw ar y ffin yn llythrennol yn Boundary Lane, Saltney.

Wrth gamu i mewn i ganolfan Ucheldre, rydych yn camu'n syth i hen glawstr, ac i naws arbennig – lle priodol i ddechrau ar bererindod i'r Ynys Sanctaidd. Cynlluniwyd yr adeilad gwreiddiol gan bensaer nodedig o Iwerddon, yr Athro R. M. Butler. Bu'n gyfrifol am gynllunio nifer o adeiladau cyhoeddus yn ei famwlad. Yn y diwedd, bodlonwyd ar ddull Romanésg modern yr adeilad a welwn, a'r tŵr uchel, sgwâr, a defnydd o garreg las nodweddiadol yr ardal. Er bod yr adeilad yn gymharol fodern, mae'n atgoffa rhywun o gyfnod blaenorol. Daeth tipyn o farmor y brif neuadd o Livorno yn yr Eidal – cael a chael oedd hi iddo gyrraedd mewn pryd ar gyfer agoriad y cwfaint yn 1937.

Rhaid mynd y tu draw i ganolfan Ucheldre a thrwy gymuned glòs

Llain Goch at yr ochr dawelaf i ddod at gywair y tangnefedd godidog sydd i'r ynys. Mae'r eithin yn ei flodau hyd ochrau'r lonydd culion ym mis Mawrth wrth i chi deithio drwy dir fferm Gors Goch at Gapel Penrhosfeilw, sydd bellach yn gartref preifat. Teithiwn drwy Ynys Gybi a'i pherthi llawn ym Mai a Mehefin, a bysedd y cŵn a'r blodau gwylltion eraill yn arwain at y môr. Fel arfer, wrth deithio mewn car ar hyd y lôn, does neb yn gyrru i'r cyfeiriad arall, ac mae modd i chi fwynhau'r olygfa a gweld Iwerddon. Mae natur yn goferu hyd at ochr y lonydd, a chysylltiadau â'r cynfyd ym mhob arwydd ffordd.

Hawdd ymgolli ar Ynys Gybi ac olion Celtaidd Bwrdd Arthur, Caer y Tŵr a Thŷ Mawr. Hoffaf yr enw naturiol ar yr arfordir, Carreg Hanner Trai, ac fe geir yma nifer o ffynhonnau ag enwau cyfareddol fel Ffynnon Santes Gwenfaen yn Rhoscolyn, Ffynnon Ffraid, Ffynnon Cybi, Ffynnon y Gorlles, Ffynnon Goferydd, Ffynnon Lochwyd (Golochwyd) a Ffynnon y Wrach. Yn Llain Goch ceir Ffynnon Gorlas a baddon yn rhan ohoni. Daethpwyd o hyd i fedaliwn aur o gyfnod Cystennin Fawr wrth y ffynnon yng Nghapel Lochwyd, a deg darn aur mewn cors fawn gerllaw. Dywedir yn Nhrewilmod fod Coluim, neu Columba, wedi ei gladdu yma gan y Brythoniaid.

Cafwyd ymosodiadau gan y Gwyddelod, yn enwedig pan oedd Prydain dan reolaeth y Rhufeiniaid, ac fe welir cylchoedd cynhanesyddol a elwir hyd heddiw yn Gytiau'r Gwyddelod a chytiau Tŷ Mawr. Bu pobl yn byw yma o'r Oes Neolithig hyd at gyfnod y Rhufeiniaid. O Ynys Gybi gellir gweld mynyddoedd Wicklow yn Iwerddon yn eglur. Cyn cyrraedd Ynys Lawd a'i goleudy, mae'n weddus cofio am ddwy ynys arall ag enwau hyfryd, a gellir eu gweld o ddilyn llwybr parc gwledig y Morglawdd: Ynys Wellt ac Ynys Arw. Ceir ogof yn y parthau hyn a elwir ar lafar yn Parliament Cave oherwydd synau croch yr adar yn atsain oddi mewn iddi. Hefyd, mae'r morloi'n casglu wrth ei godre. Gwelir olion y chwareli carreg lle cafwyd y cerrig i godi morglawdd enwog y porthladd i Iwerddon, a gwelir planhigion prin a blodau melyn sy'n unigryw i Ynys Gybi.

Yn 1645 gyrrwyd deiseb at y brenin Siarl I yn gofyn am oleudy yn yr ardal, ond ni chafodd un ei adeiladu bryd hynny. Yn sgil Deddf Uno Prydain ac Iwerddon yn 1800, cynyddodd y galw am oleudy. Yn dilyn nifer o longddrylliadau, arweiniwyd ymgyrch rymus gan y Capten Hugh Evans yn 1807. Cyflwynwyd y cais i Fwrdd Trinity House, sef awdurdod goleudai Prydain. Llwyddodd y cais yn 1808, ac fe ddechreuwyd ar yr adeiladu yn yr un flwyddyn.

Bellach, gwelwn bont grog i groesi at y goleudy, ar ol dringo'r 440 o risiau. Islaw, gwelir adar yn nythu yn y clogwyni – y gwalch glas, y pâl a'r frân goesgoch. Bu'r safle'n un hyblyg a phwysig iawn o safbwynt arwain y llongau i'r lan yn ddiogel. Costiodd £12,000 i'w adeiladu yn wreiddiol, â lampau olew ac adlewyrchwyr ynddo. Ymhen amser, cafwyd llusern ychwanegol i'w gostwng i lefel y môr mewn niwl. Yn 1938 daeth trydan i'r goleudy, ac er 1984 does dim 'ceidwad y goleudy'. Cyn adeiladu'r bont grog, byddai'n rhaid i nwyddau a'r ceidwaid lithro mewn basged ar hyd cebl dros yr hafn i gyrraedd y goleudy.

Er y flwyddyn 200 OC, bu pobl yn byw ar ochr fwynaf yr ynys. Daethpwyd o hyd i nifer o olion archeolegol yng nghanol y grug ar dir Tŷ Mawr – morthwyl, cerrig hogi, crochenwaith ac arian. Ceid yma gytiau crwn o tua 10,000 CC, ac fe berthyn yr adeiladau a welir heddiw i'r Oes Haearn. Bu preswylwyr yma yng nghyfnod Sant Cybi, a hyd at wyth fferm. Mae'r lôn ar hyd ochr y creigiau bob amser yn fy swyno a'm rhwydo yn llwyr, fel enwau'r ardal, fel llanw a thrai, ac fel patrymau hardd y gwymon ar raean y cilfachau bychain cyn cyrraedd Bae Trearddur. Os oedwch am ychydig, cewch fae i chi'ch hunan am ennyd. Mae tinc tonnau'n torri ar lannau eraill, pell, hyfryd i'w synhwyro ar y lôn hon. Ceir rhywbeth sy'n hen, yn newydd ac yn dragwyddol yr un pryd yma.

Wrth ddilyn ffordd yr arfordir, fe ddewch at Borth Ruffydd, lle yr arferid cadw bad achub, ac yna at safle Porth Dafarch, a ysbrydolodd yr emyn enwog 'Arglwydd Iesu, arwain f'enaid / at y graig sydd uwch na mi', a genir fynychaf ar dôn Dr Caradog Roberts, 'In Memoriam'. Gwelwn blac yma i gofio Samuel Jonathan Griffith (1850–93), a'i enw barddol Morswyn, ac amgylchiadau ysgrifennu geiriau'r emyn 'Craig yr Oesoedd'. Ysbrydolwyd y geiriau gan y creigiau ar y traeth ar ddiwrnod stormus, ond hefyd gan brofiadau bywyd. Roedd Morswyn yn byw yn Kingsland, Caergybi, ac fe gollodd yntau a'i briod, Jane, ddau blentyn yn ifanc. Enwir ysgol gynradd Gymraeg Caergybi ar ei ôl.

Cred rhai mai'r enw Davagh a Gymreigiwyd yn enw Porth Dafarch, ond yn ôl eraill, 'dau farch' sydd yn yr enw, neu'r enw personol Tafarch. Mae'n anodd credu, ond rhwng 1817 ac 1820, oddi yma y gadawai'r fferi i Iwerddon. Gwelir olion hyn hyd heddiw ar y ffordd i lawr i'r traeth. Roedd yr ardal, fel pob porthladd, yn gyfarwydd ag ieithoedd a chenhedloedd gwahanol yn dod i gyfnewid nwyddau, ac roedd yn ganolfan fasnach bwysig. Cafwyd rhai llongddryiliadau hefyd ar y creigiau. Bellach, mae'n fan heddychlon iawn yn y gaeaf ac yn llawn yn yr haf, ond heb fod yn orlawn. Erbyn hyn mae ambell garafán yn ymestyn hyd at Graig yr Oesoedd, hyd yn oed.

Wrth ddilyn y llwybr a'r ffordd, fe ddewch maes o law at Borth y Post, yna Porth y Pwll, a mân flodau hardd yn tyfu ar ochr y ffordd a'r clogwyni, cyn dod at Fae Trearddur. Mae pob tŷ yn Nhrearddur â'i lygad ar y môr. Enw blaenorol yr ardal oedd Tywyn y Capel. Mae eglwys y plwyf ar safle beddrod Sant Ffraid Leian, a adwaenid fel Brigid yn Iwerddon. Dywedir iddi lanio'n wreiddiol ym Mhorth y Capel ar dywarchen, ac fe'i cysylltir â nifer o wyrthiau. Yn y ddeunawfed ganrif gwelid olion y gwaith carreg ar ben boncyn Tywyn y Capel, a chredid bod pedwar cant o bobl wedi eu claddu yno, er i'r elfennau erydu'r dystiolaeth honno bellach.

Gwelwn fod yr afonydd ar y tir yn dod yn agos iawn at yr arfordir ym Mae Trearddur, gan awgrymu efallai y bu ynys ar wahân yma ar un adeg. Yn Nhowyn Lodge roedd Thomas Telford yn byw pan oedd yn gweithio ar yr A5 drwy Ynys Môn. Doedd dim angen caniatâd cynllunio bryd hynny, ar yr amod bod y tai'n cael eu hadeiladu'n syth ar ôl i'r tir gael ei brynu. Mae traddodiad hir o ddod yma i ymlacio yn awelon llesol y môr, a'r un yw'r stori heddiw.

Nodwedd arbennig ar lôn arfordir Trearddur yw Craig y Môr, a fu'n dŷ haf i deulu William Smellie, Sais cyfoethog ac un o sefydlwyr Clwb Hwylio Bae Trearddur, yn wreiddiol. Mae'n dal i fod ym meddiant ei ddisgynyddion. Mae'n edrych i mi fel tŷ mewn ffilm arswyd fel *Psycho*. Ceir ynddo ddeg ystafell wely, a phaneli coed cain. Cafodd ei gwblhau yn 1920, ac mae popeth sydd ynddo wedi ei greu â llaw. Bob tro y bydda i'n mynd heibio iddo, fedra i ddim peidio â meddwl y byddai'n lleoliad arbennig ar gyfer ffilm, ac yn ôl yr hanes ysgrifennodd Nicholas Monsarrat ei nofel *The Cruel Sea* yma. Mae'n cael ei hurio bellach ar gyfer cynnal priodasau ac achlysuron arbennig. I mi, mae Bae Trearddur ychydig fel Hollywood Cymru, fel set ffilm, a'r tai ger Porth y Post ar lan y dŵr â'u ffenestri mawr yn yfed yr olygfa o Lŷn, Enlli ac Eryri, a'r lliwiau hardd ar y dŵr, hyd yn oed pan mae'n gymylog. Mae hud y fro mewn enwau fel Traeth Atsain, a thŷ ger Ynys Lawd – Haul a Gwynt. Mae rhyw chwithdod o hyd ynof o groesi Pont-rhyd-y-bont (neu'r Four Mile Bridge) i fynd yn ôl at fywyd go iawn, ar yr A55 yn ôl am adref.

Goleudy Ynys
Lawd

14 'I Wrecsam decaf ...'

- Garden Village
- Neuadd a gerddi Erddig
- Eglwys San Silin
- Morgan Llwyd
- Y Parciau a gwlad o eisteddfodau

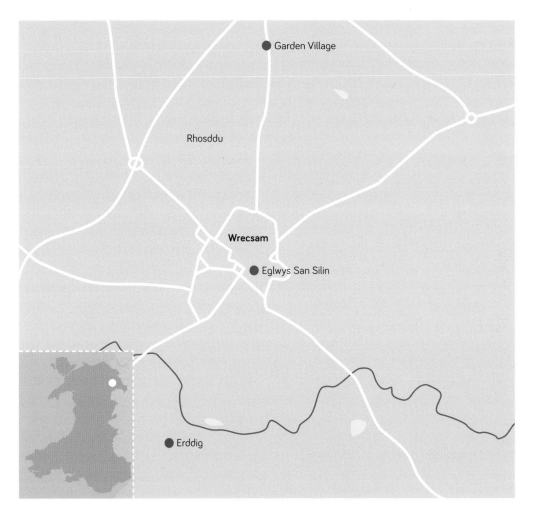

Ffenestri lliw cyfoes yn Eglwys Wrecsam a luniwyd o ddarnau o wydr o'r Oesoedd Canol

Rhaglenni'n cael eu dosbarthu,
sgertiau'n cael eu sythu,
murluniau'n cochi.

Yna
wedi saith
a chychwyn cyngerdd,
yr angylion yn yr entrych
fel gwyrthiau'n cwhwfan,
a dymuniadau diniwed
ar fin
cael eu gwireddu.

('Cyngerdd yn Eglwys San Silin, Wrecsam')

Fe ddechreuais y llyfr efo cartref fy mhlentyndod, a dyma'i orffen efo fy nghartref presennol. Ambell daith gerdded sydd yma, neu siwrnai mewn car o amgylch ambell lecyn tawel ac annwyl i mi yng nghanol tref fwyaf gogledd Cymru. Mae'n bosibl dod o hyd i fannau adfywiol yng nghanol ein trefi mawr, ac yn wir, mae mannau o'r fath yn hanfodol. Tre'r ffin ydy hon, tref o ddylanwadau newydd drwy'r oesau, a 'Wrecsam decaf' i un o'i meibion enwocaf, Morgan Llwyd.

Garden Village

Dwi am ddechrau yn yr ardal bentrefol yn Wrecsam y dois innau i fyw iddi yn 1971, yn ddeg oed, o'r Bermo. Mae'n werth mynd am dro i Garden Village drwy ddilyn Ffordd Caer o ganol y dref. Sefydlwyd gardd-bentrefi cyn y Rhyfel Byd Cyntaf, oherwydd prinder tai a chynnydd yn y boblogaeth gan mwyaf, ac mae naws arbennig yn y rhan o Wrecsam lle gwelwyd datblygiad o'r math hwn – y cyntaf o'i fath yng Nghymru. Maes o law, fe ehangodd y gardd-bentrefi mewn mannau eraill, ond ni ddigwyddodd hyn yn hanes Garden Village Wrecsam, ysywaeth. Ceir enghreifftiau nodedig yn Port Sunlight ar Benrhyn Cilgwri, a Bournville, ger Birmingham. Hefyd yn ystod 1912–13 roedd gardd-bentref Rhiwbeina, Caerdydd, yn datblygu. Yn wahanol i Fryn Acton, enw gwreiddiol prosiect Wrecsam, cwblhawyd Rhiwbeina yn 1922–3, ac fe'i cynhaliwyd tan 1976. Yng ngardd-bentref Wrecsam, erys patrwm o strydoedd pleserus iawn i gerdded drwyddyn nhw, sy'n dal i roi cip i ni ar y freuddwyd na wireddwyd mohoni'n llwyr.

Prynwyd 200 acer o dir oddi wrth Syr Foster Cunliffe, Plas Acton, gan y Welsh Town-Planning and Housing Trust Limited. Y bwriad oedd darparu tai fforddiadwy i weithwyr yn sgil y mewnlifiad o bobl a ddaeth i weithio yn y diwydiannau glo a haearn. Agorwyd glofa Gresffordd yn y 1910au, ac roedd gwaith wedi ei glustnodi yno i dair mil o bobl. Sefydlwyd cymdeithas dai yn 1913, sef Tenantiaid Wrecsam Cyfyngedig, gyda'r Arglwydd Kenyon a'r Arglwydd David Davies o Landinam yn gyfarwyddwyr arni, ymhlith eraill. Gofalent hwy am adeiladu'r tai, ac yna byddai'r Ymddiriedolaeth yn gofalu am ffyrdd a datblygiad y fenter.

Eisoes bu'r diwydiannwr o Gristion, David Davies, Llandinam, yn codi ymwybyddiaeth am gyflwr gwael tai Cymru, a bu'n rym pwysig wrth sefydlu'r Ymddiriedolaeth, a oedd â'i bryd ar ddatblygiadau ar ffurf 'gardd-faestrefi'. Ef a gynigiodd ddatblygu'r ardd-bentref yn Wrecsam yn 1913, ac adeiladu mil o dai. Credai, os câi gweithwyr gynnig tai pwrpasol, y byddent yn magu teuluoedd pwrpasol. Ystyrid David Davies yn radical yn ei ddydd, ac ef a osododd y cynsail ar gyfer datblygiadau tai awdurdodau lleol y dyfodol. Does dim cofgolofn yn Garden Village i David Davies, ond gellir annog pobl i edrych o'u cwmpas ar natur arbennig y tai, a'r cynllunio gofalus a gafwyd.

Ehangwyd y cynllun yn Wrecsam i gynnwys tiroedd fferm Croes Eneurys a Fferm Tŷ Gwyn. Mae'n rhaid gen i fod croes hynafol yn nodwedd o'r ardal, a barnu oddi wrth enwau caeau megis Maes y Groes Faen, a Chae y Groes. Roedd cynllun gwreiddiol y pensaer G. L. Cunliffe ar gyfer y pentref yn cynnwys institiwt, dau addoldy, ysgol, a digonedd o dir agored a mannau hamddena, yn ogystal â rhodfeydd a choed o boptu. Creu amgylchedd pleserus oedd y nod, efo gerddi da a rhimynnau gwyrdd i balmentydd, felly byddai gwyrddni i'w weld ar bob rhodfa. Wrth i chi gerdded o amgylch y 'pentref', fe welwch na wireddwyd hyn yn hollol.

Roedd cysylltiad annatod i fod rhwng Pwll Gresffordd a'r 'pentref', a byddai pawb, o weithwyr hyd at reolwyr y pwll, yn cyd-fyw yma. Syniad arloesol iawn, ac fe ganmolwyd Wrecsam am ei flaengaredd. Ym mis Tachwedd 1907 gwnaed y symudiadau cyntaf efo'r lofa newydd, a byddai'r boblogaeth yn cynyddu'n fuan.

Llwyddwyd i sicrhau les ar y tir am 999 o flynyddoedd, a dechrau ar y cymal cyntaf o 249 o dai. Bu adeiladu yma 1913 ac 1917, ac mae rhai o'r enwau wedi para hyd heddiw, fel Kenyon Avenue, Ffordd Estyn, Ael y Bryn a Wat's Dyke Way. Elfen bwysig arall yn y cynlluniau gwreiddiol oedd lleoliad yr institiwt, y capel a'r eglwys ar y tir gwyrdd ger Ysgol Wat's Dyke heddiw.

Yn y flwyddyn gyntaf cwblhawyd 44 o dai – Acton Gate, rhan o Ffordd Caer a alwyd bryd hynny yn Fryn Acton, a Cunliffe Walk. Cynlluniwyd y rhain gan Sutcliffe, a'r 205 o dai a oedd yn weddill gan T. Alwyn Lloyd o Gaerdydd, pensaer i'r ymddiriedolaeth gynllunio. Un o nodweddion arloesol y datblygiadau oedd fod tenantiaid yn fuddsoddwyr yn y cwmni hefyd, gan sicrhau y clywid eu llais mewn datblygiadau yn y dyfodol. Ceid baddon ym mhob tŷ, nwy i goginio, lloriau pren safonol a golau trydan. Costiodd £300 i adeiladu pob tŷ, ac amrywiai'r rhenti gwreiddiol o bump i wyth swllt yr wythnos.

Adeiladwyd rhai o'r tai mwyaf yn y cynllun ar gyfer rheolwyr y lofa yn Acton Gate, ac maent yn dal yno. Y bwriad oedd adeiladu cilgant tebyg ar gyfer y rheolwyr ar ochr Tŷ Gwyn hefyd, ond ni ddatblygwyd hwn, er bod ychydig o dai yn aros ar waelod Rhodfa'r Wyddfa yn atgof o'r bwriad.

Yn anffodus, gyda dyfodiad y Rhyfel Byd Cyntaf, pylodd y weledigaeth, ac ni chafwyd mwy o ddatblygu gan Denantiaid Wrecsam Cyfyngedig. Daeth milwyr Iwmyn Sir Ddinbych i feddiannu rhai o'r tai pan oedden nhw'n hyfforddi ym mhlasty Acton. Nid adeiladwyd y siopau, yr eglwysi, yr institiwt na'r ysgol arfaethedig ar ôl y rhyfel. Roedd y siopau gwreiddiol yn ystafelloedd ffrynt tai Gardd Estyn, cyn datblygiadau Ffordd Gaer a Kenyon Avenue. Eto i gyd, llwyddwyd i adeiladu Eglwys Santes Margaret yn 1928, gan ddefnyddio rhannau o gynlluniau gwreiddiol T. Alwyn Lloyd.

Daeth Tenantiaid Wrecsam Cyfyngedig i ben yn 1955, a chododd cyfle i denantiaid brynu eu tai am bris rhesymol iawn wedi iddynt ad-dalu'r benthyciad cychwynnol yn ôl i'r llywodraeth. Gwerthwyd y tai lleiaf am £250 a'r rhai mwyaf am £450. Cwblhawyd bwa Acton Gate, ond nid yn unol â'r freuddwyd wreiddiol. Cyfuniad o ffactorau a arweiniodd at y ffaith na welwyd gwireddu'r freuddwyd – diffyg pres, y Rhyfel Byd Cyntaf, datblygu tai cyngor a dirwasgiad y 1920au cynnar.

Ond llwyddwyd i wireddu rhywfaint o'r freuddwyd, ac mae naws arbennig iawn i'r strydoedd gwreiddiol. Byrhoedlog fu parhad y 'Bryn Acton Garden City' ond erys olion ohoni. Er gwaethaf y bygythiad a gafwyd i dir gwyrdd y pentref yn ddiweddar, mae ymdeimlad braf o ofod rhwng y tai, ac mae llwybrau a mannau agored yn dal yn amlwg yn y rhan hon o Wrecsam. Pery'r ardal yn bentref o fewn y dref, ac mae'r trigolion yn sôn yn annwyl am fyw yn y 'village'. Gwelir yr awyrgylch arbennig hwn mewn mannau fel Capel Bethel – capel bychan ond ffyniannus a chroesawgar tu hwnt. Sefydlwyd ysgol Sul yn 8, Ffordd Estyn ar ddiwedd y rhyfel, gan symud wedyn i'r institiwt, a dechrau cynnal gwasanaethau yno. Daethant i ben dros dro yn 1922 ond parhaodd yr ysgol Sul. Yna, yn 1926, adeiladwyd neuadd fechan ar gost o £1,700 ar dir a gafwyd yn rhodd gan yr Arglwydd Davies o Landinam. Er bod addoldy yn rhan o'r cynlluniau, doedd dim digon o arian ar y pryd i'w godi. Yn y neuadd a agorwyd ym mis Ionawr 1927, cafwyd 120 o addolwyr a 70 o blant yn yr ysgol Sul. Y gweinidog cyntaf oedd Ezekiel Williams, a ofalai am Neuadd Fictoria, Wrecsam, hefyd. Cafwyd estyniad i'r festri yn 1970 ac ychwanegiad pellach yn 1989.

Rydw i wrth fy modd yn crwydro'r strydoedd ac yn siopa yma. Cofiaf yn arbennig y cyfnod pan oeddem yn byw yn Haytor Road, un o fannau gwyrdd y cynllun gwreiddiol. Bob tro y bydd tref fawr Wrecsam yn fy llethu, dof yma i ymdawelu mewn ardal bentrefol, braf – y math o le dwi'n gartrefol ynddo, yn y bôn.

Neuadd a gerddi Erddig
O ganol y dref gellir cerdded i Ben-y-bryn hefyd, ac yna dilyn Ffordd Rhiwabon hyd at Felin Puleston, lle y medrwch ymuno â pharc Erddig. Dyma i chi le unigryw arall ar gyrion de-orllewin Wrecsam. Arferai fy mam weithio fel tywysydd ym mhlasty Erddig, felly dyma fynd â chi ar hyd lonydd gwledig sy'n agos iawn at ganol y dref. Mae safle Castell Wristlesham, castell tomen a beili Normanaidd o'r flwyddyn 1161, yn y parcdir a roddwyd i'r Ymddiriedolaeth Genedlaethol. Adeiladwyd y castell gan yr Iarll Hugh o Gaer. Hefyd ar dir yr ystad, gellir gweld Clawdd Wat, y clawdd sy'n mynd o Ddinas Basing, Treffynnon, i Maesbury, ger Croesoswallt. Mae safle'r castell yn ymgorffori Clawdd Wat.

Disgrifiwyd ymweld â Neuadd Erddig fel 'camu i gapsiwl amser', a gwir y gair. Ceir yma olwg unigryw ar fyd i fyny'r grisiau, ac yn bwysicach, bron, ar fywyd i lawr llawr, mewn tŷ bonedd. Fel yn y gyfres deledu boblogaidd *Downton Abbey*, yn sicr yn Erddig mae 'na sylw cyfatebol i'r ddau fyd. Roedd yn un o naw tŷ bonedd yn yr ardal ar un adeg, ond dim ond dau sy'n dal i fodoli heddiw. Adferwyd plasty Erddig er gwaethaf tirlithriadau a achoswyd gan weithfeydd y pyllau glo oedd oddi tano, ac fe saif yn ysblennydd yng nghanol 1,900 o aceri.

Joshua Edisbury, mab John Edisbury o Bentre Clawdd, a ddechreuodd adeiladu'r tŷ presennol yn 1687, o gynllun gan Thomas Webb. Daeth Edisbury yn Uchel Siryf Sir Ddinbych, ond yn sgil ei fuddsoddiad trwm yn y tŷ a'r diwydiant plwm yn Nhrelawnyd, fe aeth yn fethdalwr. Ychwanegwyd 'adenydd' enwog y tŷ gan y perchennog nesaf, John Mellor, o 1718 ymlaen, ac yna daeth i feddiant ei nai, Simon Yorke, yn 1733. Yn dilyn hynny, bu aelodau o deulu Yorke yn byw yno'n ddi-dor am 250 o flynyddoedd. Doedd bywyd ddim bob amser yn rhwydd i'r teulu, a bu'n rhaid iddynt gadw'u trwynau ar y maen. Newidiwyd ochr orllewinol y tŷ eto yn y 1770au gan Philip Yorke y cyntaf o Erddig. Roedd y teulu Yorke yn dipyn o hynafiaethwyr ac archifwyr, ac roedd eu gofal am eiddo'r teulu yn neilltuol.

Mae dewis o ddwy daith gerdded ar ôl i chi gyrraedd Erddig, y naill yn cynnwys y tŷ a'r gerddi, a'r llall y gerddi yn unig. Cyfareddol iawn yng nghanol ysblander y tŷ yw'r oriel o luniau'r gweision a'r gweithwyr. John Mellor a ddechreuodd y traddodiad drwy gael llun o'r gwas croenddu a welir yn ystafell y gweision. Mae yma hefyd gasgliad helaeth o ddarluniau a phenillion sy'n cofnodi bywyd a chyfraniad y bobl sydd wedi gweithio ar yr ystad. Mae'n amlwg iddynt gael eu parchu, a dyma allwedd apêl y lle i mi. Ymdeimlir yn gryf â'r syniad o gymdeithas fywiog yn y plasty a'r stad. Dotiaf at linellau Phillip Yorke i'r seiri yn arbennig: 'who thrive beneath their parent stock, / and make good chips, from that old block'.

Mae rhan gyntaf y daith drwy'r tŷ yn wych – y golchdy, y becws a'r gegin â'i harwyddair, 'Waste not, want not'. Mae'r gegin yn cynnwys offer y cyfnod, a chyn i'r tŷ gael ei adfer, doedd dim trydan, nwy, dŵr rhedegog na ffôn ynddo. I fyny'r grisiau, gwelir yr ystafelloedd bonedd a llawer o'r dodrefn gwreiddiol, sy'n dyddio o'r ddeunawfed ganrif ymlaen. Ceir papur wal gwyrdd Tsieinïaidd nodedig iawn ar wal yr ystafell wely lle y paratowyd gwely mawr ar gyfer ymweliad y Frenhines Fictoria. Mae ystafelloedd y gweision yn rhan uchaf y tŷ yn ddiddorol, ac mae'r adeiladau allanol yn pwysleisio byd hunangynhaliol a chyd-ddibynnol y stad.

Ym mhen draw'r gerddi gwelwn y giatiau haearn addurnedig o waith y brodyr Dafis, Croesfoel, ger y llyn. Lluniwyd y gerddi gwreiddiol cyn-Ramantaidd rhwng 1718 ac 1725, a dychwelyd at y cynllun cynnar hwn a wnaed wrth adfer Neuadd Erddig. Gwelir gwelyau blodau Fictoriaidd a llwybr o goed yw wedi eu hadfer. Mae'r ardd hefyd yn hyfryd i eistedd a synfyfyrio ynddi – gardd furiog yn llawn coed ffrwythau prin erbyn hyn.

Wrth gerdded yn ôl tua'r dref ar dir y parc eang, oedwch ger y Gwpan a'r Soser, rhaeadr addurnedig o 1775 ar afon Clywedog. Gerllaw, ceir pwmp dŵr i'r tŷ sy'n dyddio o 1899, a fu'n harneisio dyfroedd Black Brook i gael dŵr glân i'r tŷ, ac i gyflenwi dŵr i'r ffynnon yn yr ardd. Erbyn y 1970au, roedd y tŷ yn mynd â'i ben iddo, ac roedd yn rhaid gwneud rhywbeth neu ei golli. Cofiaf weld Phillip Yorke, y sgweier olaf (1905–78), mewn cyfarfod yn y Parciau lle y cyfrannodd at goffrau Eisteddfod Genedlaethol Wrecsam 1977; cyrhaeddodd yno ar gefn ei feic peni-ffardding. Darluniwyd bywyd lliwgar y sgweier gan Geoffrey Veysey yn ei gyfrol *Philip Yorke, Last Squire of Erddig.*

Eglwys San Silin

Yn ôl â ni i ganol y dref, a phrif adeilad yr ardal, sef eglwys y plwyf, eglwys San Silin. Mae'r tir o'i hamgylch yn hyfryd i ddod iddo, dafliad carreg o'r siopau. Mae'r heddwch yn amlwg yma, cyn i rywun fynd i mewn i'r adeilad. Daw pobl yma i eistedd a chael brechdan sydyn amser cinio cyn dychwelyd i'w gwaith, ac mae nifer o ymwelwyr cyson yn dod i'r rhan hon o Wrecsam o bedwar ban byd.

O bob cwr, gellir gweld Eglwys San Silin yn arglwyddiaethu ar olygfeydd Wrecsam, a thŵr 136 troedfedd yr eglwys wedi ei adeiladu yn ystod teyrnasiad Harri VII, o 1520 ymlaen. Cafwyd nawdd Margaret Stanley (Beaufort gynt) yma hefyd, fel gydag eglwysi eraill a grybwyllwyd gen i. Yn wreiddiol, fe fyddai'r tywodfaen yn gwneud i'r tŵr ddisgleirio, ond fe adawodd y fro ddiwydiannol ei hôl ar y disgleirdeb hwn.

Dechreuwyd codi'r eglwys bresennol ar safle eglwys gynharach tua 1472, a gwnaed addasiadau i gorff yr eglwys wreiddiol. Mae'r tir o amgylch yn ddiddorol ynddo'i hun, a gatiau'r brodyr Dafis o'r Groesfoel sy'n gwahodd pobl at yr eglwys o'r Stryd Fawr er 1720. Rhodd oeddent gan Elihu Yale, gŵr busnes llwyddiannus a adawodd ei fro i sefydlu Prifysgol Yale yn yr Unol Daleithiau. Hynod ddiddorol oedd deall mai enw llwybr cul tua gwaelod y Stryd Fawr at yr eglwys oedd 'Y Nef'. Llwybr at y nef a noddfa o dryblith byd yn yr eglwys, efallai. Yn sicr, rhaid diolch am fannau fel hyn, lle y gallwch ddod i siarad efo Duw, a chael gwrandawiad a drws agored bob dydd o'r flwyddyn.

Pan adeiladwyd yr eglwys, sydd wedi ei chysegru i nawddsant y gwahangleifion, Silin (Giles), roedd y tu allan i ffiniau gwreiddiol Wrecsam. Bellach mae yn y canol. Yn ôl yr hanes, fe achubodd Silin garw oedd yn cael ei hela, ac fe arhosodd y carw gyda'r meudwy yn gwmni ac yn darparu llaeth iddo. Darlunnir hyn mewn ffenestr yn yr eglwys bresennol. Mae'n adeilad llawn anifeiliaid − o afr masgot y Ffiwsilwyr Cymreig hyd at yr eryr pres cadarn ar y ddarllenfa, un o'r hynaf ym Mhrydain. Mae hefyd yn adeilad llawn angylion sy'n ein gwarchod fry − un ar bymtheg o angylion cerfiedig yn addurno'r nenfwd yn chwarae cerddoriaeth nefolaidd i herio wyneb coch Satan. Ceir paentiad tywyll o Dynged ei hun dros fwa'r gangell.

Ystyrir yr eglwys yn un o enghreifftiau godidocaf yr arddull Gothig. Anodd credu i Cromwell ddefnyddio'r eglwys fel stabl i'w geffylau am gyfnod. Pan oedd George Borrow ar ei daith o amgylch *Wild Wales* yn 1854, ger yr eglwys y cyfarfu'r bobl leol hynny nad oeddent yn siŵr ai Cymry neu Saeson oedden nhw. Wedi rhesymu, fe benderfynon nhw mai Cymry oeddent yn siŵr, er nad oeddent yn medru'r iaith Gymraeg, ac eithrio'r ymadrodd 'cwrw da'. Mae Cymreictod yr ardal yn cryfhau ac mae addysg Gymraeg yn boblogaidd tu hwnt y dyddiau hyn, ond daw ambell un hyd yn oed yn y byd cyfoes a datgan nad ydyn nhw'n 'proper Welsh'.

Pan gychwynnwyd ar y gwaith o adeiladu Eglwys San Silin yn y drydedd ganrif ar ddeg, mae'n debyg i'r gweithwyr gael cryn drafferth. Dechreuwyd codi'r eglwys wreiddiol ar dir Brynyffynnon, ond bob bore wrth fynd at eu gwaith roedd y gweithwyr yn canfod bod holl waith adeiladu'r diwrnod blaenorol wedi cael ei ddad-wneud. Dywedir i angel ymddangos i'r gweithwyr, a datgan mai ar y safle presennol y dylai'r eglwys gael ei chodi. Ni chafwyd unrhyw drafferth adeiladu wedyn.

Un ddelwedd arall o eglwys y plwyf sydd wedi aros yn fy meddwl yw'r un o Sant Rhisiart Gwyn yn ysgwyd ei gadwynau yno. Yn 1559 cyhoeddodd Elizabeth I ei bod yn bennaeth y wladwriaeth a'r eglwys, a rhaid oedd i'r offeiriaid ildio i'w goruchafiaeth hi dros y Pab. Ni fedrai Rhisiart Gwyn newid ei deyrngarwch. Dyma rai o'i eiriau:

> Gwrando gyngor, gŵr o'th wlad
> Ti a'i cei o'n rhad, y Cymro,
> I'w fyfyrio o'r barth i'r gell,
> Ti a fyddai'n well oddi wrtho.

Eglwys San Silin

Y gainc oddi wrth y pren a dyr,
Ni wna hi ar fyr ond crino,
A'r aelod êl oddi wrth y corff
Ni ddaw mo'r ymborth yno.

O Lanidloes y deuai Gwyn yn wreiddiol, ac fe hanai o deulu'r tywysog Madog ap Cadwgan, a fu farw yn Wrecsam yn 1074. Bu Rhisiart yn byw yn Rhydychen a Chaergrawnt, ac mewn alltudiaeth yn Ffrainc. Pan ddychwelodd i Gymru, sefydlodd ysgol ym mhentref Owrtyn ar gyrion Wrecsam. Fe'i daliwyd gan biwritan tanbaid o'r enw David Edwards, a'i roi yng ngharchar y dref yn y Stryd Fawr – y Siambr Ddu. Ceir traddodiad i Rhisiart Gwyn gael ei gludo i eglwys y plwyf cyn iddo gael ei ddienyddio, ond iddo darfu ar y pregethu drwy ysgwyd ei gadwynau. Cafodd ei grogi, ei chwarteru a'i ddiberfeddu yng ngŵydd tyrfa fawr marchnad dydd Llun Wrecsam. Yn ôl yr hanes, gyrrwyd un chwarter o'i weddillion i'w gosod uwchlaw mur Dinbych, chwarter arall i Ruthun, un arall i Holt, a gadawyd y pedwerydd chwarter fel rhybudd. Fe'i merthyrwyd ger Stryd Siarl, ger canolfan siopa Dôl Eryrod ein dyddiau ni.

Mae tŵr Eglwys Wrecsam yntau yn un o saith rhyfeddod Cymru. Roedd yn ei le yn 1520, a dywedir mai'r tŵr hwn a ysbrydolodd dŵr Fictoria yn San Steffan. Yn wir, mae wedi ei gynllunio'n ofalus, a cherfluniau trawiadol mewn cilfachau arno. Ar ôl diddymu'r mynachlogydd gan Harri VIII, soniwyd am wneud eglwys Wrecsam yn eglwys gadeiriol yn hytrach na Llanelwy, ond ni ddigwyddodd hynny. Serch hynny, mae nifer o bobl yn ei hystyried yn gadeirlan gan ei bod mor drawiadol a nodedig.

Yn ystod y Rhyfel Cartref, gwelwyd golygfeydd hynod yn yr eglwys – cafodd y ficer, Rowland Owen, ei lusgo o'r pulpud am bregethu yn erbyn Cromwell. Yn 1643 meddiannwyd yr eglwys gan luoedd y Seneddwyr, ac fe doddwyd pibau'r organ i wneud bwledi.

Y tu allan i'r drws gorllewinol fe welwn fedd Elihu Yale, y cyfeiriwyd ato eisoes. Dotiaf at y pennill ar ei fedd bob tro, o'r flwyddyn 1721:

Born in America, in Europe bred,
In Africa travelled, in Asia wed,
Where long he lived and thrived, in London dead.
Much good, some ill did he, so hope all's even
And that his soul through mercy's gone to heaven.

Ym Mhrifysgol Yale, Connecticut, ceisiwyd efelychu ac ail-greu tŵr Eglwys Wrecsam yn rhan o'r coleg. Ceir llun gan Rubens a roddwyd yn anrheg i Eglwys San Silin gan Elihu Yale ei hun. Mae galw am ddiogelu tŵr yr eglwys wreiddiol gan fod llygredd yn bwyta i mewn i felyn naturiol y garreg ac yn toddi'r ffigurau nodedig. Heddiw, mae'r eglwys ei hun yn noddfa, yn fan i gynnal cyngherddau, ac yn bwysicaf oll, mae'n cynnig ychydig dawelwch cyn camu'n ôl i fwrlwm y Stryd Fawr.

Morgan Llwyd

Mae nifer o gysylltiadau â Morgan Llwyd yn nhref Wrecsam. Fe grybwyllaf un neu ddau ohonynt cyn canolbwyntio ar wneud pererindod at ei fedd yn ardal Rhos-ddu o'r dref.

Mae Ysgol Uwchradd Morgan Llwyd bellach wedi symud i Ffordd Cefn oherwydd cynnydd yn nifer y disgyblion. Enw'r hen safle oedd Brynycabanau. Yn ôl W. Alister Williams yn *The Encyclopaedia of Wrexham*, cafodd y lle ei enw pan ddaeth y pla i Wrecsam, ac arferid codi cabanau pren ar gyfer y cleifion ar lan afon Clywedog. Ysgrifennodd Morgan Llwyd gân â'r teitl 'Thanksgiving song for Wrexham delivered from the Pest'.

Rwy'n teimlo ychydig fel Morgan Llwyd gan ein bod ein dau wedi symud yn ifanc iawn o Ardudwy i Wrecsam. Ganwyd ef ar fferm Cynfal Fawr ym Meirionnydd yn 1619, ac yn dilyn marwolaeth ei dad yn 1629 daeth ei fam ag o i gael ei addysg yn yr ysgol ramadeg yn Stryd y Lampint, Wrecsam, fel un arall o Ardudwy o'i flaen, sef John Jones, Maesygarnedd. Daeth yntau yn ei dro yn frawd-yng-nghyfraith i Oliver Cromwell, ac yn llofnodwr gwarant marwolaeth y Brenin Siarl I. Fe ddienyddiwyd John Jones maes o law pan esgynnodd Siarl II i'r orsedd.

Daeth Morgan Llwyd o dan ddylanwad Walter Cradoc, curad eglwys y plwyf, Wrecsam, yn 1634 ac 1635, ac fel y dywedodd Morgan Llwyd:

> Yn Sir Ddinbych y'm newidiwyd ...
> Drwy'r tymhestloedd eto i Gymru,
> Yn nhref Baldwyn ennyd llechu
> Ac oddi yno i Wrecsam decaf
> Pa ddyn a ŵyr ble aiff o nesaf?

Treuliodd brentisiaeth efo Walter Cradoc yn Llanfair Dyffryn Tefeidiad, Swydd Amwythig, i ddechrau ac yna ym Mynwy. Yn 1639 sefydlodd yr eglwys gynulleidfaol Gymreig gyntaf yn Llanfaches, Mynwy, efo

Cradoc. Bu'n gaplan gyda byddin y Senedd yn ystod y Rhyfel Cartref, ond yn 1644 fe'i hanfonwyd i ogledd Cymru yn bregethwr crwydrol.

Dyma pryd y daeth i fyw i Frynyffynnon, Wrecsam, a rhentu rhan o'r tŷ ysblennydd hwnnw gan ei gyfaill a'i gyd-denant, y Cyrnol John Jones. Brynyffynnon oedd tŷ mwyaf ysblennydd yr hen Wrecsam, mae'n debyg. Safai ar safle clwb Central Station a chanolfan ieuenctid Buddug heddiw, i'r gorllewin o Stryd y Priordy. Tŷ hanner pren ydoedd, a'i enw'n cyfeirio at ffynnon y dref islaw yn Well Place. Fe'i hadeiladwyd tua 1635 a'i ddymchwel yn 1914. Dyma'r fan lle cynhaliodd Morgan Llwyd rai o'i wasanaethau cynharaf gyda'r Anghydffurfwyr yn 1647. Yn ddiddorol o ran hanes y dref, ym Mrynyffynnon y lleolwyd y synagog Iddewig cyntaf yn Wrecsam hefyd, yn 1894. Yn ddiweddarach, daeth yr adeilad i feddiant y teulu Williams Wynne.

O 1650 tan 1653, bu Morgan Llwyd yn Brofwr dan Ddeddf Taenu'r Efengyl yng Nghymru, yn dod o hyd i bregethwyr cymwys o dan y drefn newydd. Ganwyd o leiaf 11 o blant iddo a'i briod, Ann Herbert. Bu Morgan Llwyd yn ficer eglwys y plwyf Wrecsam, ac erbyn 1659 roedd yn bugeilio eglwys gynulleidfaol gref yn y dref yr un pryd. Dyma pryd y sefydlwyd yr eglwys anghydffurfiol gyntaf yng ngogledd Cymru, ac fe ymrannodd hon maes o law yn Eglwys Parc Salisbury yn y dref, a dwy arall yn Stryd Caer. Bu Wrecsam yn ganolfan hollbwysig i'r Anghydffurfwyr cyntaf – John ap John y Crynwr, er enghraifft, yn cydweithio â William Penn a chreu cwlwm i Grynwyr o Gymru. Mae olion hen fynwent y Crynwyr ar leoliad yr Ardd Heddwch yng nghanol y dref. Dyna i chi lecyn hyfryd i gael ennyd o dawelwch wrth syllu ar hen arysgrif y Tŷ Cwrdd gwreiddiol.

Treuliodd Morgan Llwyd ran olaf ei fywyd ym Mrynyffynnon, a'i erddi helaeth. Heddiw, ceir capel Wesleaidd yn rhan o'r adeiladau newydd, ac mae pobl ar lafar gwlad yn dal i'w alw'n 'gapel Brynyffynnon'. Ei ddau gampwaith yn hybu achos y Piwritaniaid oedd *Llyfr y Tri Aderyn* a *Llythyr i'r Cymry Cariadus 1653*. Ynghyd â *Gwaedd yng Nghymru yn wyneb pob Cydwybod*, cyfrolau oeddent i baratoi ei gyd-Gymry ar gyfer ailddyfodiad Crist. Roedd o'n ceisio esbonio'i syniadaeth a'i fyd i'w gyd-wladwyr. Er enghraifft, roedd i bob aderyn ei swyddogaeth symbolaidd – yr eryr yn cynrychioli'r grym gwladol, y golomen yn cynrychioli'r Piwritaniaid a'r gigfran yn cynrychioli'r Brenhinwyr, gan eu portreadu fel anghredinwyr. Mae i'w iaith arddull rethregol ond hefyd flas y pridd, gyda defnydd helaeth o idiomau Cymraeg. Dylanwadwyd ar yr

Cofeb Morgan Llwyd, un o fawrion Wrecsam

ysgrifennu gan syniadau'r Almaenwr Jakob Böhme, ond eiddo Morgan Llwyd yw'r dweud Cymreig gwreiddiol.

Bu farw ar 3 Mehefin 1659, yn ddim ond deugain oed, ac fe gafwyd dehongliad treiddgar o'i fywyd a'i waith gan y dramodydd John Gwilym Jones yn ei ddrama *Hanes Rhyw Gymro*. Y gofeb orau iddo bellach yw'r ysgol uwchradd sy'n dwyn ei enw. Fe'i claddwyd ym mynwent yr Anghydffurfwyr sy'n barc erbyn heddiw, ac yn 1912, dadorchuddiodd Megan Lloyd George gofeb iddo. Ar restr ficeriaid Eglwys San Silin, cyfeirir yn syml ato fel Mr Morgan Lloyd.

Y Parciau a gwlad o eisteddfodau

Dyma ddychwelyd at fy nghartref yng nghanol Wrecsam ar gyfer yr encil olaf, a lle anhepgor i mi yn y dref wasgaredig ar y ffin – parc ger fy nghartref a elwir y Parciau. Dyma oedd yr enw gwreiddiol, er yr adwaenir ef heddiw fel Parc Bellevue hefyd. Cyn meddwl am gael parc trefol i Wrecsam, cynhaliwyd eisteddfodau o fewn tafliad carreg i'm cartref hefyd. Petawn i'n Eisteddfodwr rhwng 1876 ac 1933, byddai tair Eisteddfod Genedlaethol wedi cael eu cynnal ar stepen fy nrws.

Cynhaliwyd Eisteddfod y Gadair Ddu 1876 ar dir ger canolfan siopa'r Werddon, neu Island Green. Dyma hen ardal bragdy Ireland Green (sylwch ar y sillafiad gwreiddiol) a fanteisiodd ar ddŵr mwyn afon Gwenfro ar gyfer bragu lager.

Eisteddfod Genedlaethol Wrecsam 1876 oedd yr eisteddfod gyntaf i gael ei galw'n 'Eisteddfod y Gadair Ddu' oherwydd cadair wag adeg defod y cadeirio. Eisteddfod ddwyieithog oedd hon, ac fe gafwyd arddangosfa gelf a chrefft nodedig a blaengar y flwyddyn honno. Roedd yn rhaid cyfansoddi awdl ar y testun 'Helen Llwyddawg' a phryddest ar unrhyw destun Cymraeg. Fy hoff destun yn y rhestr testunau, rhaid dweud, yw 'Tuchangerdd i'r Cloriannydd Anghywir'.

Ceid lle i 7,000 yn y pafiliwn ar safle y tu ôl i eglwys Brynyffynnon a elwid yn Orchard Fields bryd hynny. Roedd yn agos at y rheilffordd a'r orsaf ganolog a gludai ymwelwyr lu yno. Ymhlith enwau mawr yr eisteddfod yr oedd Madam Edith Wynne, Madam Patti, John Thomas (Pencerdd Gwalia) a Syr Watcyn Williams Wynne (Eryr Eryrod Eryri). Mae un enw arall yn rhan annatod o hanes eisteddfod 1876, sef Taliesin o Eifion.

Thomas Jones o Langollen (o Dŷ'n Gors, Llanystumdwy yn wreiddiol) oedd yn fuddugol yng nghystadleuaeth y Gadair. Yn ôl y traddodiad, ei eiriau olaf ar ei wely angau oedd, 'Ydy'r awdl wedi ei danfon yn saff?', gyda'r ffugenw Eusebius. Yn lle'r seremoni arferol, canodd Madam Edith Wynne 'Dafydd y Garreg Wen', ond fe fu'r cyfan yn drech na hi erbyn y trydydd pennill. Yn ôl y wasg leol, clywid 'suppressed sobs of the bards' a theimlid 'the pall upon the chair'. Dyma englyn o gyfarchiad o'r brifwyl:

> Taliesin ar fin ei fedd – ragorodd
> ar gewri'r gynghanedd,
> A chael trwy gynrychioledd
> Barhaus hawl i wobr ei sedd.

Benjamin Humphreys o Langollen, myfyriwr yng Ngholeg y Bedyddwyr yn Llangollen, oedd y cynrychiolydd hwnnw. Claddwyd Taliesin o Eifion yn Llangollen, ym mynwent yr eglwys Gymraeg, Eglwys Sant Ioan.

Yn ystod Oes Fictoria, fe dyfodd y rhan hon o Wrecsam, yn arbennig felly ardal Ffordd Bradle a Ffordd Fictoria, i lawr hyd at Ffordd Rhiwabon. Yn addas iawn, galwyd yr ardal yn 'Newtown'. Cynyddodd poblogaeth Wrecsam o 8,576 yn 1871 i 14,996 yn 1901. Mae i bob tymor ei naws arbennig yn y parc, a chysgod yr hen Frenhines Fictoria dros y lle. Roedd y parc hwn yn rhan o fferm Bellevue, a gwelir olion y ffermdy a'r llidiart gwreiddiol ar waelod Ffordd Jiwbilî, ac ym mythynnod rhifau 25 i 27, Ffordd Bellevue. Roedd Ffordd Bellevue yn bodoli cyn gynhared â 1872, ac roedd bragdy yn rhif 28. Yn 1896 adeiladwyd ysgoldy'r Capel Presbyteraidd Cymraeg, ac mae'n parhau i fod yn addoldy i'r Bellevue Christian Fellowship. Ar ben y stryd yr oedd llaethdy Pool Bank, a ddymchwelwyd bellach i gartrefu fflatiau Park View. O ben y fflatiau hyn y ceir rhai o olygfeydd gorau Wrecsam.

Stryd Jiwbilî, Newtown, Wrecsam, oedd enw ffordd fy nghartref yn wreiddiol. Dechreuwyd trafod datblygu'r ardal yng nghofnodion Cyngor Wrecsam yn 1894. Yn 1897 pasiwyd deddfau gan y cyngor yn caniatáu'r adeiladu, ac fe barhaodd y gwaith o 1898 tan o leiaf 1903. Enwyd y stryd ar ôl Jiwbilî Diemwnt y Frenhines Fictoria yn y flwyddyn 1897, ac o 1912 ymlaen cyfeirid at y stryd fel Jubilee Road / Ffordd Jiwbilî. Mae'r gymdeithas wedi parhau'n glòs yn yr ynys yma o dai rhwng y parc a chanol y dref, neu mor glòs ag y gall fod yng nghanol tref brysur a thref fwyaf gogledd Cymru, mae'n siŵr.

Datblygodd Ffordd Bradle efo dyfodiad y rheilffordd yn 1887, ac yn dilyn hynny, daeth nifer o Gymry Cymraeg i weithio ar y lein. Yn eu plith, daeth chwaer Hedd Wyn, Maggie, a'i theulu i fyw yn Villiers Street. Ar restr etholwyr 1903 yn Jubilee Street, dim ond tai ag odrifau oedd yn bodoli. Cyn hir, fe ddeuai Teras y Frenhines o'u blaenau ar dir y Bonc, yr enw lleol ar yr ynys o fryncyn.

Ond perl yr ardal yn ddi-os ydy'r Parciau. Erstalwm, lleolid pyllau graean ar safle presennol y parc, ac roedd cae yn arwain o Gae Deintur (Tenter's Square bellach) at Bentrefelin. Roedd enw'r cae yn cyfeirio at Wrecsam cyn 1828, pan oedd yn ganolfan i'r diwydiant defnydd a gwlanen. O 1876 ymlaen, gwyntyllwyd cynlluniau ar gyfer parc trefol cyntaf Wrecsam, ond parhaodd y safle i gael ei ddefnyddio fel pwll graean o 1878 ymlaen. Roedd trigolion ardal Pen-y-bryn o'r dref yn dal yn awyddus i gael tenantiaeth cornel de-ddwyreiniol y parc er mwyn cadw anifeiliaid fel moch a hwyaid, ond gwrthodwyd eu cais.

Yna, yn 1906, prynwyd y tir gan y Fonesig Williams Wynne am £4,250, a daeth i feddiant Corfforaeth Wrecsam yn 1907. Penderfynwyd ar yr enw Parciau yn 1908. Lansiwyd cystadleuaeth â gwobr o ugain gini i ddylunio a chynllunio'r parc. Derbyniwyd 26 cais i gyd, ac aseswr y cynlluniau oedd Mr J. J. Guttridge, Prif Arolygydd a Churadur Parciau Cyhoeddus a Gerddi Lerpwl. J. Cheal a'i Feibion, garddwyr o Westminster, Llundain, â meithrinfeydd yn Crawley, enillodd y gystadleuaeth.

Roedd cynllun 'Erica' yn llawn llethrau glaswelltog, rhodfeydd dan gysgod coed, a choed a phlanhigion hynod. Byddai'r parc hefyd yn cynnig tramwyfa i bobl fyddai'n dod o dde-orllewin Wrecsam i mewn i'r dref. Yn 1912 y plannwyd y rhan fwyaf o'r coed hyfryd sy'n gysgod i ni heddiw. Arian cyhoeddus a adeiladodd y gatiau mynediad a thŷ'r gofalwr fel cofeb, nid i Jiwbilî'r Frenhines Fictoria, ond i Jiwbilî corffori Bwrdeistref Wrecsam. Ger y drws gwelir yr arysgrif 'Borough of Wrexham 1857– 1907'. Roedd y brif rodfa yn y parc i fod i arwain at olygfeydd hyfryd o dŵr Eglwys San Silin ar deras ar dir uchaf y parc. Fe welwn fod y nodwedd hon wedi ei hadfer yn ddiweddar, ond heb y pafiliwn ar y teras uchel a oedd yn y cynlluniau gwreiddiol. Penderfynwyd ei bod yn rhy ddrud i ffurfio llyn, ac yn lle hynny, cafwyd maes chwarae criced a phêl-droed. Roedd y cyngor yn awyddus i agor y parc cyn gynted â phosibl, hyd yn oed cyn gwireddu'r holl fwriadau, ac mae'n ddoniol gweld yn y cofnodion fod 'ffens na ellir ei dringo' wedi ei gosod o amgylch tir y Parciau, yn ogystal â gwrychoedd amrywiol, yn cynnwys y ddraenen wen, celyn a choed prifet.

Buan iawn y daeth y parc yn rhan o hanes eisteddfodol Wrecsam, ac mae hynny yn gwneud i mi glosio at y lle yn fawr. Ychwanegwyd mwy o lwybrau gogyfer ag Eisteddfod Genedlaethol Wrecsam 1912. Codwyd y pafiliwn dros dro ar y tir agosaf at y *lodge*, ac roedd mynediad iddo drwy giât y porthor yn unig. Llogwyd gatiau pwrpasol gan Gymdeithas Bêl-droed Cymru.

Yn Eisteddfod Genedlaethol 1912 y cipiodd T. H. Parry-Williams y Gadair a'r Goron am y tro cyntaf, tra oedd yn dal yn efrydydd. Ceir hanes amdano'n dod ar ei feic i hawlio'i wobrau, a methu cael mynediad oherwydd rhyw amryfusedd efo'r tocynnau! Bu merch Taliesin o Eifion yn rhan o seremoni arddangos cadeiriau eisteddfodol Wrecsam yn y gorffennol, yng nghyd-destun 'Cadair Ddu' ei thad o 1876. Gofynnodd Ben Davies yn un o weithgareddau'r Orsedd i'r Ŵyl beidio â chefnu ar y bwthyn a'r werin, wrth dderbyn mwy o ysgolheigion yn aelodau. Roedd y pafiliwn yn nodedig yn ei ddydd, â'i nenfwd pren ar siâp bwa, a sawl drych mawr ar hyd y cefn fel effaith 'sgrin fawr' i hwyluso'r gweld.

I mi, mae'n safle o heddwch a thangnefedd, ond yn 1912 tarfwyd ar araith Lloyd George ar brynhawn Iau'r Eisteddfod gan brotestiadau'r Swffragetiaid. Cludwyd hwy ymaith yn ddiseremoni wedi i Lloyd George yngan y geiriau, 'Beth y mae'r ffyliaid hyn eisiau?' Chawson nhw ddim dderbyniad gwresog ganddo, er mai ei lywodraeth ef a roddodd y bleidlais i ferched ar ddiwedd y Rhyfel Byd Cyntaf. Ar ddiwrnod y digwyddiad, dywedir i'r merched ymosod ar yr heddlu efo pinnau hetiau. Ar draws y ffordd yn Ysgol Fictoria y cynhaliwyd yr arddangosfa Gelf a Chrefft yn 1912, â chystadleuaeth flaengar ar y pryd: 12 tryloyw ar gyfer lantern, yn cynrychioli un neu fwy o gestyll Cymru.

Rhwng dwy Eisteddfod Genedlaethol, cafwyd maes chwarae plant yn y Parciau o 1913 ymlaen. Sefydlwyd y lawnt fowlio yn 1914, a'r pafiliwn bowlio erbyn 1915. Y bwriad gwreiddiol oedd cael parc cyhoeddus clasurol, addurniadol. Ar gynlluniau gwreiddiol y parc trefol newydd hwn ceid meysydd chwarae *croquet*, bowlio, tennis a phêl-droed, a phyllau a phistyll a phontydd yn harddu'r dirwedd. Serch hynny, bandstand a gafwyd yn lle'r pwll yn 1914 yn y diwedd, a hynny o waddol ariannol Eisteddfod Genedlaethol 1912 yma. Felly, rhaid diolch i'r Brifwyl am roi dechrau i'r bandstand sydd yn dal i gynnal cyngherddau yn yr haf.

Doedd dim eisteddfod y 'dwbl' yn 1933 pan ddychwelodd yr Eisteddfod Genedlaethol i dir y Parciau. Y Parchedig Simon B. Jones, Peniel, Sir Gaerfyrddin, enillodd y Goron, a Mr Edgar Phillips (Trefin) yn ennill y

Gadair enwog a oedd yn rhodd gan ŵr busnes yn Shanghai, Mr J. Jones, ac wedi ei llunio gan grefftwyr Tsieinïaidd. Un o uchafbwyntiau'r ŵyl hon oedd perfformiad yn y parc o basiant enwog drama foes, *Pobun*. Troswyd *Everyman* o'r Almaeneg gan T. Gwynn Jones. Yn ôl rhai beirniaid, ni welwyd na chynt na chwedyn unrhyw beth tebyg i'r cynhyrchiad hwn. Fe'i cynhyrchwyd gan Dr Stefan Hock o Fienna, ac fe'i noddwyd yn hael gan Howard de Walden, Castell y Waun. Roedd y £1,500 o nawdd a roddwyd ganddo'n swm aruthrol bryd hynny. Roedd Howard de Walden o dras Gymreig yn Llundain, a dywedir i'r miliwnydd droi at noddi'r diwylliant Cymraeg oherwydd dylanwad y *Mabinogi* arno.

Cafwyd ymarferion bob nos ym Mehefin a Gorffennaf 1933, a byddai *chauffeur* de Walden yn hebrwng Stefan o Fienna i'r ymarferion. Mewnforiwyd gwisgoedd o Salzburg ac o'r Deutsches Theater, Berlin, mewn cistiau a'u storio ar fferm de Walden yng Nghroesnewydd. Yn ôl Hazel Walford Davies, Howard de Walden 'oedd Cyngor Celfyddydau ei gyfnod'. Chwaraewyd y brif ran gan yr actor enwog Clifford Evans, ac Evelyn Bowen oedd yn actio Ffydd, gyda chefnogaeth plant yr ardal ac actorion lleol. Cafwyd côr niferus a cherddorfa lawn. Roedd bron i 300 o berfformwyr yn y cynhyrchiad – Cerddorfa'r Eisteddfod, Corws Opera Brychtyn, a phlant ysgol Rhos-ddu oedd y ffaglgludwyr. Merched o Ysgol Penygelli, Coedpoeth, oedd y dawnswyr. Fe'i cynhyrchwyd yn yr un modd â chynhyrchiad yng Ngŵyl Salzburg, ac roedd y setiau'n ysblennydd. Ar noson gyntaf y cynhyrchiad roedd tua 10,000 o bobl yn y pafiliwn, ac adroddwyd yn *Y Cymro*: 'Pwy bynnag a welodd *Pobun*, y mae ganddo ddarluniau ar ei feddwl nas anghofir byth.' Ymhlith y bobl yn y seddau blaen y noson gyntaf honno yr oedd George Bernard Shaw a Sybil Thorndike. Yn sicr, mae'n rhyfeddol meddwl bod y fath gynhyrchiad wedi dod i'r parc tawel hwn, ac fe hoffwn i fod wedi gweld y noson honno yn hanes y parc.

Gwili oedd Archdderwydd Eisteddfod 1933 a'i ddirprwy oedd Elfed. Cafwyd dadlau croch am ddefnyddio'r enw 'Eisteddfod Genedlaethol Frenhinol Cymru', wedi i'r ŵyl dderbyn nawdd gan y teulu brenhinol. Bu cryn drafod hefyd am addasrwydd gwisgoedd yr Orsedd. Cwt bychan ar dir agored Stryd y Brenin, lle mae'r orsaf fysiau heddiw, oedd lleoliad Swyddfa'r Eisteddfod.

Clustnodwyd £400,000 o arian y Loteri er mwyn adfer y parc yn ddiweddar, ac fe gostiodd y cynllun cyfan £750,000. Mae'r parc presennol yn trefnu nifer o ddigwyddiadau amgylcheddol, megis

Y tu mewn i
Eglwys San Silin

ailgylchu coed Nadolig, ac fe geir dyddiau arbennig o 'lanhau' y parc gan wirfoddolwyr hefyd. Mae'r parc yn bwysig iawn i blant, yn cynnig byd mawr iddynt y tu hwnt i'r gwrych. Un o gynlluniau hyfryd y dyddiau hyn yw ailgyflwyno rhai coed i'r parc ac addysgu'r plant amdanynt fel eu bod hwy yn tyfu efo'r coed ac yn dysgu eu parchu, ac yn eu perchenogi.

Epilog

Wrth ysgrifennu'r llyfr hwn, daeth y broses yn daith ar hyd cyfuniad o lwybrau – rhai ysbrydol a hanesyddol, ond rhai theuluol a phersonol hefyd – i leoedd sy'n gysylltiedig ag ambell bersonoliaeth, neu dynfa'r gwreiddiau.

Mae'n siŵr mai dyna brawf o hud lle arbennig: y ffaith nad ydych chi byth yn blino ar ymweld â'r fan a'r lle, bod mwy i'w ddweud amdano o hyd, rhyw awydd heb ei ddiwallu'n llwyr. Y mannau hyn yw ein harwyddion ffyrdd mewn byd swnllyd.

Wedi i mi orffen y llyfr, rydw i'n sylweddoli nad beth alla i ei wneud yn y mannau hyn sy'n bwysig, ond yr hyn mae'r mannau hyn yn ei wneud i mi. Mannau i ildio iddynt, i ymweld â nhw ar fy mhen fy hun neu gydag 'enaid hoff, cytûn' ydynt. Does dim teimlad o euogrwydd na hunanoldeb yn deillio o fynnu mynd i'r mannau hyn ar eich pen eich hun. Fel arfer, bydd yn gyfle i ddal i fyny efo 'chi eich hun', a bod yn ymwybodol o gyfarfod grym llawer mwy yn hudoliaeth y mannau arbennig hyn.

Ar ddiwedd y daith, rydw i'n llawer iawn mwy parod i adael i'r safleoedd hyfryd hyn siarad efo mi, yn hytrach na bod yn rhaid i mi fod yn weithredol ynddynt. Hyfrydwch y mannau hyn yw'r broses o ymlacio ynddynt, a dysgu derbyn ganddynt.